공업교육론
현대 이론과 실천

안재영

Industrial Education:
Contemporary Theories and Practices

박영story

머리말

우리나라는 세계에서 유일하게 원조를 받던 나라에서 원조를 하는 나라로 성장했다. 자원이 부족한 우리나라가 1960년대 이후에 급속한 경제발전을 하는 데 인적자원개발이 크게 기여하였고 그 중심에 공업교육이 있었다. 최근에는 산업의 디지털화를 필두로 신산업 · 신기술의 등장, 인구감소와 지역소멸 등 인구구조 변화로 인해 교육훈련-일을 연결하는 직업교육이 강조되고 있고, 우리 산업의 핵심인 공업 분야의 교육, 즉 공업교육의 중요성이 커지고 있다.

공업은 2차산업을 의미하며 제조업이 대표적이다. 선진국들은 대부분 제조업 강국이고 이를 기반으로 3차산업과 신산업을 육성한다. 공업은 디지털화, 첨단화, 글로벌화가 빠르게 진행되는 분야이며 다른 산업과의 융복합도 활발하여 끊임없이 변화한다. 이러한 공업의 인재양성을 위한 학문인 공업교육도 변화에 발맞춰 지속적으로 발전해야 한다.

그러나 공업교육 도서는 많지 않고 그마저도 출간된 지 오래되어 최신 내용을 담지 않고 있다. 저자는 특성화고에서 공업교육을 실천한 교사이자 현재 국책연구기관에서 공업교육을 연구하는 전문가로서 공업교육 도서의 필요성을 절감하고 책을 집필하였다. 이 책은 중등 전문교과 공업계열 교사가 되고자 하는 학생들이 배워야 할 내용을 담고 있을 뿐만 아니라, 공업계열 교사와 교수, 그리고 공업교육 연구자에게도 유용한 자료가 될 것이다.

이 책의 특징은 다음과 같다.

첫째, 공업교육의 기본 이론을 충실히 담았다. 공업교육의 이론은 일반교육학의 이론을 바탕으로 하며 공업교육의 특색을 반영하여 집필하였다. 이는 일반교육과 공업교육(직업교육)의 연계를 고려한 것이며 장기적으로 나아가야 할 교육의 방향이다.

둘째, 공업교육이 실천되는 교육현장의 실제 사례를 담았다. 공업교육은 중등교육(특성화고/마이스터고)과 고등교육에서 이루어지지만, 이 책에서는 중등교육의 사례를 담았다.

셋째, 공업교육이 교과교육과 직업교육의 특징을 모두 갖추고 있다는 점을 반영하여 두 가지 요소를 균형 있게 담았다. 이는 공업교육의 글로벌화를 고려한 것이며, 직업교육이 강조되는 글로벌 트렌드를 반영한 것이다.

넷째, 공업교육뿐만 아니라 다른 전문교과 교육에도 적용할 수 있다. 교과내용은 다르지만 교과교육학의 이론과 원리는 유사하기 때문이다.

교육은 인간의 삶에서 매우 중요한 역할을 한다. 모든 사람이 교육을 받지만, 중요한 것은 어떤 점수를 받느냐가 아니라, 어떤 교육을 받느냐이다. 다양한 교과가 존재하지만, 공업교육과 같은 전문교과는 보통교과 위주의 우리나라 중등교육에 다양성을 부여하고, 학생의 적성과 소질에 맞춘 교육을 제공하며, 진로 선택의 폭을 넓히는 중요한 역할을 한다. 이를 통해 학생은 장기적으로 자신의 직업을 찾고, 우리가 꿈꾸는 자아실현의 교육을 할 수 있는 것이다. 이와 같이 공업교육과 같은 전문교과의 가치는 높으며, 이를 위해 전문교과 교사 양성과 직업교육 연구에 이바지하고 싶은 것이 저자의 꿈이다.

끝으로 이 책이 출간될 수 있도록 도움을 주신 박영스토리 관계자 여러분께 감사의 마음을 전한다.

저자 안재영

(vethope@krivet.re.kr)

Technical Vocational Education & Training, Welfare for All

목차

I 공업교육의 개념과 역사

II 공업 교육과정

IV 공업 교육평가

V 산학협력과 직업 · 진로지도

표 목차

그림 목차

I

공업교육의 개념과 역사

01

공업교육의 개념

가 교육의 개념

1) 교육의 정의

교육은 인간 행동의 변화를 전제로 하여 성립한다. 인간이 지니고 있는 잠재적 능력을 계발하여 인생을 살아가는 과정 중, 어떠한 상황에서도 능동적으로 적응할 수 있는 힘을 가질 수 있도록 '변화'시키는 것이 교육인 것이다. 즉, 교육은 '인간 행동의 계획적 변화'이다. 여기에서 '계획적'이라는 말은 어떤 인간으로 기를 것이며, 어떻게 기를 것이라는 목적과 방법을 제시하는 것으로, 준비된 교육 목적과 교육과정에 의해서 교육이 이루어지기 때문에 계획적이라고 할 수 있다. 교육에서 요구하는 변화된 행동 특성은 그 시대의 세계관, 인간관, 사회관을 포함한 이념이 반영되어 있어서 교육은 인간 개인의 변화뿐만 아니라 사회나 국가의 변화까지도 목적으로 한다.

교육의 또 다른 정의는 '일을 증진시킬 수 있는 능력 개발'이다. 사람은 대부분의 시간을 일을 하면서 보내고 일을 통해서 자아실현을 하게 된다. 따라서 교육은 모든 사람이 일생 동안 일을 잘 수행할 수 있는 능력을 계발하는 데 목적이 있다.

표 1-1 교육의 개념: 일을 증진시킬 수 있는 능력 개발

구분	개념
누가	교사 또는 학습자 자신이
무엇을	지식, 기술, 태도 등을
누구에게	요람에서 무덤에 이르기 직전의 남녀노소, 모든 경제 · 사회 · 학력 집단에게
어디에서	국 · 공립 기관이나 사립 기관에서
언제	취학 전부터 시작하여 청소년기, 성인기, 노년기에 이르는 평생 동안
어떻게	학교 교육과 사회 교육을 통해서
왜	일을 증진할 수 있도록

출처: 이무근 · 이찬(2018). 꿈꾸는 진로여행. 교육과학사. 재구성.

2) 교육의 종류와 관계: 일반교육, 직업교육, 학교교육, 사회교육

인간은 교육을 통해서 개인이 일상생활을 하고 민주시민으로서 지녀야 할 교양과 직업인으로서 지녀야 할 직업능력을 기른다. 전자는 일반교육을 통해서, 후자는 직업교육을 통해서 기를 수 있다. 그리고 교양과 직업능력은 학교교육(초 · 중등교육, 대학교육)과 사회교육을 통해서 평생 동안 이루어진다.

삶과 일과 교육의 관계를 생각해 보면, 행복한 삶을 영위하기 위해서는 어떤 형태로든지 일을 해야 한다. '일'이 모두 직업을 의미하는 것은 아니지만, 일을 함으로써 직업에 종사하여 자아실현과 생활에 필요한 소득을 얻고 삶을 영위할 수 있다. 그리고 교육을 통해서 삶을 영위할 수 있는 능력을 개발할 수 있다. 따라서 삶과 일과 교육은 서로 간에 불가분의 관계이다.

그림 1-1 일반교육, 직업교육, 학교교육, 사회교육의 관계

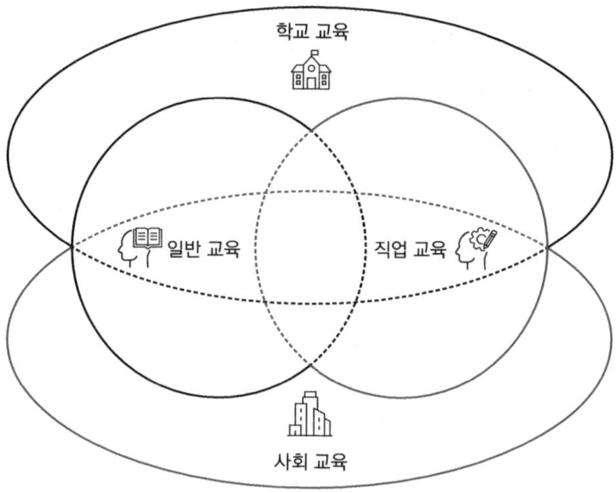

출처: 이무근 · 이찬(2020). 한국의 직업교육훈련정책. 박영스토리. p. 22. 재구성.

나 공업교육의 정의

공업교육(industrial education, technical education)에 대한 정의는 크게 교과교육 관점과 직업교육 관점으로 정의할 수 있다.

1) 교과교육 관점에서 공업교육의 정의

교과교육 관점에서 공업교육을 이해하기 위해서는 우선 교과, 교과교육학의 의미를 알아야 한다. 교과는 학교에서 가르치는 교육내용의 묶음을 의미한다. 국어, 수학, 과학 등이 그 예인데, 이처럼 교과는 교육과정을 조직하기 위한 개념적 조각이면서 학문을 중심으로 구성되어 있다. 학교는 사회적으로 요구되는 지식, 기술, 태도 등을 갖춘 바람직한 인간상을 목표로 그것을 실현할 수 있는 교육내용을 정하게 되는데, 교과로 채택되는 것들은 인간의 경험 중에서 사회적으로 주목

받고 있는 지식이나 기술들이다.

교과교육학은 교과와 교육학이 접목된 학제적 성격을 가지고 있으며, 교과라는 내용과 교육학이라는 방법의 결합 방식에 따라 두 가지 입장으로 볼 수 있다. 첫째는 교과교육학을 단순히 교과내용과 교육학의 조합으로 보는 입장이다. 이는 교과교육학이라는 별도의 영역이 존재하는 것이 아니라 교과내용과 교육학을 개별적으로 습득하고 이를 조합하는 것을 의미하는 것이다. 둘째는 교과교육학을 교과내용과 교육학의 유기적인 결합으로 보는 입장으로 교과교육학이라는 별도의 영역이 존재하며 교과교육 전문가는 교과내용과 교육학뿐만 아니라 교과교육학에 대한 교육을 별도로 받아야 한다는 것을 강조한다.

교과교육학은 각 교과의 학문적 특성에 적합한 교육학을 발전시키는 학문이다. 이러한 측면에서 전자보다는 후자가 교과교육학에 적합한 입장이다. 특히 공업교육에는 후자가 적합한 입장이다. 왜냐하면 공업교육에서는 '공업'에 해당하는 다양한 전공분야에 적합한 교과교육을 발전시켜야 하기 때문이다.

교과교육 관점에서 공업교육은 중등단계(중학교, 고등학교)에서 '공업'에 해당하는 교과에 대한 교육을 의미한다. 현재 공업교육은 고등학교(특성화고, 마이스터고)에서 주로 이루어지고 중학교에서는 실시하지 않는다. 그러나 3~5차 교육과정(1973년~1991년)에서는 중학교 단계의 실업 · 가정교과에 선택교과로 공업, 상업, 농업, 수산, 가사 등이 편성되어 중학교에서도 공업 교과를 배웠다.

고등학교 단계에서는 제2차 교육과정(1963년~1973년)부터 2009 개정 교육과정(2011년~2017년)까지 공업 교과로 제시되었다. 이후 2015 개정 교육과정(2018년~)부터 기존의 공업, 상업, 수산 · 해운, 농생명 산업, 가사 · 실업이 국가직무능력표준(National Competency Standards, NCS) 교과로 개편되면서 현재 공업이라는 교과 명칭은 사용하지 않고 있다

그러나 교육부, 교육청 등에서는 '공업, 상업, 수산 · 해운, 농생명 산업, 가사 · 실업' 이라는 용어를 여전히 사용하고 있다. 공업에 대한 사전적 정의는 〈표 1-2〉와 같고, 2022 개정 교육과정의 전문교과 중에서 건축 · 토목, 기계, 재료, 화학 공업, 전기 · 전자, 정보 · 통신, 융복합 · 지식재산, 환경 · 안전 · 소방, 섬유 · 의류 등이 해당된다([그림 2-4] 참조).

표 1-2 공업의 개념

- 농업 · 임업 · 수산업 등 1차 산업에서 얻어진 생산물 또는 자연물을 원료로 인간생활에 필요한 여러 물건들을 가공 · 생산하는 산업부문. 제조업 또는 2차 산업이라고도 함.
- 공업의 범위는 첫째, 제조업이 그 중심을 이룬다. 한국표준산업분류에 의하면, 이에는 식료품 · 음료품 · 담배 · 섬유, 가죽 및 가죽제품, 나무 · 코르크 및 나무제품, 종이 및 종이제품, 산업용 화합물, 기타 화학제품, 석유정제업, 석유 및 석탄의 잡제품, 고무제품, 도자기 및 토기, 판유리 및 유리제품, 기타 비금속 광물제품, 제1차 철강, 제1차 비철금속, 조립금속제품, 일반기계, 전기기계 기구, 수송장비, 과학계측 및 조정용 기기 등이 포함된다. 둘째는 건설업, 셋째는 전기 · 가스 · 수도 · 열 공급업(일반적으로는 공익사업으로서 제3차 산업에 포함된다)까지를 포함한다.
- 공업은 일반적으로 경공업과 중화학공업의 두 부문으로 분류된다. 경공업은 면 · 양모 등의 가벼운 원료를 다루는 섬유공업을 나타내고, 중화학공업은 철강 · 석탄 · 기계 등 무거운 원재료와 생산물을 다루는 산업을 나타내는 것으로서, 중공업이 확대된 19세기 후반에 나타난 개념이다. 경공업은 식료품공업, 섬유공업, 요업, 제재 및 목제품 공업, 인쇄출판업 등 소비재 생산공업을, 중화학공업은 금속공업 · 기계기구공업 · 화학공업 등 생산재 생산공업을 지칭한다.
- 공업이 갖는 사회적 의미는 일상에 필요한 제품들을 만들어 낸다는 것과 이를 통해 사람들의 삶을 풍요롭게 하며 사회 발전에 공헌한다는 점이다. 또한 이 과정에서 제품 생산에 필요한 많은 노동자들을 필요로 하여 일자리를 창출하기도 한다. 국가적인 차원에서는 일반적으로 농업에 비해 부가가치가 큰 산업으로 국가의 부를 증대시키고, 역사적으로 많은 공업국가들이 그러했듯 경제발전에 크게 기여한다. 특히 현대에 와서 공업은 새로운 과학기술과 접목되어 첨단화되고 있으며, 국가 산업의 경쟁력, 또는 경제적 파급효과 등 국력에 큰 영향을 미치기 때문에 많은 나라에서 국가의 기간산업으로서 자국의 제조업을 보호하고 활성화시키기 위해 노력하고 있다.

출처: 네이버 백과사전 https://terms.naver.com.

이상의 내용을 종합해 보면, 교과교육 관점에서의 공업교육은 공업 분야에서 요구하는 지식, 기술, 태도 등을 갖춘 바람직한 인간상을 목표로 하는 교육이다. 그리고 고등학교(특성화고, 마이스터고 등) 단계에서는 전문교과의 건축 · 토목, 기계, 재료, 화학 공업, 전기 · 전자, 정보 · 통신, 융복합 · 지식재산, 환경 · 안전 · 소방, 섬유 · 의류 교과에 해당하는 교육을 의미한다.

3) 직업교육 관점에서 공업교육의 정의

공업교육은 직업교육 관점에서도 정의할 수 있다. 직업교육은 개인이 일의 세계를 탐색하여 자기의 적성과 소질, 흥미, 능력, 성격, 가치관, 신체적 능력 등에 적합한 일을 선택하고, 그 일을 수행하는 데 필요한 지식, 기술, 태도, 일에 대한 습관 등을 개발하거나, 이미 현직에 종사하고 있는 근로자가 자신의 일을 유지 · 개선할 수 있도록 학교교육, 사회교육, 그리고 일의 현장을 통해 능력을 개발하는 교육이다(이무근, 2006).

위의 정의에서 '개인의 적성, 소질, 흥미 등'에 적합한 일을 선택한다는 점에서 직업교육은 국가와 산업사회가 필요로 하는 인력 양성보다는 개인의 행복과 자아실현 추구를 강조한다. '일의 세계를 탐색하고 적합한 일을 선택하고 능력을 개발' 한다는 점에서 직업교육은 단순히 일하는 능력만을 개발하는 것이 아니라 개인의 진로개발 차원에서 접근한다. '일을 준비하거나 이미 종사하고 있는 일'에 관한 교육이라는 점에서 직업교육은 취업을 위한 교육과 계속교육을 모두 포함하며 평생교육 차원에서 계속교육으로 이루어져야 한다. 그리고 '학교교육, 사회교육, 일의 현장교육'을 모두 포함한다는 점에서 직업교육과 교양교육이 별개로 분리된 것이 아니라 상호 간에 밀접한 관계를 맺고 있다는 것을 의미한다(이무근 · 이찬, 2020).

직업교육에서 '일'은 생계유지의 수단으로 보는 입장과 인간의 기본적 요구를 충족시키는 일로서의 입장으로 본다. 전자에 해당하는 직업교육은 occupational education으로 일의 대가로 경제적 보수를 받음으로써 생업을 영위할 수 있는 능력을 개발하는 교육이고, 후자에 해당하는 직업교육은 vocational education으로 일의 대가와 상관없이 인간의 요구를 충족시키는 일에 관한 능력을 개발하는 교육을 의미한다. 대부분의 직업교육은 vocational education을 의미하며 이는 국제적으로 통용되는 용어이다.

이상의 내용을 종합해 보면, 직업교육은 개인에게 적합한 일을 찾고 그 일을 수행하는 데 필요한 지식, 기술, 태도 등의 직업능력을 개발하는 교육을 의미한다. 직업교육 관점에서의 공업교육은 '공업' 분야의 직업교육으로, 공업 분야에서 개인에게 적합한 일을 찾고 공업 분야의 일을 수행하는 데 필요한 지식, 기술, 태도 등의 직업능력을 개발하는 교육을 의미한다.

기존 학자들은 공업교육의 정의를 다음과 같이 제시하였는데, 이러한 정의는 직업교육 관점에서의 공업교육의 정의와 흡사하다.

> '공업교육(trade and industrial education, technical education)은 공업 분야의 여러 직종에서의 직업적 유용성을 높이려는 목적에서 실시되는 교육이다.' (류창열, 1994)

> '공업 분야에서 직업생활을 해 나가는 데 필요한 지식, 기능, 태도 등을 습득시키는 교육이다.' (이재원, 1998; 류창열, 2004, 재인용)

한편 직업교육에 관련된 해외 보고서에서 technical education은 산업계에서의 직업생활에 필요한 자질을 기르기 위한 직업기술교육(technical education)을 의미하고, 교과교육 측면에서 technical education은 공업·공학 분야의 직업기술교육으로 공업교육과 의미가 유사하다. 즉, 현재 교과교육 측면에서는 기술교육과 공업교육을 각각 기술교과와 공업교과로 구분하지만 직업교육 측면에서는 기술교육과 공업교육을 유사한 것으로 보고 있는 것이다.

4) 공업교육의 정의와 기존 교육과의 관계

상술한 바와 같이 공업교육은 교과교육과 직업교육 측면의 개념을 모두 갖고 있다. 교과교육과 직업교육은 유사한 점도 있지만 차이점도 크다. 교과교육과 직업교육을 비교하면 〈표 1-3〉과 같다.

표 1-3 교과교육–직업교육 비교(공업교육 측면)

교과교육	구분	직업교육
공업 분야의 기초 소양 및 전공교육	목적 및 성격	공업 분야의 직업을 갖기 위한 준비 및 직업능력 향상교육
공업 분야의 기초 소양 및 전공내용	학습내용	공업 분야의 직업능력, 직무내용
공업 분야의 학습을 희망하는 학생	대상	공업 분야의 취업을 희망하는 학생
학생, 학습내용에 초점	초점	직업(산업, 기업군), 직업능력에 초점

공업교육은 과거 실업계고(現 특성화고, 마이스터고)를 중심으로 이루어져 왔기 때문에 교과교육 성격이 강했다. 그러나 최근에는 특성화고, 마이스터고에 직업적 능력 향상과 취업 성과가 강조되면서 직업교육 성격이 강해졌다. 교과교육과 직업교육 측면의 개념을 종합하여 공업교육을 정의하면 다음과 같다.

> '공업교육(industrial education)은 공업 분야에서 요구하는 지식, 기술, 태도 등을 갖춘 바람직한 인간상을 목표로 하는 교육으로서 공업 분야의 일의 세계를 탐색하고 개인에게 적합한 일을 선택하여 그 일을 수행하는 데 필요한 직업능력을 개발하는 교육이다.'

공업교육을 일반교육, 직업교육, 학교교육, 사회교육과의 관계로도 설명할 수 있다. 우선 공업교육은 교과교육의 성격을 갖고 있어서 학교교육(고등학교)에 포함되며 상술한 바와 같이 고등학교 전문교과의 건축 · 토목, 기계, 재료, 화학 공업, 전기 · 전자, 정보 · 통신, 융복합 · 지식재산, 환경 · 안전 · 소방, 섬유 · 의류 교과 교육에 해당한다. 이는 전문교과 교육으로 일반교육보다 높은 전문성을 요구한다.

그리고 직업교육에도 포함되어 공업 분야의 직업능력을 개발하는 교육이다. 이러한 직업교육은 산업의 빠른 변화와 기술 고도화에 따라 평생교육 측면에서 강조되고 있다. 평생에 걸쳐 직업능력을 개발하는 것이 중요하며 우리나라의 대표적인 산업인 제조업이 대체로 공업 분야이고, 산업의 빠른 변화와 기술 고도화는 공업 분야에서 두드러지게 나타나는 현상이다. 이러한 측면에서 공업 분야의 평생직업교육이 강조되는데, 평생교육은 사회교육이기도 하다.

다 공업교육 유사 용어

공업교육과 유사한 용어들은 실과교육, 기술교육, 공학교육, 진로교육, 직업교육, 직업훈련, 산업교육, 인적자원개발 등이 있다. 이 중에서 실과교육, 기술교육, 공학교육은 교과교육 성격이 강한 용어들이며 과거에 교과교육 성격이 강했던 공업교육은 이들 용어와 혼용되어 사용되었다.

1) 실과교육

실과교육(practical arts education)은 개인이 일상생활에서 만족을 찾을 수 있고 시민으로서 책임을 수행하는 데 필요한 농업, 산업기술, 상업, 가정 등에 관한 일반적인 지식, 기능, 태도 등을 기르는 교양교육의 일부이다(Robert, 1965). 실과교육은 대표적인 교과교육으로 초등학교 5~6학년의 실과교과를 주로 의미한다.

2) 기술교육

기술교육(technology education, technical education)은 일상적인 생활과 산업계의 직업생활에 필요한 기술을 습득하려는 목적을 가진 교육을 의미한다. 기술교육은 사회인으로서의 기술적 소양을 기르기 위한 교양기술교육(technology education)과 산업계에서의 직업 생활에 필요한 자질을 기르기 위한 직업기술교육(technical education)으로 구분할 수 있다. 교양기술교육은 초·중등학교의 실과, 기술·가정 등의 교과목을 통해 이루어지고 있으며 사회인 모두에게 교육적으로 필요한 기술에 관한 소양을 함양하려는 목적을 가진 교육이다. 직업기술교육은 공업계 고등학교, 전문대학 수준에서의 중견 직업인 또는 테크니션을 양성하는 교육과 고급관리직에 종사할 공학자(engineer)와 기술자(technologist)를 양성하기 위하여 대학에서 실시하는 교육을 모두 포함한다(류창열, 2004; 이무근, 2006).

이와 같이 기술교육은 교양기술교육(교과교육 성격)과 직업기술교육(직업교육 성격)을 모두 가지고 있어 공업교육과 유사한 개념이다. 과거에도 기술교육은 공업교육과 유사한 개념으로 통용되었다.

3) 공학교육

공학교육(engineering education)에 대한 정의는 다양하다. 교육학 용어사전에서는 기술자를 양성하기 위한 교육으로 보통 4년제 공과대학을 지칭하였고(서울대학교 교육연구소, 2011), 미국공학교육협회 공학기술위원회(ETC)는 고도의 교육과 경험, 그리고 실습에 의하여 얻어진 응용과학과 자연과학의 지식에 관련된 직업을 갖기 위한 교육이라고 정의하였다(배선아, 2009, 재인용). 이와 같은 다양한 정의들을 종합하면 공학교육은 주로 고등교육 수준에서 실제 공학 분야에서 일할 공학관련 전문가를 길러 내기 위한 직업교육이라고 정의할 수 있다(김영민, 2017).

4) 직업교육, 직업훈련, 직업교육훈련

직업교육(vocational education)은 개인이 일의 세계를 탐색하여 자기의 적성과 소질, 흥미, 능력, 성격, 가치관, 신체적 능력 등에 적합한 일을 선택하고, 그 일을 수행하는 데 필요한 지식, 기술, 태도, 일에 대한 습관 등을 개발하거나, 이미 현직에 종사하고 있는 근로자가 자신의 일을 유지 · 개선할 수 있도록 학교교육, 사회교육, 그리고 일의 현장을 통해 능력을 개발하는 교육이다(이무근, 2006).

직업교육과 유사한 개념으로 직업훈련이 있다. 「근로자직업능력개발법」 제2조에 따르면 직업훈련(vocational training)은 근로자에게 직업에 필요한 직무수행 능력을 습득 · 향상하기 위하여 실시하는 훈련을 의미하며, 여기에서 근로자는 사업주에 고용된 자와 취업할 의사를 가진 자를 의미한다. 기존의 「직업훈련기본법」이 「근로자직업능력개발법」으로 개정되면서 '직업능력개발', '직업능력개발훈련'과 혼용되고 있다(이무근 · 이찬, 2020).

직업교육훈련(Vocational Education and Training, VET)은 직업교육과 직업훈련이 통합된 용어로 OECD, UNESCO, ILO 등의 국제기구에서는 광범위하게 사용되고 있다. 유사 용어로는 기술직업교육훈련(Technical Vocational Education and Training, TVET)이 있는데 이는 기술 수준이 높은, 고등단계의 직업교육훈련을 의미한다. 이와 같이 직업교육과 직업훈련이 하나의 용어로 통합되어 사용되는 것은 교육과 훈련의 경계가 무너지고 특히 평생학습 측면에서는 학령기 단계의 교육과 성인 단계의 훈련이 통합되어 운영되는 경향이 있다는 것을 보여 준다.

우리나라의 직업교육과 직업훈련은 〈표 1-4〉와 같이 비교할 수 있다. 직업교육은 학령기 학생을 대상으로 하고 대부분 장기간(고등학교 3년, 전문대학 2년) 운영된다. 교육부가 주무 부처이기 때문에 교육과정과 연계되고 수료하면 학위가 부여된다. 직업, 산업, 기업군에서 요구하는 직업능력에 초점을 두고 있어서 개별 기업의 채용 수요가 없더라도 상시 운영된다. 그에 반해 직업훈련은 재직자와 입직희망자를 대상으로 운영된다. 입직희망자를 대상으로 하는 경우에는 양성훈련, 재직자를 대상으로 하는 경우에는 향상훈련이라고 표현한다. 기간은 대부분 1년 미만의 단기간으로 운영된다. 고용노동부가 주무 부처이기 때문에 교육과정과 연계되지 않고 프로그램 단위로 운영되고 수료하더라도 학위가 부여되지 않는다. 개별 기업에서 요구하는 훈련내용에 초점을 두고 있고 개별 기업의 채용 및 훈련수요가 있어야 운영된다.

한편, 교육과 훈련의 기본 개념은 〈표 1-5〉와 같이 비교할 수 있다.

표 1-4 직업교육-직업훈련 비교

직업교육	구분	직업훈련
학령기 학생	대상	취업희망자, 재직자, 성인 ※ 양성훈련, 향상훈련으로 구분
장기	기간	단기
교육과정과 연계, 학위 부여	교육과정 및 학위	교육과정과 미연계(프로그램 단위로 운영), 학위 미부여
교육부	주무 부처	대부분 고용노동부, 교육부 외 일부 부처
직업(산업, 기업군)에서 요구하는 직업능력에 초점	초점	개별 기업에서 요구하는 훈련내용에 초점
개별 기업의 교육 · 채용 수요가 없어도 상시 운영	운영	개별 기업의 훈련/채용 수요가 있어야 운영
특성화고, 마이스터고, 전문대학, 취업중심 공과대학	예시	민간직업훈련기관의 훈련 프로그램

표 1-5 교육과 훈련의 비교

교육	훈련
창의적, 상상적, 반성(reflective)적인 반응	모방적인 반응
장기적이고 융통성 있는 넓은 목표	단기적이고 제한된 목표
다양한 수단과 융통성	방법의 고정
사고력이 필요한 학습과 적용	기억, 반복
사고를 필요로 하는 준거(conformity)	시험이 따르지 않는 무조건 준거
아이디어와 감정의 무한한 참여	아이디어와 감정의 제한된 참여
사고에 의한 학습	규정(prescription)에 의한 학습
어떻게 학습하여야 하는가를 알고 있는 독립적인 학습자	종속적인 학습자

출처: Dale, E. (1969). Audiovisual methods in teaching (3rd). The Dryden Press. pp. 24-26.

5) 인적자원개발

인적자원개발(Human Resource Development, HRD)은 광의와 협의로 구분할 수 있다. 우선 광의의 의미에서 인적자원개발은 「인적자원개발기본법」 제2조에 따르면, 국가 · 지방자치단체 · 교육기관 · 연구기관 · 기업 등이 인적자원을 양성 · 배분 · 활용하고, 이와 관련되는 사회적 규범과 네트워크를 형성하기 위하여 행하는 제반 활동을 의미한다. 여기에서 '인적자원'은 국민 개개인 · 사회 및 국가의 발전에 필요한 지식 · 기술 · 태도 등 인간이 지니는 능력과 품성을 말한다.

다음으로 협의의 의미에서 인적자원개발은 어떤 조직이나 기관의 책임자가 개인, 집단, 조직의 효율 향상을 목적으로 그 조직이나 기관의 구성원에게 제공하는 개인개발(individual development), 경력개발(career development), 조직개발(organizational development)을 포함하는 의도적, 계획적 학습활동을 의미한다. 개인개발은 개인이 현재 또는 앞으로의 직무수행에 필요한 지식과 기술 습득을 위한 교육훈련을 의미한다. 경력개발은 한 개인이 일생을 살아가면서 일과 관련되어 겪게 되는 경험으로 개인 차원에서는 자아실현, 조직 차원에서는 성과향상이라는 두

가지 목표를 달성하기 위한 교육훈련을 의미한다. 조직개발은 단위조직 간, 단위조직 내의 건전한 관계를 갖도록 돕고, 조직이 변화를 주도하며 관리할 수 있도록 돕는 교육훈련을 의미한다(이무근 · 이찬, 2020).

6) 산업교육, 산업인력개발

「산업교육진흥 및 산학연협력촉진에 관한 법률」 제2조에 따르면, 산업교육은 산업교육기관이 학생에게 산업에 종사하거나 창업하는 데 필요한 지식과 기술을 습득시키고 기업가정신을 함양시키기 위하여 실시하는 교육을 의미한다. 여기에서 산업교육기관은 특성화고, 마이스터고, 직업교육과정을 운영하는 특수학교, 대학 등을 의미한다. 결국 산업에 종사하거나 창업하는 데 필요한 교육을 통틀어서 의미하는 것이다.

산업인력개발(workforce development)은 가치 있는 재화 또는 서비스를 생산 · 판매 · 제공하는 농림어업, 광공업, 서비스업 및 기타의 산업에 종사할 것을 전제로 하는 사람에게 해당 산업으로의 성공적인 진입, 유지, 적응 및 개선에 필요한 지식, 기술 및 태도를 개발하도록 기회를 부여하여 개인, 조직 및 국가의 발전을 도모하고자 하는 교육기관 · 기업 · 연구기관 · 지방자치단체 · 국가 등의 제반 활동을 의미한다(이용환 외, 2009). 산업인력개발은 기존의 직업교육, 직업훈련, 직업교육훈련 등과 유사한 개념이며, 국가 차원의 산업인력 양성 및 개발 시스템 측면을 강조한 용어로 볼 수 있다. 이와 같은 산업인력개발의 의미는 인적자원개발의 광의의 개념과 유사하다.

7) 진로교육

진로교육(career education)은 개인이 자신의 적성, 흥미, 능력, 성격, 가치관, 신체적 특성에 적합한 일을 자각 · 탐색 · 선택 · 준비 · 유지 · 개선할 수 있도록 취학 전부터 시작하여 평생 동안 학교와 지역사회의 공동적인 노력에 의하여 학습하는 경험의 총체를 의미한다. 진로교육은 진로 개발(career development) 단계에 따라 진로 인식, 진로 탐색, 진로 준비, 진로 유지 및 개선의 단계로 이루어진다.

진로 인식 및 탐색 단계는 초·중등교육에 해당하고 주로 일의 세계를 인식하고 자신의 적성, 소질, 흥미, 능력, 성격, 가치관, 신체적 특성에 적합한 일의 세계를 구체적인 경험을 통하여 탐색한다. 진로 준비 단계는 직업능력을 개발하는 과정으로, 특성화고, 마이스터고, 전문대학, 대학, 평생직업교육기관 등에서의 교육이 해당된다. 진로 유지 및 개선 단계는 현재의 직무능력을 개선하기 위하여 개인개발(individual development), 전직 또는 진로 변경을 위한 경력개발(career development), 조직의 효과성을 증진시키기 위한 조직개발(organizational development) 등의 인적자원개발(human resource development, HRD)을 실시하는 과정에 해당하며 성인교육 과정에 해당한다(이무근 · 이찬, 2020).

그림 1-2 진로교육 모형

<table>
<tr><th colspan="4">진로교육(career education)</th></tr>
<tr><th>진로 인식
(career
awareness)</th><th>진로 탐색
(career
exploration)</th><th>진로 준비
(career preparation)</th><th>진로 유지 및 개선
(career maintenance
& improvement)</th></tr>
<tr><td>초등교육</td><td>중등일반교육</td><td rowspan="2">중등 직업교육

고등 직업교육</td><td rowspan="2">인적자원개발
(HRD: ID, OD, CD)

훈련 및 개발
(training and
development)</td></tr>
<tr><td colspan="2">기초능력함양
(key competency based learning)</td></tr>
<tr><td colspan="2">보통 교육
(general education)</td><td>직업교육훈련
(vocational education and training)</td><td>성인교육
(adult education)</td></tr>
<tr><td colspan="4">평생학습(lifelong learning)</td></tr>
</table>

출처: 이무근 · 이찬(2020). 한국의 직업교육훈련정책. 서울: 박영스토리. p. 39. 재구성.

이와 같이 학습자의 연령이나 학령기 단계에 따라 진로 인식, 진로 탐색, 진로 준비, 진로 유지 및 개선의 단계로 구분할 수 있지만, 최근 4차 산업혁명을 필두로 첨단기술의 발달과 산업사회의 빠른 변화로 인하여 성인 단계에서도 새로운 진로를 인식하고 탐색하는 과정을 거치기도 한다. 그리고 공업교육이 주로 이루어지는 특성화고, 마이스터고에서도 학생의 진로 인식 및 탐색 과정을 적극적으로 실시하고 있다. 따라서 진로 인식, 진로 탐색, 진로 준비, 진로 유지 및 개선의 단계를 학습자의 연령이나 학령기 단계로 엄격하게 구분할 필요는 없다.

진로교육은 전 생애에 걸친 경험의 총체로 매우 넓은 의미를 갖고 있으며 보통교육, 직업교육, 평생교육 등을 모두 포함하는 것으로 볼 수 있다. 이에 반해 과거 일부에서는 진로교육과 직업교육을 구분하기도 하였다. 그러나 최근에는 기술의 발달과 산업사회의 빠른 변화로 직업의 생성 소멸 주기가 빨라지고 이론보다는 실제 직업 세계에서 요구하는 역량(competency)을 강조하면서 직업교육의 중요성이 높아지고 있다. 결국 진로교육에서도 직업교육을 통하여 실제 직업을 영위하는 것이 강조되고 있다. 이러한 배경에 따라 최근에는 개인의 전 생애에 걸쳐 진로를 탐색하고 학습을 통하여 직업능력을 개발하는 것이 강조되고 있다. 여기에는 학교교육, 사회교육, 보통교육, 직업교육, 직업훈련이 모두 포함되고 있으며 이를 총칭하여 평생학습(lifelong learning), 평생(직업)교육[lifelong (vocational) education]이라고 한다.

그림 1-3 진로 · 직업교육 단계

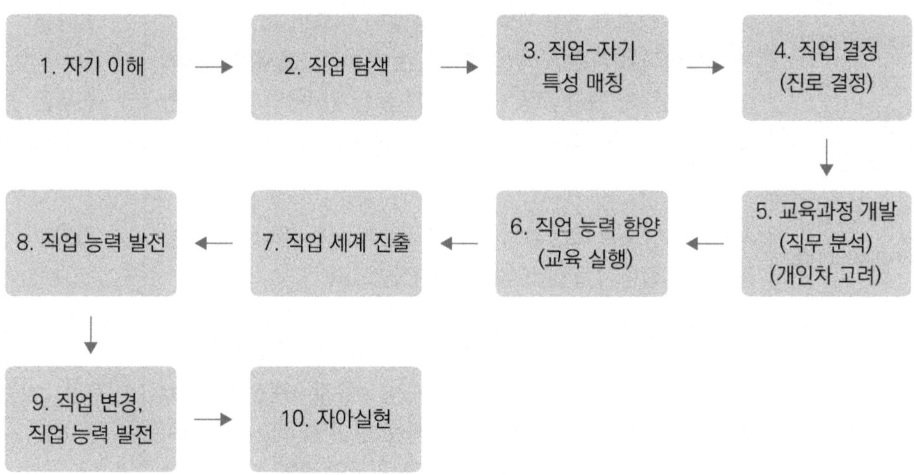

표 1-6 공업교육 관련 용어의 개념

용어	개념	출처
공업교육 (industrial education, technical education)	(교과교육 의미) 공업 분야에서 요구하는 지식, 기술, 태도 등을 갖춘 바람직한 인간상을 목표로 하는 교육으로서 고등학교 전문교과의 건축 · 토목, 기계, 재료, 화학 공업, 전기 · 전자, 정보 · 통신, 융복합 · 지식재산, 환경 · 안전 · 소방, 섬유 · 의류 교과 교육	
	(직업교육 의미) 공업 분야에서 개인에게 적합한 일을 찾고 공업 분야의 일을 수행하는 데 필요한 지식, 기술, 태도 등의 직업 능력을 개발하는 교육	
	(종합) 공업 분야에서 요구하는 지식, 기술, 태도 등을 갖춘 바람직한 인간상을 목표로 하는 교육으로서 공업 분야의 일의 세계를 탐색하고 개인에게 적합한 일을 선택하여 그 일을 수행하는 데 필요한 직업능력을 개발하는 교육	
실과교육 (practical arts education)	개인이 일상생활에서 만족을 찾을 수 있고 시민으로서 책임을 수행하는 데 필요한 농업, 산업기술, 상업, 가정 등에 관한 일반적인 지식, 기능, 태도 등을 기르는 교양교육의 일부(이무근, 2006, 재인용)	Robert (1965)
기술교육 (technology education, technical education)	일상적인 생활과 산업계의 직업 생활에 필요한 기술을 습득하려는 목적을 가진 교육. 기술교육은 사회인으로서의 기술적 소양을 가르기 위한 교양기술교육과 산업계에서의 직업 생활에 필요한 자질을 기르기 위한 직업기술교육으로 구분	류창열 (2004), 이무근 (2006)
공학교육 (engineering education)	공학교육은 주로 고등교육 수준에서 실제 공학 분야에서 일할 공학관련 전문가를 길러 내기 위한 직업교육	김영민 (2017)
진로교육 (career education)	개인이 자신의 적성, 흥미, 능력, 성격, 가치관, 신체적 특성에 적합한 일을 자각 · 탐색 · 선택 · 준비 · 유지 · 개선할 수 있도록 취학 전 교육부터 시작하여 평생 동안 학교와 지역사회의 공동적인 노력에 의하여 학습하는 경험의 총체	이무근 · 이찬 (2020)

용어	개념	출처
직업교육 (vocational education)	개인이 일의 세계를 탐색하여 자기의 적성과 소질, 흥미, 능력, 성격, 가치관, 신체적 능력 등에 적합한 일을 선택하고, 그 일을 수행하는 데 필요한 지식, 기술, 태도, 일에 대한 습관 등을 개발하거나, 이미 현직에 종사하고 있는 근로자가 자신의 일을 유지 · 개선할 수 있도록 학교교육, 사회교육, 그리고 일의 현장을 통해 능력을 개발하는 교육	이무근 (2006)
직업훈련 (vocational training)	근로자*에게 직업에 필요한 직무수행 능력을 습득 · 향상하기 위하여 실시하는 훈련 *근로자: 사업주에 고용된 자와 취업할 의사를 가진 자 ※ '직업능력개발', '직업능력개발훈련'과 혼용	근로자직업 능력개발법
인적자원개발 (Human Resource Development, HRD)	(광의) 국가 · 지방자치단체 · 교육기관 · 연구기관 · 기업 등이 인적자원*을 양성 · 배분 · 활용하고, 이와 관련되는 사회적 규범과 네트워크를 형성하기 위하여 행하는 제반 활동 *인적자원: 국민 개개인 · 사회 및 국가의 발전에 필요한 지식 · 기술 · 태도 등 인간이 지니는 능력과 품성	인적자원개발 기본법
	(협의) 어떤 조직이나 기관의 책임자가 개인, 집단, 조직의 효율 향상을 목적으로 그 조직이나 기관의 구성원에게 제공하는 개인개발(individual development), 경력개발(career development), 조직개발(organizational development)을 포함하는 의도적, 계획적 학습활동	이무근 · 이찬 (2020)
산업교육	산업교육기관이 학생에게 산업에 종사하거나 창업하는 데 필요한 지식과 기술을 습득시키고 기업가정신을 함양시키기 위하여 하는 교육	산업교육진흥 및 산학연 협력촉진에 관한 법률
산업인력개발 (workforce development)	가치 있는 재화 또는 서비스를 생산 · 판매 · 제공하는 농림어업, 광공업, 서비스업 및 기타의 산업에 종사할 것을 전제로 하는 사람에게 해당 산업으로의 성공적인 진입, 유지, 적응 및 개선에 필요한 지식, 기술 및 태도를 개발 가능하도록 기회를 부여하여, 이를 통해 개인, 조직 및 국가의 발전을 도모하고자 하는 교육기관 · 기업 · 연구기관 · 지방자치단체 · 국가 등의 제반 활동	이용환 · 정철영 · 나승일 · 김진모 · 이찬 (2009)

라 공업교육의 필요성(효과)

1) 학생, 개인적 차원

공업교육은 공업 분야의 기초교육과 전문교육을 모두 포함하고 있어 실천적 기술에 관한 교육을 강조한다. 이러한 실천적 기술에 관한 교육은 학생의 학습 동기를 유발하고 교육적 호기심을 자극함으로써 학생 개인의 교육에 긍정적인 자극을 준다. 그리고 전통적인 손 기술 중심의 실습과 소프트웨어가 접목된 최신 기술의 실습이 발달함에 따라 신체적 기능과 두뇌의 인지적 기능을 활성화시키고 이론과 접목된 실습·실기를 통하여 학습내용을 통합적으로 이해할 수 있도록 도와준다.

그리고 공업교육은 진로·직업교육적 성격을 갖고 있어서 학생의 적성·소질 등의 개인 특성과 직업 세계를 탐색함으로써 진로 역량을 개발시키고 학생이 효율적으로 직업적 선택을 할 수 있도록 도와준다.

2) 학교, 교육적 차원

최근 교육의 방향이 지식 중심의 '아는 것'에서 역량 중심의 '할 수 있는 것'으로 변화하고 있다. 본래 역량은 직업 사회의 필요에 의해 등장하였고 직업교육 분야에서 강조된 것이며 OECD의 DeSeCo(Definition and Selection Of Key Competency) 프로젝트와 'Future of Education and Skills: The OECD Education 2030' 프로젝트를 통해 삶의 질 향상을 위한 개념으로 확정되면서 학교교육에 반영되고 있다(이근호 외, 2017). 2022 개정 교육과정도 미래역량 함양에 초점을 두고 있다(교육부, 2021).

공업교육은 이론과 실천적 기술에 관한 교육을 통하여 기초역량부터 실제 상황에서 요구하는 실무역량까지 다양한 역량을 기를 수 있다. 이러한 맥락에서 공업교육은 미래 역량 중심 교육 트렌드에 부합하며 더욱 강조되어야 할 교육이다.

이러한 역량 중심 교육에서는 구성주의적 관점에서의 교수·학습 방법인 자기주도적 문제해결형 과제와 협동실습, 프로젝트법 등 상호작용 중심의 실천적 문제

해결 교육을 강조하는데, 많은 특성화고, 마이스터고의 공업교육 현장에서 이러한 교수학습이 적용되고 있다.

그리고 공업교육은 우리나라 교육의 문제인 입시 위주의 획일적인 교육에 다양성을 부여한다. 일반고에서는 보통교과 위주의 교육을 실시하는데 반해 특설화고, 마이스터고의 공업교육에서는 보통교과와 전문교과(공업 관련 교과)에 대한 교육을 모두 제공하여 고등학교 교육을 다양화시키고 있다.

3) 국가, 사회적 차원

교과교육 측면에서 공업교육은 고등학교 전문교과의 건축 · 토목, 기계, 재료, 화학 공업, 전기 · 전자, 정보 · 통신, 융복합 · 지식재산, 환경 · 안전 · 소방, 섬유 · 의류 교과 교육을 의미한다. 이러한 분야는 우리나라 산업의 핵심 분야로, 4차 산업혁명 시대를 맞이하여 인공지능(AI), 빅데이터, 네트워크(IoT 등)와 같은 첨단기술과 접목하여 새로운 신산업으로 무궁무진하게 발전하고 있다. 이와 같이 공업교육은 전통적인 공업 분야부터 신산업 · 신기술 분야까지 대상 범위가 넓다. 이러한 변화에 부응하여 특성화고/마이스터고와 대학의 공업 관련 학과들도 신산업 학과로 개편하고 있다. 이와 같이 공업교육은 공업 분야의 기초 소양부터 전문 인재까지 양성하고 있어 국가 차원에서 육성해야 할 교육이다.

그리고 직업교육 성격을 지닌 공업교육은 경제학적 효과가 높다. 직업교육이 청년 실업을 감소시키고 고용가능성을 제고한다는 연구 결과가 다수 존재한다는 점에서(최수정, 2015; OECD, 2012) 직업교육이 경제 발전에 긍정적인 효과가 있다는 것은 이미 널리 알려져 있다.

아울러 학력중심 사회인 우리나라 교육의 병폐를 해결할 수 있는 중요한 교육이다. 직업교육이 교육과 사회 개혁의 중요한 열쇠로도 작용하는데, 대표적인 사례로는 핀란드와 독일 사례를 들 수 있다(안재영, 2020).

핀란드는 성공적인 교육개혁으로 유명하다. 핀란드 교육개혁의 핵심은 교육기회를 확대한 것인데, 중요한 점은 일반교육과 직업교육에 참여할 기회를 모두 확대했다는 것이다. 핀란드는 유럽 북부의 작은 농경국가에서 산업국가로 이행하는 과정에서 균등한 교육 기회를 제공하기 위하여 학제를 9년제 공립 종합학교로 개편하였고 7학년부터 9학년까지는 직업교육과 일반교육을 모두 제공함으로써 교육개혁에 성공한 것으로 평가받고 있다(Sahlberg, 2016).

독일은 도제교육이라는 직업교육 제도가 활성화되고 이를 통해 학력보다는 실력으로 평가받는 사회를 구축함으로써 사회 개혁에 성공한 것으로 평가할 수 있다(김택환, 2012). 독일의 도제교육은 산업 현장으로부터 검증된 도제자격을 기반으로 표준화되어 질 관리가 이루어지고 있으며 독일역량체계를 통하여 노동시장에서의 보상과 성장경로가 구축되어 있다. 이를 통하여 학생은 역량을 중심으로 공정한 대우를 받고 성장 로드맵을 설계할 수 있으며 기업은 검증된 인재를 채용할 수 있다(안재영, 2019).

이와 같이 직업교육의 성격을 지닌 공업교육은 국가 경제 발전과 더불어 사회 및 교육 혁신을 위한 해결책으로 그 의미가 크다.

02

공업교육의 역사와 정책

가 공업교육의 역사

공업교육은 과거부터 세계 여러 나라에서 직업교육 또는 기술교육의 형태로 발전하여 왔다. '1. 공업교육의 개념'에서도 제시한 바와 같이 공업교육의 개념은 직업교육, 기술교육과 비슷하다. 따라서 이 절에서는 전 세계적인 직업교육 및 기술교육의 주요 모델을 알아봄으로써 공업교육의 역사를 제시하고자 한다.

공업교육의 효시는 유럽의 중세 시대에 부흥한 도제제도라고 볼 수 있다. 이후 1800년대에 들어 산업혁명의 영향으로 과학과 기술의 전문성이 높아지고 새로운 기술교육체제에 대한 요구가 높아졌다. 이러한 변화에 따라 과거 도제제도에 의한 교육은 기계적 원리를 교육하는 기계연구소 운영, 제품의 제작과정과 기술적 소양을 가르치는 수기훈련 운동과 러시안 시스템, 공업교육 관련 법 제정 및 제도화 등을 통하여 국가가 지원하는 단계로 발전하였다.

참고로 여기에서 기술교육은 technical education으로 직업기술교육을 의미한다. 류창열(2004)은 해당 시기의 technical education의 교육내용이 공업교육에 해당한다고 보고 공업교육의 역사로 제시하였다. 이를 준용하여 이 절에서도 공업교육의 역사로 제시하였다.

1) 도제제도[1]

도제제도(apprenticeship)는 현재 공업교육의 모체라고 할 수 있다. 도제제도는 숙련공이 자신의 지식과 기술을 도제생에게 가르쳐 주는 제도로서 가내교육과 현장교육이 결합된 형태이다. 도제제도는 고대 이집트, 그리스, 로마 등에서 실시되었고 중세 시대에 길드(guild)에 의해 부응하게 되었다. 중세의 수공업자 길드(guild)는 상인 길드에 대항하여 조직되었으며 이를 통하여 수공업자들은 그들의 공동이익을 도모하고 사회적 지위를 확보하였다. 이때 도제제도는 길드의 지배하에 들어오게 되었고 14~15세기에 최전성기를 이루었다.

도제제도에서의 신분은 도제(apprentice), 직인(journeyman), 직장(master)으로 구성되었다. 도제는 수공업자로 입직하기 위하여 직장의 집에 거주하면서 직장에게서 일정 기간 동안 교육을 받았다. 이러한 도제교육을 마친 도제는 직인이 되어 수년 동안 각지를 돌며 경험과 기술을 연마하고 능력을 인정받으면 직장으로 독립하여 수공업을 경영하고 다른 도제를 받을 수 있었다.

이와 같은 도제제도는 다음과 같은 교육적 특징을 갖고 있다.

첫째, 직장과 도제 사이에 개별지도가 이루어졌고 이들 사이에는 온정적 인간관계가 성립되었다.

둘째, 도제제도는 길드에 의하여 공적 감독이 이루어져서 도제계약, 도제기간, 도제 수, 노동 시간 등이 규제되었고 길드에서 감독관을 순회시켜 각 직장의 도제양성 실태를 관리 · 감독하였다.

셋째, 직장은 직업기술뿐만 아니라 읽기, 쓰기, 셈하기 등의 지도를 비롯하여 삶의 방법과 직업인으로서의 자긍심 등 전반적인 교육을 실시하였다.

넷째, 도제가 도제교육을 마치고 능력을 인정받으면 직인을 거쳐 최고 기술자인 직장이 되어 해당 직종의 사업을 영위할 수 있었으므로 장래의 지위가 보장되는 공인제도였다.

이와 같은 도제제도는 교육제도이면서도 사회제도의 성격을 갖고 있다. 이에 기술인을 우대하고 노동자의 권리를 보호하는 독일, 스위스 등 독어권 국가를 중심으로 현대식으로 발전하였다.

---

1 출처: 류창열(2004). 공업교육원론(개정판). 교육과학사. pp. 77-79.
이무근(2006). 직업교육학 원론(제3판). 교육과학사. pp. 80-81.

2) 기계연구소 운동[2]

기계연구소 운동(mechanical institute movement)은 과거 도제식으로 전수되던 직업상의 노하우나 기술에 대한 과학적 원리를 노동자들에게 가르치는 운동이었다. 이러한 교육적 움직임이 일어나게 된 것은 19세기 들어 영국에서 지적 호기심이 일반대중에까지 퍼졌기 때문이며 특히 산업혁명에 영향을 받은 산업노동자집단은 기계와 과학적 지식에 대한 열망이 매우 높았다. 그리고 당시 공장법이 제정되어 공장에 취업하려는 아동에게 학교 등교 증명서를 제시하도록 함으로써 상류계층 이외의 대중도 교육을 받을 수 있는 법적 근거가 마련된 것도 원인으로 작용하였다. 기계연구소 운동은 산업계의 경기 변화에 따라 번성하기도 하고 위축되기도 하였으나 성공한 제조업자나 상인들이 재정적 후원을 지속하여 오랫동안 지속되었다. 기계연구소 운동은 기술교육에 대한 사회적 각성을 일으키는 계기가 되었고 이후 기계연구소는 공업학교(technical school)로 대체되었다.

3) 수기훈련 운동과 러시안 시스템[3]

수기훈련 운동(manual training movement)은 기술교육을 노동자나 기술인을 대상으로 한 직업교육이 아닌 모든 학생에게 제공하는 일반교육의 일환으로 실시하려는 움직임이다. 이를 주장한 대표적인 학자는 헉슬리와 톰슨 등이다. 헉슬리(Huxley, Thomas H., 1825~1895)는 모든 기술자에게 기술교육을 제공해야 한다고 주장하면서 초등학교 기술교육의 중요성을 역설하였다. 톰슨(Thompson, 1851~1916)은 인문과목을 기계제도와 물리학의 요소로 대체하고 학교 교육 기간도 연장할 것을 주장하였으며, 직업적 선호도를 결정하기 전에 손으로 익히는 기술을 먼저 습득해야 한다고 강조하였다.

아울러 수기훈련은 페스탈로치(Pestalozzi, Johann Heinrich, 1746~1827)의 사상이 구체화된 것이다. 페스탈로치는 사랑, 도덕, 자연을 중요시하였고 인간을 발달시키기 위한 모든 교육은 자연을 따라야 한다고 하였다. 그는 인간이 태어날 때부

---

2 출처: 류창열(2004). 공업교육원론(개정판). 교육과학사. pp. 80-82.

3 출처: 류창열(2004). 공업교육원론(개정판). 교육과학사. pp. 82-87.

터 타고난 자연적 본성 중에 가장 가치 있는 것 3가지로 사물을 인식하는 지적 능력, 생산적 활동에 종사하는 기술적 능력, 선하게 되려는 도덕적 능력을 들었는데 이는 각각 지식교육, 노작교육, 도덕교육으로 발전하였다.

한편 수기훈련이 학교 교육에 도입되는 데에는 러시안 시스템(Russian system)이 중요한 영향을 끼쳤다. 러시안 시스템은 러시아의 모스코 제국 기술학교(Moscow Imperial Technical School)의 델라 보스(Victor Della Vos)가 고안한 '도구 사용법에 관한 학습지도법'에 기초한 것으로 러시아의 교육을 유럽의 선진 기술교육 수준으로 끌어올리기 위한 것이었다.

러시안 시스템은 도제제도의 전통적인 모방에 의한 기술 전수 방법을 지양하고 제품의 제작 과정을 몇 단계로 나누어 단계별로 연습하도록 하였다. 러시안 시스템의 첫 번째 단계는 도구와 재료에 관한 기초 학습 단계로, 도구 명칭, 도구 사용법, 재료 특성, 도구 사용에 관한 기초 실습 등을 한다. 두 번째 단계는 첫 번째 단계에서 배운 기술을 결합하여 실습하는 단계로, 목공이나 금속 가공 실습을 한다. 세 번째 단계는 목재와 금속에 관한 실제적 지식을 확장하는 단계로, 프로젝트 실습을 통해 실제 기계 부품을 제작한다. 이와 같은 러시안 시스템은 가르칠 기술 내용을 분석하고 이를 다시 교육에 적합한 순서로 배열하여 적당한 시설을 갖추면 교사가 한 번에 여러 학생들을 가르칠 수 있어서 기술교육을 학교에 도입하는 데 영향을 주었다.

이후 미국 MIT 공과 대학의 런클(Runkle, John) 교수와 워싱턴 대학의 우드와드(Woodward, Calvin M) 교수는 각각 1877년과 1879년에 러시안 시스템을 적용한 수기훈련 학교인 기계공예학교(School of mechanic arts)와 수기훈련고등학교(Manual training high school)를 설립하였다. 그리고 영국에서는 1885년에 맨체스터 수기훈련학교(Manual training school)가 개교하였다.

4) 공업교육 관련 법 제정 및 제도화[4]

기술 경쟁에서 선두를 차지하려는 영국은 1800년대 후반에 일반 중등교육 분야에 모든 교육을 종합체제(comprehensive system)로 통합하고 수학, 과학, 기술 등의 교육을 확대하여 산업과 교육의 연계를 강화하였다. 그리고 초등교육에서 수학, 과학, 예술, 기계제도, 건설 및 공작실습 등을 가르쳤고 기술 과목은 지역 제조업에서 필요로 하는 전문화된 과정으로 운영되었다. 1889년에 이르러 기술교육법(Technical Instruction Act)이 제정되어 각 지역에서 기술학교(technical school)를 설립하였고 기술대학(technical college)도 운영하였다.

미국은 1906년 매사추세츠 복지국의 공업기술교육위원회(Commission on Industrial and Technical Education for the Commonwealth of Massachusetts)에 의하여 공공학교에서의 직업교육 프로그램에 대한 수요를 조사하였다. 이후 공업교육진흥회(National Society for the Promoting Industrial Education)가 결성되고 1917년에 스미스-휴즈법(Smith-Hughes Act)이 제정되었다. 스미스-휴즈법의 제정으로 공업교육을 국가적으로 지원하게 되었으며, 공업교육진흥회는 현재 미국진로기술교육협회(Association for Career and Technical Education)로 변경되었다.

5) 현대식 도제제도

이 절에서는 상술한 '공업교육 역사'의 일환으로 현대식 공업교육 중에서 가장 발전된 모델인 도제제도를 소개하고자 한다. 도제제도는 학교, 기업, 유관기관이 사회적 파트너십을 체계적으로 구성하고 엄격하게 질 관리하여 노동시장에서 우수한 성과를 내는 교육 모델로써, 직업교육의 유형 중에서 가장 구조화되고 효과적인 모형이다(OECD, 2012).

도제교육은 많은 나라에서 다양한 방식으로 운영되고 교육과 근로가 결합된 형태로 운영되기 때문에 기존의 학교교육 시스템으로는 설명하기 어렵다. 그리고 각 국가의 노동시장과 사회문화적 배경에 따라 다양한 형태로 발전하였다. 도제교육에 대한 자세한 내용은 'V. 산학협력과 직업 · 진로지도 - 1. 산학협력 - 다. 산학협력 선도모델: 도제교육'을 참고하기 바란다.

---

4 출처: 류창열(2004). 공업교육원론(개정판). 교육과학사. pp. 87-91.

나 공업교육 정책 및 공업계고등학교의 역사[5]

1) 공업교육 정책 변천 과정[6]

우리나라 중등직업교육 정책은 사회 · 경제적 변화와 밀접하게 연계되었다. 산업화 과정을 산업 부흥 시기(~1970년대), 산업의 다양화 및 고도화 시기(1980년대~외환위기 이전), 외환위기 시대(외환위기 직후~2000년대 초), 급변하는 산업환경 변화 시기(2000년대 초~현재)로 구분하여(김충환 외, 2020) 중등직업교육 정책 변천 과정을 살펴보았다.

첫째, 산업 부흥 시기(~1970년대)에서는 국가육성 산업에 대한 기술능력을 가진 인적자원을 확보하기 위해 교육법과 제2차교육과정을 개정하여 실업교육을 강조하였다. 1960년대에 1~2차 경제개발 5개년 계획을 통하여 경공업과 광공업을 육성하면서 실업계고 입학 정원을 확대하였으며 1970년대에는 3~4차 경제개발 5개년 계획을 통하여 중화학공업을 육성하면서 기계 교육 중심의 공업고등학교와 전문대학을 확대하였다. 이와 같이 이 시기에는 경공업과 중화학공업이 산업의 근간을 이루었으며, 실업계고, 기능대학, 전문대학을 통해 산업 부흥에 필요한 기능 · 기술 인력이 양성되었다.

이 시기의 직업계고 교육과정을 살펴보면(제2~3차 교육과정), 전문교과가 전체 이수 단위의 45.9%~75.5%에 달하는 등 보통교과보다 전문교과가 강조되었다. 이는 직업계고를 강조했던 국가 정책의 결과로 볼 수 있다.

둘째, 산업의 다양화 및 고도화 시기(1980년대~외환위기 이전)에서는 산업이 다양화 · 고도화되면서 전문대학과 이공계 대학을 중심으로 기술인력과 엔지니어의 양성이 강조되었다. 그리고 석유 파동으로 인한 중화학공업의 침체로 1970년대까지 성장했던 공업계고는 기능공 양성에 대한 타당성을 잃고 교육과정을 재편했

---

5 공업교육은 중등직업교육의 핵심이며 공업, 상업, 농업, 가사실업, 수산해운 등의 계열 중에서 가장 큰 비중을 차지한다. 따라서 여기에서는 공업교육뿐만 아니라 중등직업교육의 정책 변천 과정과 직업계고의 역사를 살펴보았다.

6 출처: 안재영(2023). 산업화에 따른 직업계고등학교의 변천 과정 탐색. 대한공업교육학회지, 48(2), 18-32.

다. 이 시기에는 산업이 중화학공업에서 기술집약적 산업으로 이동하고 고급인력의 유치를 위하여 임금 수준이 향상되고 대학 입학 수요가 증가하면서 중등직업교육이 약화되었다.

이 시기의 직업계고 교육과정을 살펴보면(제4~6차 교육과정), 전문교과와 보통교과의 시수가 동일한 수준으로 변경되었다.

셋째, 외환위기 시대(외환위기 직후~2000년대 초)에서는 이전까지 국가가 주도하는 산업육성정책과 달리 신자유주의 논리에 입각한 국가인적자원개발의 효율화가 강조되었다. 외환위기로 인해 대량실업 사태가 발생하면서 직업훈련이 강조되었고 고용유지, 일자리 창출, 실업자 지원 등의 적극적 노동시장 정책에 비중을 두었다. 반면 중등직업교육은 기본교육으로서의 역할을 담당하게 되었다. 이 시기는 안정적인 직업 선호에 따라 이공계 기피 현상이 심화되면서 중등직업교육도 침체되었다.

이 시기의 직업계고 교육과정을 살펴보면(제7차 교육과정), 제4~6차 교육과정과 마찬가지로 전문교과와 보통교과의 시수가 동일한 수준을 유지하였다.

넷째, 급변하는 산업환경 변화 시기(2000년대 초~현재)에서는 산업환경 변화에 대응하기 위하여 중등직업교육이 강조되었다. 특성화고 육성 정책이 실시되면서 2008년에 마이스터고(산업수요 맞춤형 고등학교)가 신설되었고 2010년 고교 직업교육 선진화 방안과 초중등교육법시행령 개정을 통해 전문계고가 특성화고로 전환되면서 취업 활성화 정책이 펼쳐졌다. 취업 활성화 정책의 일환으로 현장 중심의 직무 능력을 배양하기 위하여 국가직무능력표준(National Competency Standards, NCS)을 개발하여 직업계고 교육과정에 적용하였고(NCS 기반 교육과정), 학습중심 현장실습, 산학일체형 도제학교와 같은 기업현장 중심의 직업계고 교육 모델을 육성하였다. 또한 선취업 후진학 정책을 통하여 고졸 취업 후 대학진학까지도 지원하고 있다. 최근에는 직업계고 학점제 정책, 직업계고 재구조화 정책 등을 통해 직업계고 교육 체제를 개편하고 있다.

이 시기의 직업계고 교육과정을 살펴보면(2009, 2015, 2022 개정 교육과정) 보통교과보다 전문교과의 시수가 더 많고 2015 개정 교육과정부터 NCS 실무과목을 도입하여 산업 직무 기반의 전문교과를 강조하였다.

표 1-7 산업화에 따른 직업계고와 중등직업교육 정책 변화

산업화		명칭	개념	정책	교육과정
산업 부흥 시기 (~1970년대)	• 경공업, 광공업, 중화학공업 육성 • 기능인력 수요 확대	• 실업계고	• 실업계고 정의 부재	• 직업교육 확대(입학 정원, 학교 수 확대) • 기능인력 양성을 위한 전문교과 강조	• (전공) 농업계, 공업계, 상업계, 수산 · 해운계, 가사 · 실업계 • (단위수) 보통교과〈전문교과
산업의 다양화 및 고도화 시기 (1980년대~ 외환위기 이전)	• 중화학공업 침체 • 고급인력 수요 확대	• 실업계고	• 실업계고 정의 부재	• 이공계대학 중심의 고등 직업교육 확대 • 직업교육 전환 요구, 교육과정 개편	• (전공) 농업계, 공업계, 상업계, 수산 · 해운계, 가사 · 실업계 • (단위수) 보통교과=전문교과
외환위기 시대 (외환위기 직후 ~2000년대 초)	• 지식기반 산업 • 대량 실업 • 이공계기피 현상 심화	• 실업계고	• 실업계고 정의: 전문교육의 성격	• 기본교육 중심으로 전환	• (전공) 농업계, 공업계, 상업계, 수산 · 해운계, 가사 · 실업계 • (단위수) 보통교과=전문교과
급변하는 산업 환경 변화 시기 (2000년대 초~ 현재)	• 저출산 · 고령화 • 신산업신기술 대두	• 전문계고(2007년)	• 전문계고 목적: 전문교육(실업계고와 동일)	• 산업 직무 중심으로 전환 • 고등학교 직업교육 선진화 방안(마이스터고 신설, 고졸 취업 활성화 방안) • 선취업 후진학 • 마이스터고 신설, 특성화고로 전환 • NCS 교육과정 도입 • 현장실습, 도제교육 확대 • 직업기초능력 강조	• (전공) NCS기반 17개 교과군 (2015 개정 교육과정) • (단위수) 보통교과〈전문교과 (2015 개정 교육과정) • 전문교과 II 과목(NCS 실무과목) 신설(2015 개정 교육과정)
		• 전문계고, 마이스터고(2008년)	• 전문계고 목적: 전문교육 • 마이스터고 목적: 산업계의 수요에 직접 연계된 맞춤형 교육과정 운영		
		• 특성화고, 마이스터고(2010년)	• 특성화고 목적: 학생의 소질과 적성 고려, 특정분야의 인재양성 목적 • 마이스터고 목적: 산업계의 수요에 직접 연계된 맞춤형 교육과정 운영		

출처: 안재영(2023). 산업화에 따른 직업계고등학교의 변천 과정 탐색. 대한공업교육학회지, 48(2), 18-32. pp. 25-26.

표 1-8 시대별 직업교육정책 특징과 주요 내용

정권	미 군정-이승만 (광복 후-1960)	박정희 (1961-1979)	전두환 (1980-1987)	노태우 (1988-1993)	김영삼 (1993-1998)	김대중 (1998-2003)	노무현 (2003-2008)	이명박 (2008-2013)	박근혜 (2013-2016)
사회 경제 상황		• 1인당 GDP 100달러 • 경제개발 5개년 계획 수립 추진 • 기능 · 기술 인력 수요 급증	• 산업의 고도화 • 정권 변화에 따른 정치적 안정 필요 • 3D 기피 현상과 기능인력 부족 심화	• 경제성장 둔화	• IMF 위기와 구조조정	• 지식기반 경제	• 과학기술 변화 • 고령화		• 창조경제 • 저출산 • 일자리 변화
발전 단계	• 직업교육 도입기	• 직업교육 기반 확충 • 직업교육 양적 성장기	• 직업교육 질적 성장기	• 직업교육 전환기	• 평생직업교육체제 구축기	• 직업교육 재구조화			
정책 관점		• 산업인력 양성을 통한 국가 경제발전			• 개인 요구와 진로를 반영한 평생직업교육	• 인적자원 개발	• 국가균형 발전을 위한 산학협력	• 선취업 · 후진학진로 · 직업교육 • 취업 중심, 현장성 강조	• 능력중심 사회 구현 • 취업 중심, 현장성 강조

정권	미 군정-이승만 (광복 후-1960)	박정희 (1961-1979)	전두환 (1980-1987)	노태우 (1988-1993)	김영삼 (1993-1998)	김대중 (1998-2003)	노무현 (2003-2008)	이명박 (2008-2013)	박근혜 (2013-2016)
중등 직업 교육 정책	• 1인 1기 교육 강조 • 실업계 고교 확충 • 실업교육 지원 행정기구 확충 • 실업교사 재교육 강화 • 교육과정 시간 배당 기준령 제정 • 실업기술 5개년 계획 수립 • 실업교육진흥법안 의결 • 주산능력검정고시규정 제정	• 실업계 고교 및 학생정원 확대 • 실업계 고교 교육과정 제정 • 사범 계열 실업교사 양성과 설치 • 실업계 고교 유형 다양화 • 시설 · 설비 확보를 위한 차관 사업 추진 • 재정지원 확대 • 국가기술자격제도 창설 • 산학협동 강화 • 「산업교육진흥법」 제정	• 직업교육이 고교단계에서 고등교육 단계로 전환 • 기초역량 강화 • 전인교육을 위한 교육과정 개편 • 무시험 전형 입학 • 자립 영농인 육성 체제 강화 • 상업고 컴퓨터 교육 강화 • 재정지원 감소	• 실업계 고교 및 학생 정원 확대 • 중등직업교육정책 행정권 지방자치단체로 이양	• 고교직업교육 다양화 • 특성화고 확대 • 공고 2 · 1체제 운영 • 고교교육과정 통합 운영 • 재정지원 확대 • 「교육기본법」 제21조(직업교육) 규정 • 직업교육 3법(「직업교육훈련 촉진법」, 「자격기본법」, 「한국직업능력개발원법」) 제정 • 직업기초능력 강화	• 「인적자원개발 기본법」에 의한 특성화 고교체제 강화 • 고교와 전문대학의 2+2연계 체제 • 「인적자원개발 기본법」 제정	• 특성화고 설치 확대 • 산학협력 강화 • 「산업교육 진흥 및 산학연협력촉진을 위한 법률」 제정	• 마이스터고 도입 • 전문계 고교를 마이스터고와 특성화고로 정예화, 전문화	• NCS 기반교육과정 개발 • 일학습병행제를 통한 평생학습체제 구현 • 산학일체형 도제학교 사업(16년~)

자료: 이무근(2016: 34); 박동열 · 이무근 · 마상진(2016: 180, 재인용)

2) 공업계고등학교의 변천 과정[7]

관련 법령상에서 직업계고의 명칭과 개념의 변천을 살펴보면 다음과 같다. 우선 직업계고의 명칭은 특성화고와 마이스터고로 구분하여 제시할 수 있다.

특성화고등학교는 과거에 실업계고등학교(~2007), 전문계고등학교(2007~2010)로 불리다가 초중등교육법시행령(2010. 2. 26. 시행)에 따라 현재의 명칭을 사용하고 있으며, 동 시행령 개정 이후에는 '종합고'가 특성화고에서 제외되었다. 특성화고등학교는 1996년 2월 교육개혁위원회에서 「신교육체제 수립을 위한 교육개혁 방안(II)」을 발표하면서, 고교 단계 직업교육을 다양화하는 방안의 하나로 특성화고가 처음으로 제안되었다(허영준 · 김종우, 2013).

마이스터고등학교(산업 수요 맞춤형 고등학교)는 2008년에 신설되었으며 2010년부터는 특수목적고등학교에 편입되었다. 이후 마이스터고는 우수한 신입생을 모집하고 졸업생의 상당수가 대기업과 같은 우수 기업에 취업하며 높은 취업률을 기록하면서 직업계고의 선도모델로 평가받았다.

다음으로 직업계고 개념의 변천 과정을 살펴보면 다음와 같다.

초중등교육법에서 종전의 실업계고와 전문계고(2007년에 실업계고에서 전문계고로 변경)는 모두 '농업 · 공업 · 상업 · 임업, 정보 · 통신, 수산 · 해운, 가사 · 실업 등의 전문교육을 주로 하는 고등학교'로 정의하여 학교 명칭만 변경되었다. 이러한 정의는 농업 · 공업 · 상업 · 임업, 정보 · 통신, 수산 · 해운, 가사 · 실업 등의 '교과'에 관한 전문교육을 강조하여 '교과교육'적 성격을 강조한 것으로 볼 수 있다.

반면 초중등교육법에서 특성화고(2010년에 전문계고에서 특성화고로 변경)는 '소질과 적성 및 능력이 유사한 학생을 대상으로 특정분야의 인재양성을 목적으로 하는 교육을 전문적으로 실시하는 고등학교'로 정의하였다. 이러한 정의는 기존의 전문계고 정의에 비하여 학생의 적성 및 소질을 고려하였고 '전문교육'이 아닌 '인재양성'이라는 용어를 사용함으로써 '직업교육'적 성격을 강조한 것으로 해석된다. 그리고 '산업계의 수요'와 연계된 마이스터고가 신설됨으로써 특성화고보다 구체적인 산업 인력을 양성하는 고교 체제가 추가되었다.

---

7 출처: 안재영(2023). 산업화에 따른 직업계고등학교의 변천 과정 탐색. 대한공업교육학회지, 48(2), 18-32.

한편 실업계고와 전문계고 중에서 공업계열, 농업계열, 수산계열, 해양계열의 일부 고등학교가 특수목적고등학교로 존재하였으나 2010년부터는 직업계고 중에서 마이스터고만이 특수목적고등학교로 분류되었다. 기존 직업교육 분야의 특수목적고등학교는 특수분야의 전문적인 교육을 하는 고등학교로 정의되었는데, 이러한 정의는 특성화고, 전문계고, 실업계고의 정의와 유사한 편이다. 그리고 기존 직업교육 분야의 특수목적고등학교는 공업, 농업, 수산, 해양 계열로 한정하였는데, 산업계의 수요에 부합한다는 측면에서는 계열 한정이 적절치 않고 '계열'이라는 넓은 개념으로는 산업계의 전문적인 기술 요구에 부합하기 어렵다. 이러한 측면에서 마이스터고를 특수목적고등학교로 분류하여 '산업체의 수요에 부합하는 것'을 강조한 것이다.

표 1-9 직업계고등학교 명칭 및 개념의 변화(법령)

<table>
<tr><th>법령</th><th>시행</th><th>명칭</th><th>내용</th><th>비고</th></tr>
<tr><td rowspan="3">교육법
시행령</td><td rowspan="3">1197. 9. 23.</td><td>실업계
고등학교*</td><td></td><td rowspan="3">• 실업계고
정의 부재</td></tr>
<tr><td>특수목적
고등학교</td><td>특수목적을 위하여 설립된 고등학교
1. 기계 · 전기 · 전자 · 건설 등 공업계열의 고등학교
2. 농업자영자 양성을 위한 농업계열의 고등학교
3. 수산자영자 양성을 위한 수산계열의 고등학교
4. 선원 양성을 위한 해양계열의 고등학교</td></tr>
<tr><td>특성화
고등학교</td><td>소질과 적성 · 능력이 유사한 학생을 대상으로 특정분야의 인재양성을 목적으로 하는 교육을 전문적으로 실시하는 고등학교</td></tr>
</table>

<table>
<tr><th>법령</th><th>시행</th><th>명칭</th><th>내용</th><th>비고</th></tr>
<tr><td rowspan="3">초중등
교육법
시행령</td><td rowspan="3">1998. 3. 1.</td><td>실업계
고등학교*</td><td>농업 · 공업 · 상업 · 임업, 정보 · 통신, 수산 · 해운, 가사 · 실업 등의 전문교육을 주로 하는 고등학교</td><td rowspan="3">• 실업계고 목적: 전문교육</td></tr>
<tr><td>특수목적
고등학교</td><td>특수분야의 전문적인 교육을 목적으로 하는 고등학교
1. 기계 · 전기 · 전자 · 건설등 공업계열의 고등학교
2. 농업자영자 양성을 위한 농업계열의 고등학교
3. 수산자영자 양성을 위한 수산계열의 고등학교
4. 선원 양성을 위한 해양계열의 고등학교</td></tr>
<tr><td>특성화
고등학교</td><td>소질과 적성 및 능력이 유사한 학생을 대상으로 특정분야의 인재양성을 목적으로 하는 교육을 전문적으로 실시하는 고등학교</td></tr>
<tr><td rowspan="3">초중등
교육법
시행령</td><td rowspan="3">2007. 4. 12.</td><td>전문계
고등학교*</td><td>농업 · 공업 · 상업 · 임업, 정보 · 통신, 수산 · 해운, 가사 · 실업등의 전문교육을 주로 하는 고등학교</td><td rowspan="3">• 전문계고로 명칭 변경
• 전문계고 목적: 전문교육(실업계고와 동일)</td></tr>
<tr><td>특수목적
고등학교</td><td>특수분야의 전문적인 교육을 목적으로 하는 고등학교
1. 기계 · 전기 · 전자 · 건설등 공업계열의 고등학교
2. 농업자영자 양성을 위한 농업계열의 고등학교
3. 수산자영자 양성을 위한 수산계열의 고등학교
4. 선원 양성을 위한 해양계열의 고등학교</td></tr>
<tr><td>특성화
고등학교</td><td>소질과 적성 및 능력이 유사한 학생을 대상으로 특정분야의 인재양성을 목적으로 하는 교육을 전문적으로 실시하는 고등학교</td></tr>
</table>

법령	시행	명칭	내용	비고
초중등 교육법 시행령	2008. 11. 5.	전문계고등학교*	농업 · 공업 · 상업 · 임업, 정보 · 통신, 수산 · 해운, 가사 · 실업등의 전문교육을 주로 하는 고등학교	• 전문계고 목적: 전문교육 • 마이스터고(산업수요 맞춤형고) 신설 • 마이스터고 목적: 산업계의 수요에 직접 연계된 맞춤형 교육과정 운영
		특수목적 고등학교	특수분야의 전문적인 교육을 목적으로 하는 고등학교 1. 기계 · 전기 · 전자 · 건설등 공업계열의 고등학교 2. 농업자영자 양성을 위한 농업계열의 고등학교 3. 수산자영자 양성을 위한 수산계열의 고등학교 4. 선원 양성을 위한 해양계열의 고등학교	
		특성화 고등학교	소질과 적성 및 능력이 유사한 학생을 대상으로 특정분야의 인재양성을 목적으로 하는 교육을 전문적으로 실시하는 고등학교	
		산업수요 맞춤형 고등학교*	산업계의 수요에 직접 연계된 맞춤형 교육과정 운영을 목적으로 하는 고등학교	
초중등 교육법 시행령	2010. 2. 26.	특성화 고등학교*	소질과 적성 및 능력이 유사한 학생을 대상으로 특정분야의 인재양성을 목적으로 하는 교육을 전문적으로 실시하는 고등학교	• 특성화고로 명칭 변경 • 특성화고 목적: 학생의 소질과 적성 고려, 특정분야의 인재양성 목적 • 마이스터고가 특수목적고로 분류 • 마이스터고 목적: 산업계의 수요에 직접 연계된 맞춤형 교육과정 운영
		산업수요 맞춤형 고등학교*(특수목적고)	산업계의 수요에 직접 연계된 맞춤형 교육과정을 운영하는 고등학교	

* 해당 시기의 직업계고의 여러 명칭 중에서 대표적인 명칭

자료: 법제처 국가법령정보센터 https://www.law.go.kr/LSW/main.html (검색일: 2022. 8. 22.).

출처: 안재영(2023). 산업화에 따른 직업계고등학교의 변천 과정 탐색. 대한공업교육학회지, 48(2), 18-32. pp. 21-22.

다 미래 공업교육의 방향[8]

최근 인구 구조 변화, 기술 혁신, 디지털 전환, 기후 변화 등으로 교육 혁신이 요구되고 있다. 미래 사회의 불확실성이 커지면서 창의력과 변화 대응 역량이 중요해졌으며, 학습자 성향이 다양해짐에 따라 맞춤형 교육 기반이 필요해지고 있다(교육부, 2021). 이에 2022 개정 초 · 중등학교 교육과정 총론에서는 고등학교 교육목표에 평생학습 역량 강화를 포함하는 등 미래 교육의 방향을 제시하고 있다. 미래 공업교육 또한 학생들의 변화 대응 역량과 평생학습 능력을 키우는 방향으로 나아가야 한다.

광복 이후 산업화 과정에서 직업계고는 변화해 왔지만, 1980년대 이후 산업 고도화에 적절히 대응하지 못한다는 비판을 받았다. 이에 2000년대부터 산업 변화에 맞춘 다양한 정책이 추진되었으며, 대표적으로 취업 활성화 정책이 있다. 취업 활성화 정책이 시작된 2010년부터 직업계고 취업률이 상승하였으나 2019년 이후부터는 취업률보다 진학률이 상승하였다(안재영 · 김세훈, 2022).

정부는 선취업 후진학 정책, 공공기관 · 공기업 · 공무원의 고졸 채용 확대와 같은 고졸자의 성장 지원과 고졸 일자리 질 제고 정책을 마련하였다. 그러나 민간의 고졸 채용에 대한 요구가 높지 않고,[9] 고졸 취업이 정부 정책의 노력으로 이루어지는 상황에서(안재영 · 김세훈, 2022) 대졸자의 실업 문제가 심각하여 정부에서 고졸 취업을 장기적이고, 확실하게 지원할 수 있을지 의문이다[10]. 실제로 고졸 취업 활성화 정책이 다소 소극적이었다고 평가받는 2018년부터 직업계고 취업률이 감소하였다(안재영 · 김세훈, 2022).

---

8 출처: 안재영(2022). 미래 교육환경 변화에 따른 직업계고등학교의 방향과 과제. 교육현안보고서 2022년 10호. 한국교육개발원. pp. 21-23.
안재영 · 손규태 · 오춘식(2024). 직업교육훈련 기본계획 수립을 위한 기초연구. 한국직업능력연구원. pp. 228-230.

9 민간의 고졸 채용 수요 저하 사례가 보고되고 있다(해럴드경제(2022. 11. 7.). 민간도 고졸취업 줄어든다, 왜? [길 잃은 고졸취업 〈상〉]).

10 최근 정부 · 지자체, 공공기관 · 공기업 평가에서 고졸 채용 성과 항목이 삭제되었다(해럴드경제(2022. 11. 7.). [길 잃은 고졸 취업] '정부도 외면'…고졸 취업, 길을 잃었다).

그리고 직업계고 학생의 누적된 학습 결손과 기초학력 부족이 교육 효과에 부정적 영향을 미친다(임언 · 안재영 · 김지영, 2018). 더불어 산업 고도화와 경제적 여유로 대학 진학 선호가 증가하면서 직업계고의 선호도는 더욱 낮아지고 있다(김충환 외, 2020).

그림 1-4 2008~2021년 직업계고 취업률, 진학률, 진로 미결정 비율

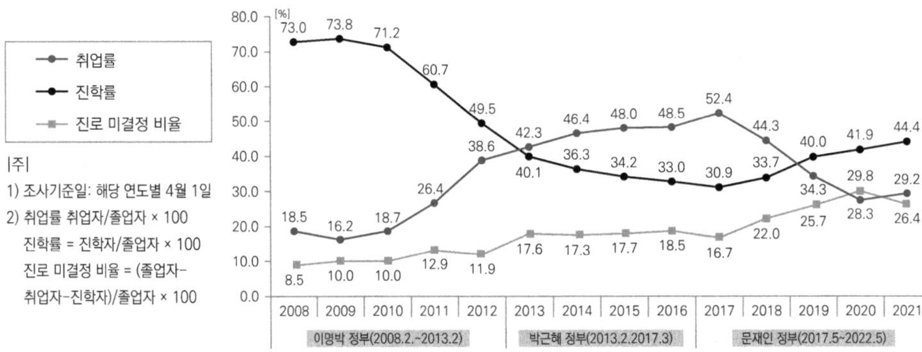

출처: 안재영 · 김세훈(2022). 직업계고 졸업 후 진로 동향 및 경기지표와의 관계. KRIVET Issue Brief 2022년 236호. 한국직업능력연구원.

해외에서도 산업의 디지털화에 따라 직업교육이 변화하고 있다. 특히 신산업 · 신기술 분야에서 직업교육이 고등교육 단계로 확대되며, 중등직업교육 이후 대학에서 후학습을 이어가는 연계형 교육이 강조되고 있다(ILO, 2020). 독일은 전통적으로 직업교육과 일반교육을 구분했으나, 최근 직업교육법 개정을 통해 직업교육에서도 학사 · 석사 학위를 수여하며 아카데믹 경로와 동등한 수준의 경력개발이 가능하도록 했다(유진영, 2022). 또한 중등직업교육과 같은 초기직업교육(initial vocational education and training, IVET)에서는 학습자의 생애 발달 관점에서 기초 지식과 기술 습득에 초점을 맞추고 있다(Cedefop, 2020).

이와 같은 해외 직업교육의 최근 변화는 직업교육과 일반교육의 경계가 허물어지고 상호 융합되며 중등직업교육-고등교육 연계가 강조되고 있다는 점을 보여준다. 이러한 변화의 방향은 고등교육 진학률이 높은 우리나라의 특성에 오히려 잘 부합한다고 볼 수 있다. 중등-고등직업교육 연계는 최근의 기술변화에 대응할

수 있고, 현행 교육체제를 유지하면서 효율성을 제고할 수 있는 방안으로 주목받고 있다(최상덕 외, 2022).

이상의 내용을 종합하여 다음과 같은 방향성을 제시하고자 한다.

첫째, 중등직업교육을 기초직업진로교육의 성격으로 운영하여 획일화된 고교교육에 다양성을 확보하고, 취업과 진학 등 다양한 진로를 지원해야 한다. 특히, 양질의 고졸 일자리로의 취업을 활성화하는 한편, 고도화된 산업 기술 직무의 경우 중등직업교육과 고등교육을 연계하여 충분한 학습을 거쳐 노동시장에 진입할 수 있도록 해야 한다. 이는 평생학습 시대에 요구되는 계속직업교육(continuing vocational education and training, CVET) 측면에서도 바람직한 방향이다.

둘째, 중등직업교육을 기초직업진로교육의 성격으로 운영하더라도 기본교육과 전문성 교육에 모두 집중해야 한다(안재영 · 손규태 · 오춘식, 2024). 일부에서는 중등직업교육 학습자의 학력 수준이 낮아 기본교육으로 전환하자는 의견이 있다. 그러나 직업계고의 학습자 학력 수준은 매우 다양하고, 학교 간의 수준도 다양하므로 중등직업교육을 기본교육으로 전환하는 것은 '평균의 오류'에 빠지는 것이다. 교육과정과 학습의 위계성 원리에 입각해 보면, 전문성 교육을 위해서는 먼저 기본교육에 충실해야 한다(안재영, 2022). 이는 일본 사례를 통해서도 알 수 있는데, 일본은 직업계고를 기본교육기관으로 전환하면서 오히려 쇠퇴하였고, 전문학교는 전문성 교육을 강화하면서 유명 직업교육기관으로 발전하였다(안재영, 2024). 따라서 직업계고의 전문성 강화를 위한 노력을 지속해야 한다(안재영 · 손규태 · 오춘식, 2024).

셋째, 최근 학령인구 감소에 따라 학교를 줄이는 과정에서 직업교육은 현재의 수요와 미래 수요를 모두 고려해야 한다. 직업교육의 학령인구는 감소하지만 성인학습자가 증가하고 인구감소에 따른 숙련인력 확보에 어려움이 있기 때문에 장기적으로 직업교육에 대한 수요는 증가한다. 따라서 학령인구 감소에 따른 직업계고의 축소 및 통폐합보다는 직업교육 내실화 및 적정 규모를 유지해야 한다. 이러한 맥락에서 국가 발전에 필수적인 기간산업에 대한 인재 확보를 위해 필수 분야의 직업계고를 국립으로 전환 및 신설하여 보호하는 등 중등직업교육에 대한 국가의 책임을 더욱 확대해야 한다(안재영 · 손규태 · 오춘식, 2024).

탐구과제

1. 공업 분야 중에서 신산업 · 신기술이 적용된 분야를 선정하고, 이 분야의 공업교육 사례를 제시하시오(고등학교, 대학 등).
2. 공업교육은 교과교육과 직업교육 관점으로 설명할 수 있는데, 각각의 특징과 장단점을 비교하여 설명하시오.
3. 공업교육은 일반교육, 직업교육, 학교교육, 사회교육과의 관계로도 설명할 수 있다. [그림 1-1]에서 공업교육의 위치를 표시하고 그 이유를 설명하시오.
4. 우리나라에서 운영되는 공업 분야의 평생직업교육 사례를 조사하여 발표하시오.
5. 공업교육을 실과교육, 기술교육과 비교하여 설명하시오.
6. 〈표 1-4〉를 참고하여 고등학교와 대학에서 운영되는 직업교육과 직업훈련 사례를 설명하시오.
7. 자신이 성장한 과정을 진로교육 과정 측면에서 설명하고 앞으로의 계획을 발표하시오.
8. 공업교육의 필요성(효과)을 고등학교 또는 대학의 사례를 들어 설명하시오.
9. 우리나라와 주요 국가(독일, 스위스, 영국, 호주 등)의 도제제도를 비교하시오.
10. 〈표 1-7, 8〉을 참고하여 우리 지역의 특성화고/마이스터고, 또는 대학의 공업교육 변천 과정을 인터뷰하시오(학과 개편, 교육과정 개편 등).
11. 공업교육 최신 정책을 1가지 선정하고 해당 정책의 배경, 내용, 추진 절차, 성과 및 효과, 문제점, 개선 방향 등을 발표하시오.
12. 미래 공업교육의 방향을 고려하여 우리 지역의 특성화고/마이스터고, 또는 대학의 교육 방향을 탐구하시오.

II

공업 교육과정

01

공업 교육과정의 개념과 변천

가 교육과정의 개념

1) 교육과정의 어원

교육과정(curriculum)의 어원은 라틴어 '쿠레레'(currere)에서 유래한 것으로, 이는 경마장의 '달려가야 할 코스'를 의미한다. 쿠레레의 의미를 명사인 '코스'와 동사인 '과정'에 두는 것에 따라 교육과정이 갖는 의미가 달라진다.

쿠레레의 의미를 '코스'에 두는 접근은 교육과정을 수업과 구분하면서 교육과정이란 수업이 따라야 할, 혹은 수업을 통해 도달해야 할 '결과'(outcome)로 이해한다. 이와 같은 접근에서 교육과정 설계는 학과 코스를 선정하고 조직하는 것을 의미한다.

반면, 쿠레레의 의미를 '과정'에 두는 접근은 교육과정을 교수 · 학습 과정에서 교사와 학생 간에 이루어지는 상호작용과 관련된 것으로 이해한다. 이러한 접근에서 교육과정은 교수 · 학습 과정에서 교사와 학생이 지속적으로 겪는 교육적 경험의 총체이다. 따라서 교육과정 설계의 초점을 학과 코스의 개발보다는 교수 · 학습의 과정을 드러내고 이해하는 데 둔다.

2) 교육과정의 의미

앞에서 제시한 것처럼 교육과정은 크게 '결과'(outcome)에 초점을 둔 의미와 '과정'(process)에 초점을 둔 의미로 구분할 수 있다.

'결과'(outcome)에 초점을 둔 교육과정은 구조화되고 계열화된 일련의 학습 결과를 의미하는 것으로 의도했던 목표나 결과에의 도달을 중시한다. 이와 같은 접근은 과거 교육이 통제와 질서를 부과하기 위한 방법으로 사용된 것에서 유래한 것으로 교육과정을 통제의 아이디어로 보는 관점은 현재에도 존재한다.

이러한 관점은 미국의 교육학자 타일러(Ralph W. Tyler)의 영향에 따른 것인데, 1949년 타일러는 그의 책 「교육과정과 수업의 기본 원리」(Basic principles of curriculum and instruction)에서 목표가 미리 설정되어야 하며 이러한 목표에 비추어 학습경험이 선정되고 조직되면 평가되어야 한다고 주장하였다. 이러한 타일러의 주장은 오늘날까지도 큰 영향력을 끼치고 있다. '결과'(outcome)에 초점을 둔 관점에서 교육과정은 외부에서 부과한 목표나 결과에 따라 미리 계획되고 표준화될 수 있는 것으로 간주되고, 교사나 학생은 다른 사람이 계획한 목표나 공통된 목표의 수단으로 간주된다.

그에 반해 '과정'(process)에 초점을 둔 관점에서 교육과정은 미리 계획하거나 처방할 수 있는 것이 아니라 교수 · 학습 과정에 참여하고 있는 교사나 학생이 실제로 경험하는 것으로 간주된다. 이러한 성격의 교육과정은 미리 고정된 것이 아니라 재구성, 혹은 변형이 계속 진행 중인 과정에 있는 것이다.

이러한 관점은 미국의 교육학자 듀이(John Dewey)의 영향에 따른 것이다. 듀이는 기존의 권위주의적이고 일방적인 통제에 반대하여 교육과정을 지식의 논리적 구조나 산업사회의 경제적 · 사회적 필요에 따라 규명하기보다는 학습자의 경험으로부터 출발해야 한다고 보았다.

교육과정의 의미는 과거에는 '결과'(outcome)에 초점을 둔 관점이 주를 이루었으나 최근에는 '과정'(process)에 초점을 둔 관점이 강조되고 있다. 교육 현실을 진정으로 변화시키기 위해서는 외부에서의 새로운 처방보다는 교수 · 학습 과정에 있는 개인의 경험의 질을 변화시켜야 하기 때문이다(소경희, 2017).

3) 교육과정의 다양한 개념

상술한 바와 같이 교육과정은 접근방법과 관점에 따라 다양한 의미를 지닌다. 최근에는 교육과정 개념을 교육내용으로서의 교육과정, 학습계획으로서의 교육과정, 학습경험으로서의 교육과정, 학습결과로서의 교육과정, 성취기준으로서의 교육과정으로 구분한다.

표 2-1 교육과정의 개념

구분	개념	의미
교육내용	• 일정기간 동안 제공되는 교과목의 종류, 성격, 내용 등을 간단히 나열해서 기술한 것	• 학생의 입장에서는 학습해 나가야 할 과정 • 교사의 입장에서는 학생에게 가르쳐야 할 교육내용의 체계 • 교과들의 목록, 교수요목, 강의요목(syllabus)
학습계획	• 교육과정이라는 문서에 담겨 있는 교육계획	• 문서 속에 담긴 계획 내용에 따라 다양한 교육과정이 존재함을 인정 • 교과, 목표, 실행(수업), 평가 등을 포함
학습경험	• 학생이 겪는 모든 경험의 총체	• 교육과정을 통해 학생이 경험하는 모든 경험을 포함하므로, 학생중심적인 입장을 지님
학습결과	• 의도된 학습 성과	• 교육과정은 수업의 결과에 대해서 처방, 규제하는 수업을 위한 지침서로서의 의미를 지님
성취기준	• 국가차원에서 학생이 학습의 결과를 규정해 놓은 진술문	• 국가차원에서 각 교과의 전문가들이 학생들이 도달해야 할 최소한의 학습내용을 기술하여 학습해야 함을 강조

출처: 김영천(2009). 교육과정 I : Curriculum Development. 아카데미프레스. pp. 9-15. 재구성.

4) 교육과정의 수준

교육과정을 제대로 이해하기 위해서는 교육과정을 다양한 수준에서 개념화해야 한다. 교육과정의 수준은 크게 계획, 실행, 경험 수준의 교육과정으로 구분할 수 있다.

가) 계획된 교육과정

계획된 교육과정은 교육과정을 실행하기 위한 지침의 역할을 하는 것으로 교육목표, 교육내용, 교수 · 학습 방법, 평가 등에 관한 사항을 담고 있다. 문서에 담겨 있어서 문서로서의 교육과정이라고도 한다.

계획된 교육과정은 국가/지역/학교 수준에서 계획한 교육과정으로 구분할 수 있다. 첫째, 국가 수준에서 계획한 교육과정(국가 교육과정)은 우리나라에서는 초 · 중등교육법 제23조 제2항에 의거하여 고시된 초 · 중등학교 교육과정 총론과 각론을 의미한다. 총론은 국가 교육과정 전체의 구성 방향, 교육과정 편성 · 운영 기준, 교육과정 지원 등에 관한 지침으로 구성된다. 각론은 각 교과별 교육과정으로 교과의 성격, 목표, 내용 체계, 성취 기준, 교수 · 학습 및 평가 사항 등으로 구성된다.

둘째, 지역 수준에서 계획한 교육과정(지역 교육과정)은 시 · 도교육청의 교육과정 편성 · 운영 지침을 의미한다. 지역 교육과정은 국가 교육과정을 토대로 지역의 환경과 여건을 고려하여 만든다. 따라서 지역 교육과정이 국가 교육과정과 거의 유사한 경우도 있고 그렇지 않은 경우도 있다.

마지막으로 학교 수준에서 계획한 교육과정(학교 교육과정)은 단위학교가 국가 교육과정이나 지역 교육과정을 토대로 학교 실정에 맞게 계획한 교육과정이다. 학교 교육과정은 일반적으로 학교 교육계획이라는 문서로 존재한다.

나) 실행된 교육과정

실행된 교육과정은 교사들이 계획된 교육과정을 학교에서 실제로 실행한 교육과정으로 교사의 실천적인 수업 행위를 지칭한다. 즉 교사의 수업 행위 자체를 교육과정으로 보는 것이다. 교사는 국가나 시 · 도교육청이 계획한 교육과정을 실행하는 과정에서 어느 정도 재량권을 갖고 교육과정을 실행하기 때문에 국가나 시 · 도교육청이 계획하지 않은 내용까지도 교육할 수 있다. 그러나 국가나 시 · 도교육청에서 제시한 교육내용과 운영 원칙을 반드시 지켜야 한다(김영천, 2009).

다) 경험된 교육과정

경험된 교육과정은 계획된 교육과정과 실행된 교육과정과 달리 학생들이 경험한 교육과정이다. 즉 교수 · 학습 과정을 통해 학생들이 결과적으로 획득한 경험이나 성취, 태도 등을 의미한다. 경험된 교육과정은 계획 · 실행된 교육과정이 학생들에게 어떻게 수용되고 있는가에 초점을 둔 것으로 의도한 교육과정의 성과를 판단하는 데 중요하다(소경희, 2017). 계획 · 실행된 교육과정이 경험된 교육과정과 다를 경우, 원인을 분석하고 이를 줄이기 위해 노력해야 한다. 이를 위해 계획 · 실행된 교육과정을 변경해야 한다.

나 공업 교육과정의 개념과 특징

1) 공업 교육과정의 개념

앞서 'Ⅰ. 공업교육의 개념과 역사'에서 공업교육은 교과교육의 성격과 직업교육의 성격을 모두 지니고 있음을 살펴보았다. 일반적으로 교육과정은 교육내용을 의미하며 이는 교과교육에 초점을 둔 개념이다. 따라서 공업 교육과정은 일반교육에서 다루는 교육과정(교과교육 측면)에 직업교육 성격의 교육과정을 추가한 것으로 이해하면 된다.

우선 공업교육의 교과교육 측면의 교육과정은 교과교육에 필요한 교육내용이므로, 고등학교(특성화고, 마이스터고 등) 전문교과의 건축 · 토목, 기계, 재료, 화학 공업, 전기 · 전자, 정보 · 통신, 융복합 · 지식재산, 환경 · 안전 · 소방, 섬유 · 의류 교과에 해당하는 교육과정을 의미한다.

다음으로 공업교육의 직업교육 측면의 교육과정은 직업교육에서 요구하는 진로교육과 직업능력에 관한 것이다. 여기에 해당하는 것은 직업 세계에서 개인(학생)에게 요구하는 능력, 직무 내용, 태도, 가치관 등과 개인(학생)이 직업 세계에서 성장하는 데 필요한 직업능력과 경력개발 등이다.

2) 공업 교육과정의 특징

이와 같이 공업 교육과정은 일반교육보다 범위가 넓고 직업 세계의 변화에 영향을 받으므로 교육과정을 개발하고 운영하는 데 시간과 비용이 많이 드는 특징이 있다. 공업 교육과정의 특징을 정리하면 다음과 같다.

가) 학교 교과교육과 산업 현장의 직무능력 모두 중요

공업 교육과정에서는 산업 현장의 직무능력을 키우는 것이 중요하다. 직무능력은 어떤 특정한 직업의 직무능력을 의미하기도 하고 직업군의 공통적인 직무능력을 의미하기도 한다. 최근 기술이 고도화되고 산업 변화가 빨라지면서 산업 현장에서 요구하는 직무능력도 급변하고 있다. 이에 따라 공업교육에서도 산업 현장에 초점을 둔 맞춤형 직무교육을 강조하고 있다.

그러나 교육과정과 학습의 위계성 원리에 입각해 보면 먼저 기초학습역량을 갖추고 나서 전공 전문성을 갖추는 것이 바람직하다(안재영, 2022). 직업교육 선진국은 기초학습역량을 갖춘 학생이 직업교육에 참여할 수 있도록 하고 있다(안재영, 2019; ILO, 2020). 학교 교육과정에서 역량 교육을 할 때에도 관련 교과내용을 배운 이후에 그 교과의 지식, 기능, 가치, 태도 측면에서의 수행 능력(교과역량)을 통하여 역량을 획득할 수 있다(소경희, 2017). 따라서 직무능력을 갖추기 이전에 직무능력의 기초가 되는 교과의 기초학습이 선행되어야 한다.

나) 산업현장과 유사한 실습 환경 및 기자재

공업 교육과정에서는 전공 교과의 기초 실습부터 산업현장에서 실제로 이루어지는 실무와 가까운 실습도 이루어져야 하기 때문에 기초부터 최신 설비에 이르기까지 다양한 실습 환경과 기자재가 필요하다. 특정한 기술을 숙련하기 위해서는 원리를 깨우쳐야 하지만 반복적인 연습도 필요하기 때문에 실습재료도 상당히 필요하다.

기초 실습 환경은 변화가 많지 않기 때문에 초기 구축에서 많은 비용이 들고 이후에는 유지보수 비용 정도만 필요하다. 그러나 최신 기자재는 고가이고 산업 변화에 따라 교체 시기도 빠르므로 학교 현장에 구축하기보다는 공동실습실에 구축하여 다수의 학교가 공동으로 활용하는 것이 좋다. 그리고 현장실습, 도제교육 등의 산학협력을 통해 관련 산업체에서 실습을 해 보는 것도 좋은 방법이다.

다) 현장 기반의 진로교육

공업교육에서는 산업 현장에서 활용되는 실제 기술을 배우고 일의 세계를 경험하기 때문에 진로교육을 강화해야 한다. 여기에서 중요한 것은 직업 세계를 깊이 알 수 있도록 현장 기반의 진로교육이 이루어져야 한다.

졸업 후 취업을 하는 특성화고/마이스터고 학생들에게는 구체적이고 실제적인 직업 정보가 매우 중요하다. 기업 정보와 같은 실제적인 진로 정보는 진로 결정에 중요한 역할을 하기 때문이다(이현림 외, 2003; 김충기, 1996; Hoppock, 1976). 특성화고 학생들의 진로결정에서도 직업정보가 중요하고(이명훈, 2016), 현장실습에 참여한 특성화고 학생들이 졸업 후 최종적으로 해당 기업에 취업으로 진로를 결정하는 데에도 해당 기업의 직무와 근무 환경, 동료와의 관계, 직무능력 향상 등 기업의 실제적인 정보가 중요한 영향을 미친다(안재영, 2012).

실제적인 직업 정보를 파악하기 위해서는 진로교육 과정에서 해당 직업에 대한 급여나 실업의 위험, 해당 직업의 진입 요건과 이후의 경로 등의 노동시장 정보를 제공해야 한다. 각 국가에서 공식적인 자료를 통해 관련 정보를 제공하고는 있으나 노동시장 정보는 매우 복잡하며 확보하기 어렵다는 특징이 있다(OECD, 2012). 그리고 동료와의 관계, 직무능력 향상 등과 같은 정성적인 정보도 중요한데, 이는 해당 기업에서 체험을 해봐야 제대로 알 수 있는 것이다(안재영, 2012).

현장 기반의 진로교육을 위해서는 학생이 직무 현장을 경험하고 관련 내용을 학습할 수 있는 현장학습(workplace learning)이 필요하다. 현장학습을 통해 학생은 직업 종사자들의 실제 업무를 배울 수 있고 업무의 특성과 근무 환경도 알 수 있다. 현장학습은 학생이 합리적인 진로 결정을 하는 데 필요한 실질적인 정보를 제공하여 학교에서 직업 세계로의 이행을 돕는다(OECD, 2012).

라) 산학협력과 지역사회 연계

상술한 바와 같이 산업 현장에서 요구하는 직무능력을 키우고 현장 기반의 진로교육을 하기 위해서는 산업 현장과 지속적으로 소통해야 한다. 이를 위해 학교는 산업체와 다양한 협력 활동을 해야 하는데 이를 산학협력이라고 한다.

산학협력을 할 때에는 만남과 소통이 중요하며 이를 위해서는 물리적 접근성이 중요하다(안재영, 2015). 즉 거리가 가까워야 한다. 따라서 지역사회와 연계하는 것이 중요하다. 이를 통해서 공업교육을 하는 특성화고/마이스터고는 지역사회와 연계하여 지역에서 필요로 하는 인재를 양성하고 지역사회는 특성화고/마이스터고를 지원함으로써 지역 발전에 기여할 수 있다.

마) 국가와 지방자치단체의 지원

공업 교육과정을 운영하는 데에는 많은 비용이 든다. 산업 현장과 유사한 실습 환경 및 기자재를 구축해야 하고 산업 현장과 연계된 진로교육과 현장학습 등을 실시해야 하기 때문이다. 산업과 기술의 변화에 따라 교육과정과 교과서도 개편해야 하고 교사 연수도 지속적으로 실시해야 한다. 이와 같이 공업교육은 비용이 많이 들기 때문에 국가와 지방자치단체(교육청 등)의 재정 지원이 필요하다. 무엇보다 국가의 지원이 필요한데, 그 이유는 공업교육에서 양성하는 인재가 국가 발전에 필수적인 기간산업과 첨단 산업에 중요하기 때문이다.

바) 교육의 '과정'과 '결과'도 중요

공업 교육과정에서는 산업에서 요구하는 직무능력의 배양이 중요하기 때문에 실제로 산업 현장에 취업하여 일을 할 수 있는가를 중요하게 판단한다. 이러한 관점 때문에 공업 교육과정을 이수한 졸업 이후에 '취업'하는 것이 중요하고 이는 곧 '결과'를 중요시하는 풍토가 되었다. 이는 공업교육이 가진 2가지 관점인 교과교육의 관점과 직업교육의 관점 중에서 직업교육의 관점을 강조했기 때문이며, 직업교육에서는 '학교에서 노동시장으로의 이행(school to work)'을 중요한 가치로 보기 때문이다. 직업교육의 관점이 강조된 것은 높은 대학진학률과 학벌사회의 폐해가 깊은 우리나라의 특수성이 반영된 것이다.

이와 같이 취업이라는 '결과'를 지나칠 정도로 중요하게 생각하다 보니 일부에서는 특성화고/마이스터고가 취업률이 낮아 일반고로 전환해야 한다는 주장도 있다. 일반고가 대학진학을 위한 학교가 아닌 것처럼, 취업은 특성화고/마이스터고 교육을 통해 얻어지는 성과의 일부이지, 교육의 목표가 될 수 없다(황여정 · 김승경,

2018). 즉 특성화고/마이스터고에서 이루어지는 교육을 바라봐야 한다.

지금은 평생학습의 시대이다. 공업교육을 받은 학생들이 취업을 하고 나면 대학, 직업훈련기관, 평생학습기관 등에서 재교육이나 향상교육을 받고 역량을 키워 변화된 산업 사회에 적응해야 한다. 대학을 진학한 학생들도 마찬가지이다. 결국 평생학습 시대에서는 지속적으로 학습할 수 있는 기초학습역량이 중요하다. 이를 위해서는 공업교육을 실시하는 고등학교 단계에서 장기적인 안목으로 학생에게 필요한 기초학력과 전공교육에 대한 충실한 학습을 실시해야 한다. 즉 '과정'도 중요하다.

다 공업 교육과정의 변천[1]

과거 공업교육은 고등학교와 중학교에서 모두 실시되었다. 따라서 여기에서는 고등학교 단계인 특성화고/마이스터고의 국가 교육과정의 변천과 중학교의 국가 교육과정 변천을 중심으로 살펴보았다.

1) 특성화고/마이스터고의 공업 교육과정

2~3차 교육과정에서는 실업계고(舊 특성화고/마이스터고)의 총 교과 이수 단위가 204~222단위였고 전문교과 단위 수가 102~154단위로 보통교과보다 많았다. 공업 교육과정은 114~154단위였으며 필수과목과 선택과목으로 구성되었다.

4~5차 교육과정에서는 실업계고(舊 특성화고/마이스터고)의 총 교과 이수 단위가 204~216단위였고 전문교과 단위 수가 82~122단위로 보통교과와 동일하였다. 공업 교육과정은 필수과목 28~40단위, 선택과목 54~94단위로 구성되었다.

6차 교육과정에서는 실업계고(舊 특성화고/마이스터고)의 총 교과 이수 단위가 204단위였고 전문교과 단위 수가 최소 82단위였다. 공업 교육과정의 필수과목은

1 자세한 내용은 국가교육과정정보센터(https://ncic.re.kr)를 참고할 것

공업 입문, 제도, 전자 계산 일반이었다.

7차 교육과정에서는 실업계고(舊 특성화고/마이스터고)의 총 교과 이수 단위가 216단위였고 전문교과 단위 수가 최소 82단위로 보통교과와 동일하였다. 공업 교육과정의 필수과목은 공업 입문, 기초 제도, 정보 기술 기초였다.

2007 개정 교육과정에서는 전문계고(舊 특성화고/마이스터고)의 총 교과 이수 단위가 210단위였고 전문교과 단위 수가 최소 80단위로 보통교과와 동일하였다. 공업 교육과정의 필수과목은 공업 입문, 기초 제도, 정보 기술 기초였다.

2009 개정 교육과정에서는 전문계고(舊 특성화고/마이스터고)의 총 교과 이수 단위가 204단위였고 전문교과 단위 수가 최소 86단위로 보통교과보다 많았다. 공업 교육과정의 필수과목은 공업 일반, 기초 제도였다.

2015 개정 교육과정에서는 특성화고/마이스터고의 총 교과 이수 단위가 204단위였고 전문교과 단위 수가 최소 86단위로 보통교과보다 많았다. 전문교과는 이전 교육과정에서 농업계, 공업계, 상업계, 수산 · 해운계, 가사 · 실업계로 구성되었으나 2015 개정 교육과정에서는 NCS(National Competency Standards, 국가직무능력표준) 기반 17개 교과군으로 구성되었다. 계열(농업계, 공업계, 상업계, 수산 · 해운계, 가사 · 실업계)별로 존재했던 필수과목도 2015 개정 교육과정에서는 성공적인 직업생활 1개 과목으로 개편되었다([그림 2-4] 참조).

'공업 계열'이라는 명칭은 공식적인 교육과정 문서에서 사라졌지만 교육부와 시·도교육청 등은 특성화고/마이스터고의 전공 계열을 구분하는 데 중요한 용어로 사용하고 있다.

표 2-2 특성화고/마이스터고 교육과정의 변화(국가 교육과정)

<table>
<tr><th colspan="2">구분</th><th colspan="2">교과별 이수 단위</th></tr>
<tr><td rowspan="4">제2차
교육과정
(1963~
1973)</td><td>총 이수
단위</td><td>- 204~222 (1963년)</td><td>- 204~222 (1973년)</td></tr>
<tr><td>보통교과</td><td>- 90~102
※공업계 88~100/
수산 · 해양계 82~89
• 필수교과목: 52
• 선택교과목: 38~37</td><td>- 68~102
※공업계 68~90/
수산 · 해양계 68~82
• 필수교과목: 58
• 선택교과목: 10~44</td></tr>
<tr><td>전문교과</td><td>- 90~102
※공업계 88~100/수산 · 해양계 82~89
• 필수교과목: 52
• 선택교과목: 38~37</td><td>- 102~154
※공업계 114~154/수산 · 해양계 122~154
• 필수교과목: 농업계 76~94, 공업계 66~106, 상업계 50~70, 수산 · 해양계 98~120, 가사 · 실업계 60~70
• 선택교과목: 농업계 26~78, 공업계 48~88, 상업계 32~104, 수산 · 해양계 24~56, 가사 · 실업계 32~94</td></tr>
<tr><td>특별활동</td><td>- 12</td><td>- 12</td></tr>
<tr><td rowspan="4">제3차
교육과정
(1973~
1981)</td><td>총 이수
단위</td><td colspan="2">- 204~222</td></tr>
<tr><td>보통교과</td><td colspan="2">- 68~102
※공업계 68~90/수산 · 해양계 68~82
• 필수교과목: 58 • 선택교과목: 10~44</td></tr>
<tr><td>전문교과</td><td colspan="2">- 102~154
※공업계 114~154/수산 · 해양계 122~154
• 필수교과목: 52 • 선택교과목: 38~37</td></tr>
<tr><td>특별활동</td><td colspan="2">- 12</td></tr>
</table>

구분		교과별 이수 단위
제4차 교육과정 (1981~1987)	총 이수 단위	- 204~216
	보통교과	- 82~122 • 공통필수: 72~84 • 선택: 10~38
	전문교과	- 82~122 • 필수과목: 농업계 36~76, 공업계 28~40, 상업계 40~64, 수산 · 해운계 36~76, 가사 · 실업계 24~42 • 선택과목: 농업계 46~86, 공업계 54~94, 상업계 42~82, 수산 · 해운계 46~82, 가사 · 실업계 58~98
	특별활동	- 12
제5차 교육과정 (1987~1992)	총 이수 단위	- 204~216
	보통교과	- 82~122 • 공통필수: 78 • 선택: 4~44
	전문교과	- 82~122 • 필수과목: 농업계열 38~74, 공업계열 28~40, 상업계열 38~64, 수산 · 해운계열 38~74, 가사 · 실업계열 38~74 • 선택과목: 농업계열 44~84, 공업계열 54~94, 상업계열 44~84, 수산 · 해운계열 44~84, 가사 · 실업계열 44~84
	특별활동	- 12
제6차 교육과정 (1992~1997)	총 이수 단위	- 204
	보통교과	-총 이수 단위의 40~60% • 공통필수과목: 70 • 과정별 필수과목에서 선택하여 편성
	전문교과	- 82 • 계열별 필수 이수 과목 ㉮ 농업 계열: 농업 발전, 농업 실습, 전자 계산 일반 ㉯ 공업 계열: 공업 입문, 제도, 전자 계산 일반 ㉰ 상업 계열: 상업경제, 상업부기, 전자 계산 일반 ㉱ 수산 · 해운계열: 수산일반(수산), 해운 일반(해운), 수산 · 해운 실습, 전자 계산 일반 ㉲ 가사 · 실업 계열: 가사 · 실업 실습, 전자 계산 일반
	특별활동	- 12

<table>
<tr><th colspan="2">구분</th><th>교과별 이수 단위</th></tr>
<tr><td rowspan="5">제7차
교육과정
(1997~
2007)</td><td>총 이수
단위</td><td>- 216</td></tr>
<tr><td>보통교과</td><td>- 82
• 국민공통기본교과: 56 • 선택과목(일반, 심화): 24~112</td></tr>
<tr><td>전문교과</td><td>- 82
• 계열별 필수 이수 과목
㉮ 농생명 산업 계열: 농업 이해, 농업 기초 기술, 농업 정보 관리
㉯ 공업 계열: 공업 입문, 기초 제도, 정보 기술 기초
㉰ 상업 정보 계열: 상업 경제, 회계 원리, 컴퓨터 일반
㉱ 수산 · 해운 계열: 해양 일반, 수산 · 해운 정보 처리, 수산 일반(수산 계열), 해사일반(해운 계열)
㉲ 가사 · 실업 계열: 인간 발달, 컴퓨터 일반</td></tr>
<tr><td>재량활동</td><td>- 12</td></tr>
<tr><td>특별활동</td><td>- 12</td></tr>
<tr><td rowspan="5">2007
개정
교육과정</td><td>총 이수
단위</td><td>- 210</td></tr>
<tr><td>보통교과</td><td>- 80
• 국민공통기본교과: 60 • 선택과목(일반, 심화): 20</td></tr>
<tr><td>전문교과</td><td>- 80
• 계열별 필수 이수 과목
㉮ 농생명 산업 계열: 농업 이해, 농업 기초 기술, 농업 정보 관리
㉯ 공업 계열: 공업 입문, 기초 제도, 정보 기술 기초
㉰ 상업 정보 계열: 상업 경제, 회계 원리, 컴퓨터 일반
㉱ 수산 · 해운 계열: 해양 일반, 수산 · 해운 정보 처리, 수산 일반(수산 계열), 해사일반(해운 계열)
㉲ 가사 · 실업 계열: 인간 발달, 컴퓨터 일반</td></tr>
<tr><td>재량활동</td><td>- 6</td></tr>
<tr><td>특별활동</td><td>- 12</td></tr>
</table>

구분		교과별 이수 단위		
2009 개정 교육과정	총 이수 단위	- 204(전기)	- 204(중기)	- 204(후기)
	보통교과	- 72 • 기초영역(국어, 수학, 영어): 30 • 탐구영역(사회-역사/도덕 포함, 과학): 20 • 체육 · 예술영역(체육, 예술-음악/미술): 10 • 생활 · 교양영역(기술 · 가정, 제2외국어, 한문, 교양): 12	- 60 • 기초영역(국어, 수학, 영어): 25 • 탐구영역(사회-역사/도덕 포함, 과학): 15 • 체육 · 예술영역(체육, 예술-음악/미술): 10 • 생활 · 교양영역(기술 · 가정, 제2외국어, 한문, 교양): 10	- 65 • 기초영역(국어, 수학, 영어): 25 • 탐구영역(사회-역사/도덕 포함, 과학): 15 • 체육 · 예술영역: 15 (체육10, 예술-음악/미술5) • 생활 · 교양영역(기술 · 가정, 제2외국어, 한문, 교양): 10
	전문교과	- 80 • 계열별 필수 이수 과목 ㉮ 농생명 산업 계열: 농업 이해, 농업 기초 기술, 농업 정보 관리 ㉯ 공업 계열: 공업 입문, 기초 제도, 정보 기술 기초 ㉰ 상업 정보 계열: 상업 경제, 회계 원리, 컴퓨터 일반 ㉱ 수산 · 해운 계열: 해양 일반, 수산 · 해운 정보 처리, 수산 일반, 해사일반 ㉲ 가사 · 실업 계열: 인간 발달, 컴퓨터 일반	- 86 • 계열별 필수 이수 과목 ㉮ 농생명 산업 계열: 농업 이해, 농업 기초 기술 ㉯ 공업 계열: 공업 일반, 기초 제도 ㉰ 상업 정보 계열: 상업 경제, 회계 원리 ㉱ 수산 · 해운 계열: 해양의 이해, 수산 · 해운 산업 기초 ㉲ 가사 · 실업 계열: 인간 발달, 생활 서비스 산업의 이해	- 86 • 계열별 필수 이수 과목 ㉮ 농생명 산업 계열: 농업 이해, 농업 기초 기술 ㉯ 공업 계열: 공업 일반, 기초 제도 ㉰ 상업 정보 계열: 상업 경제, 회계 원리 ㉱ 수산 · 해운 계열: 해양의 이해, 수산 · 해운 산업 기초 ㉲ 가사 · 실업 계열: 인간 발달, 생활 서비스 산업의 이해
	자율편성	- 28	- 34	- 29
	창의적 체험활동	- 24	- 24	- 24

<table>
<tr><th colspan="2">구분</th><th>교과별 이수 단위</th></tr>
<tr><td rowspan="5">2015
개정
교육과정</td><td>총 이수
단위</td><td>- 204</td></tr>
<tr><td>보통교과</td><td>- 66
• 기초 영역: 30(국어, 수학 영어 24, 한국사 6)
• 탐구 영역(사회-역사/도덕 포함, 과학): 12
• 체육 · 예술 영역: 14(체육 8, 예술-음악/미술 6)
• 생활 · 교양 영역(기술 · 가정, 제2외국어, 한문, 교양): 10</td></tr>
<tr><td>전문교과</td><td>- 86
• 전문 공통 과목: 성공적인 직업생활
• 전문교과 II 과목의 이수 단위는 시도교육감이 정함</td></tr>
<tr><td>자율편성</td><td>- 28</td></tr>
<tr><td>창의적
체험활동</td><td>- 24</td></tr>
<tr><td rowspan="5">2022
개정
교육과정</td><td>총 이수
학점</td><td>- 192</td></tr>
<tr><td>보통교과</td><td>- 64
• 국어/수학/영어 24
• 한국사 6
• 사회/과학 12
• 체육 8
• 예술 6
• 기술·가정/정보/제2외국어/한문/교양 8</td></tr>
<tr><td>전문교과</td><td>- 80
• 전문 공통 과목: 성공적인 직업생활, 노동 인권과 산업 안전 보건, 디지털과 직업 생활
• 전문교과의 과목 기본 학점 및 증감 범위는 시도교육감이 정함</td></tr>
<tr><td>자율편성</td><td>- 30</td></tr>
<tr><td>창의적
체험활동</td><td>- 18(288시간)</td></tr>
</table>

출처: 국가교육과정정보센터(2020. 7. 2.), 박동열 · 김지영 · 유진영 · 류지은 · 오관택 · 김기용(2020: 66-69)에서 재인용.; 초·중등학교 교육과정 총론(교육부 고시 제2022-33호, 국가교육위원회 고시 제2024-3호 일부개정 포함)

2) 중학교의 공업 교육과정

현재는 중학교에서 공업교육을 실시하지 않지만 과거에는 공업교육을 비롯한 전문교과 교육을 실시하였다.

2차 교육과정에서는 실업 · 가정 교과에서 공업교육을 실시하였는데 그 비율은 전체 교과활동 대비 15.2%~36.4%를 차지하였다. 3~5차 교육과정에서도 실업 · 가정 교과에서 공업교육을 실시하였으며 공업교육을 비롯한 농업 · 상업 · 수산업 · 가사 교육은 선택과목으로 실시되었다.

그러나 6차 교육과정에서는 실업 · 가정 교과가 가정, 기술 · 산업으로 분리되었고 시수가 감소하였다. 그리고 기술과 농업 · 공업 · 상업 · 수산업 과목이 기술 · 산업으로 통합되었다. 그리고 7차 교육과정에서는 가정, 기술 · 산업 교과가 기술 · 가정으로 통합되고 농업 · 공업 · 상업 · 수산업 과목과 같은 전문교과가 삭제되었다.

이러한 변화는 중학교 교육과정에서 전문교과의 비중이 축소된 것을 의미한다. 중학교 단계에서 전문교과를 배울 필요가 있다. 독일, 스위스, 핀란드 등의 직업교육 선진국에서는 중학교 단계에서 전문교과를 필수교과로 운영하여 학생의 적성과 소질을 초기에 개발함으로써 중학교 단계에서의 진로교육의 질을 높이고 있다. 이를 통해 고등학교 진학 단계에서 자연스럽게 직업고등학교(vocational high school)를 선택하는 비율이 높아지고 이는 장기적으로 공업기술교육의 발전으로 이어지고 있다.

표 2-3 중학교 교육과정의 전문교과 변화

<table>
<tr><th rowspan="2">교육과정</th><th rowspan="2" colspan="2">교과</th><th colspan="3">이수 단위(학년별 교과활동 전체 시간 대비 비율, 최댓값)</th></tr>
<tr><th>1학년</th><th>2학년</th><th>3학년</th></tr>
<tr><td>제2차 교육과정
(1963~1973)</td><td colspan="2">실업 · 가정</td><td>4~5
(15.2%)</td><td>4~6
(18.2%)</td><td>3~12
(36.4%)</td></tr>
<tr><td rowspan="2">제3차 교육과정
(1973~1981)</td><td rowspan="2">실업 · 가정</td><td>(필수) 기술(남) / 가정(여)</td><td>3
(9.4%)</td><td>3
(8.6%)</td><td>3
(8.6%)</td></tr>
<tr><td>(선택) 농 · 공 · 수산 · 가사 중 택일</td><td></td><td>3~4
(11.4%)</td><td>3~7
(20%)</td></tr>
<tr><td rowspan="2">제4차 교육과정
(1981~1987)</td><td rowspan="2">실업 · 가정</td><td>(필수) 생활 기술(남) / 가정(여)</td><td>3
(9.1%)</td><td>4~6
(17.6%)</td><td></td></tr>
<tr><td>(선택) 농업 · 공업 · 상업 · 수산업 · 가사</td><td></td><td></td><td>5~7
(20.1%)</td></tr>
<tr><td rowspan="2">제5차 교육과정
(1987~1992)</td><td rowspan="2">실업 · 가정</td><td>기술/가정/기술 · 가정 중 택일</td><td>3
(8.8%)</td><td>4~6
(17.6%)</td><td></td></tr>
<tr><td>농업 · 공업 · 상업 · 수산업 · 가사 중 택일</td><td></td><td></td><td>4~6
(17.6%)</td></tr>
<tr><td rowspan="2">제6차 교육과정
(1992~1997)</td><td colspan="2">가정</td><td>2(6.1%)</td><td>1(3.0%)</td><td>1(3.0%)</td></tr>
<tr><td colspan="2">기술 · 산업
※ 기술, 농업 · 공업 · 상업 · 수산업 통합</td><td>1(3.0%)</td><td>2(6.1%)</td><td>2(6.1%)</td></tr>
<tr><td>제7차 교육과정
(1997~2007)</td><td colspan="2">기술 · 가정</td><td>2(7.1%)</td><td>3(10.7%)</td><td>3(10.7%)</td></tr>
</table>

출처: 교육부 교육과정 문서(2차, 3차, 4차, 5차, 6차, 7차 교육과정)

02

공업 교육과정 개발[2]

가 교육과정 설계 모형

교육과정을 설계할 때에는 교육내용에 초점을 두거나 교육목표나 결과에 초점을 둘 수도 있다. 또는 수업 방법에 초점을 둘 수도 있다. 이와 같은 교육과정 설계 모형은 크게 내용 모형, 목표 모형, 과정 모형으로 구분한다.

1) 내용 모형(content model)

내용 모형은 가르쳐야 할 내용에 초점을 맞춰서 교육과정을 설계하는 모형으로 가장 오래된 모형이다. 내용 모형에서는 가르쳐야 할 내용을 선정하는 것이 가장 중요한데, '내재적으로 가치있는 것'을 선정한다. 문제는 '내재적으로 가치있는 것'이 그 당시 사회의 문화와 가치관에 따라 달라질 수 있고 정치화될 수 있어서 교육이 도구로 쓰일 수 있다는 단점을 가지고 있다. 그러나 공업교육은 공업 분야의 전공 내용을 다루고 있어 이러한 문제가 발생하지 않는 편이다.

2 교육과정을 논할 때에는 교육과정의 개발, 운영, 평가를 모두 다루는데, 교육과정 운영(교수·학습)은 이 책의 3장에 제시하였다.

2) 목표 모형(product model)

목표 모형은 교육과정을 설계함에 있어 목표(또는 성취 기준)에 초점을 두는 모형이다. 목표 모형에서는 정해진 목표에 맞게 학생의 행동을 측정하고 평가할 수 있기 때문에 효과적인 모형으로 평가받고 있고 현재 대부분의 국가에서 가장 많이 활용하는 모형이다. 성취 기준을 제시하고 있는 우리나라 국가 교육과정의 교과별 교육과정도 목표 모형을 적용한 것이라고 볼 수 있다. 타일러(Ralph W. Tyler)의 교육과정 모형도 여기에 해당한다.

목표 모형은 최근 역량을 강조하는 교육 기조에도 부합하고 공업교육에도 잘 부합하는 모형이다. 그러나 목표 모형은 인간에 대한 수동적인 관점을 갖고 있고 쟁점을 다루는 교과나 교육내용에는 적합하지 않으며 교육에 대한 도구주의적 관점을 취하고 있다(소경희, 2017).

그림 2-1 Tyler의 교육과정 이론

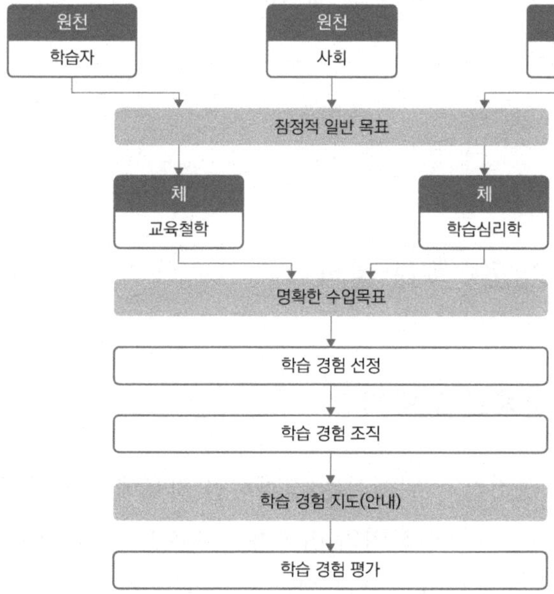

출처: Oliva, P. F. (2014). 최신 교육과정 개발론, Developing the Curriculum (7th ed). 강현석 · 이원희 · 유제순 · 신영수 · 이윤복 · 전호재 역, 원서출판(2009년), 서울: 학지사. p. 198. 재구성.

3) 과정 모형(process model)

과정 모형은 학생의 역량이나 발달을 위해 교수·학습 과정의 절차나 원리를 상세화하는 데 초점을 두고 교육과정을 설계하는 모형이다. 과정 모형에서는 교육 내용이나 목표를 미리 설정하기보다는 교수·학습 활동의 절차적 원리를 상세하게 도출한 후에 이러한 원리에 따라 교육내용이나 목표를 설정한다. 과정 모형은 교과 내용이나 지식보다는 학생의 본성을 고려하여 교육활동을 설계하는 관점을 갖고 있으며 교육이 학생의 발달 과정으로 간주되어야 한다고 본다.

과정 모형은 교사가 처해 있는 실제 상황을 고려하여 교육과정을 유연하게 개발할 수 있다는 장점이 있다. 그러나 국가 교육과정보다는 교사의 전문적 판단에 크게 의존하기 때문에 교사의 역량이 중요하게 작용한다.

우리나라 특성화고/마이스터고 학생들은 학습 역량과 전공 적합성 수준이 다양하다. 학습 역량과 전공 적합성이 높은 학생이 있는 반면, 학습 역량과 전공 적합성이 낮은 학생도 존재한다. 이와 같이 학습 역량뿐만 아니라 전공 적합성의 차이도 고려해야 하므로 교육과정이 보다 세밀해야 한다(안재영, 2022). 이러한 경우에 과정 모형이 장점을 갖고 있다.

나 요구분석과 교육목표 설정

1) 요구분석 및 교육환경 분석

교육목적과 목표를 설정하기 위해서는 객관적인 자료에 근거한 요구분석이 필요하다. 공업 분야는 관련 기술과 산업의 변화가 지속적으로 발생하여 산업체의 요구사항이 변하고 학생과 학부모의 교육과 진로 목표도 달라지기 때문에 요구분석이 매우 중요하다. 아울러 공업교육은 비용이 많이 들고 실습 장비 및 기자재 환경이 구축되어야 하므로 교육에 필요한 환경 분석도 실시해야 한다.

가) 요구분석

요구분석에서는 크게 교과, 사회, 학생에 대한 정보를 분석해야 한다.

첫째, 교과에 대한 정보는 해당 전공 및 산업 분야에서 요구하는 것이 지식 중심인지, 역량 중심인지를 분석하여 교육과정 운영의 큰 방향을 설정하는 데 참고해야 한다. 그리고 관련 전공 및 직업 분야의 산업 전망, 인력 수요 전망, 기술 전망, 노동시장 전망, 산업체의 직무 등을 분석해야 한다.

둘째, 사회에 대한 정보는 해당 전공 및 산업 분야의 직업인에게 필요한 능력, 역량, 교양, 대학진학이나 취업 준비에 관한 사항들이다. 이러한 내용은 교과와 연결하여 분석해도 좋다.

셋째, 학생에 대한 정보는 학생 및 학부모가 요구하는 교육내용, 진로 목표 등이다. 해당 전공 및 산업 분야에서 요구하는 것과 학생 및 학부모가 요구하는 것이 다를 수 있으므로 면밀한 분석이 필요하고 조정도 필요하다.

산업 분야를 전망할 때에는 국가 기관에서 발표한 산업 정보부터 지역 단위의 정보 등을 분석한다. 해당 산업의 전문가와 현직 종사자들과 인터뷰를 하여 정성적인 정보도 분석한다. 관련 자료가 없는 경우, 관계자 설문조사 등을 실시할 수 있고 관계기관의 협조를 구할 수 있다. 그리고 해당 산업의 전망이 밝은지, 이러한 전망이 지속적인지, 관련 대학이나 후학습 과정이 있고 연계했을 때 효과가 있는지 등을 모두 고려해야 한다. 요구분석을 제대로 실시한다면 전망이 밝고 좋은 일자리의 전공 분야와 직업 분야(직업군, 직업, 직무 등)를 도출할 수 있다. 이는 자연스럽게 교육목표로 설정할 수 있다.

나) 교육환경 분석

요구분석 단계에서 도출된 분야에 대해 공업교육 학교에서 모두 교육할 수는 없을 것이다. 따라서 학교에서 교육 가능한 분야와 범위를 합리적으로 결정할 수 있도록 교육환경 분석에서는 학교에서 가용할 수 있는 학교 시설과 설비, 교원 등을 분석한다. 학교 시설 및 설비, 교원 등이 부족한 경우 확보할 수 있는지를 판단하여 교육목표 설정에 고려해야 한다.

무엇보다 학생에 대한 정보를 확보하여 학생들이 교육에 필요한 선수지식을 갖추었는지, 학습 준비도가 어떠한지 분석하여 가장 적합한 교육목표를 설정해야 한다.

2) 교육목적과 교육목표 설정

요구분석과 교육환경 분석에 기반하여 교육과정의 포괄적 방향, 즉 교육목적을 결정한다. 교육목적을 설정할 때 중요한 것은 관련 산업의 요구가 학생의 사회 진출에 적합한 것인지, 질 좋은 일자리가 있고 학생이 성장(경력개발)할 수 있는 분야여야 한다는 것이다. 그렇지 않은 경우 대학 진학, 평생학습 등을 통해 역량개발이 가능하도록 교육과정을 설계해야 한다.

특성화고/마이스터고에서 졸업 후의 대표적인 진로 경로는 취업과 대학 진학이다. 좋은 일자리가 있다면 취업하는 것이 좋겠지만, 좋은 일자리가 부족하거나 고등교육에서 심화학습이 필요한 분야라면 관련 전공의 대학에 진학하는 것도 좋은 경로이다. 이와 같이 취업과 대학 진학을 고려하여 교육목적을 설정해야 하며 여기에 맞게 교육내용도 선정해야 한다.

교육의 목적에 관한 위계는 교육목적, 교육목표, 수업목표로 이루어져 있다. 가장 높은 수준인 교육목적(aims of education)은 국가나 체제 수준에서 제시하는 거시적이고 장기적인 것으로 일반적이고 광범위한 형태로 진술한다.

그 다음 수준인 교육목표(goals of education)는 특정 단위의 교육과정(학교, 학과, 교과 등) 목표를 의미한다. 교육목표는 교육을 통해 기대되는 성과를 의미하는 것으로, 교육활동의 기준과 방향을 제시한다. 따라서 교육목표에서는 달성해야 할 것을 구체적으로 제시해야 한다. 이를 위해 교육목표에서는 관찰할 수 있는 학생들의 행동을 규명해서 행위 동사(behavioral verb)로 진술하는 것이 좋다.

가장 작은 수준인 수업목표(instructional objectives)는 구체적이고 학습자 행동을 드러내는 형태로 진술한다. 그러나 교과의 내용에 따라서 행위 동사로 설정하는 것이 적합하지 않을 수도 있다. 의도하기 어려운 결과이거나 행동적 수업목표로 구현하기 어려운 경우에는 행위 동사가 적합하지 않다.

표 2-4 수업목표의 진술 용어

바람직하지 않은 용어	바림직한 용어(행위 동사)
인식하다, 배운다, 이해한다, 깨닫는다, 안다, 좋아한다.	설계한다, 재구성한다, 선택한다, 식별한다, 구분한다, 열거한다, 계산한다, 비교한다, 번역한다, 쓴다, 편집한다, 인용한다, 배열한다, 그래프를 그린다.

출처: 소경희(2017). 교육과정의 이해. 경기: 교육과학사. pp. 278-279. 재구성.

다 교육내용 선정

교육과정 개발에서 가장 중요한 것은 교육내용을 결정하는 것이다. 교육내용을 선정하는 데 가장 논란이 되는 것은 교육내용을 지식 중심으로 구성할 것인지, 경험 중심으로 구성할 것인지이다. 전자는 교육내용을 가르쳐야 할 지식으로만 보는 전통적인 관점이고 후자는 지식 이외의 학생 관점의 경험을 강조한 것으로 후자에서는 교육내용 대신에 '학습경험'이라는 용어를 사용하기도 한다.

공업교육에서는 후자의 측면이 강조되어야 할 것이고 지식과 경험을 뛰어넘어 학생의 실제적인 역량에 초점을 둔 교육내용의 선정이 중요하다. 이를 위해서 공업교육에서는 산업체의 직무 내용과 직무수행에 필요한 기초 내용을 모두 교육내용으로 선정해야 한다. 따라서 공업교육 분야의 학문 내용(전공 기초, 전공 심화 등)과 직무 내용(전공 실무)을 모두 분석해야 한다. 산업체의 직무 내용을 분석하기 위해서 직무분석과 데이컴을 많이 사용한다.

1) 직무분석

직무는 '한 사람이 직책이나 직업상에서 책임을 지고 담당하여 맡은 일'을 의미한다. 직무분석은 '한 사람이 맡은 일을 과학적이고 체계적으로 세분화하여 분석하는 것'을 의미한다. 직무분석은 각각의 직무를 담당하고 있는 다양한 구성원을 보다 효율적으로 관리 · 양성하기 위한 것이다(주인중, 2016). 이와 같이 직무분석은 산업체의 생산관리 및 경영 측면에서 활용하는 기법이므로, 직무분석의 결과를 교육에 적용할 때에는 주의를 기울여야 한다.

직무분석의 절차는 예비조사 → 직무 정보 수집 → 직무기술서 작성 → 직무명세서 작성으로 이루어진다.

가) 예비조사

예비조사 단계에서는 직무와 관련된 배경 정보(일의 범위, 일의 처리 과정, 관련 직무의 개요, 관련 직무와의 연계성 등)를 조사하여 해당 직무와 관련 직무들의 업무 내용을 전반적으로 파악한다.

나) 직무 정보 수집

직무 정보 수집 단계에서는 〈표 2-5〉와 같이 수행내용과 수행요건을 분석한다.

표 2-5 직무분석표

<table>
<tr><th colspan="4">직무분석표 요약</th></tr>
<tr><td colspan="4">• 직무 담당자: • 소속:
• 직무명: • 근속년수: • 현 직무의 재직기간:</td></tr>
<tr><th colspan="2">직무 수행내용</th><th colspan="2">직무 수행요건</th></tr>
<tr><td rowspan="4">직무의 목적과 내용</td><td>• 직무의 목적 및 개요:</td><td>책임</td><td>• 직무 책임:
• 지휘 감독 책임:</td></tr>
<tr><td>• 수행 방법 및 절차:</td><td>능력, 기능</td><td>• 실무상의 지식:
• 정신적 요건:</td></tr>
<tr><td>• 근무 시간:</td><td>직무경험
교육훈련</td><td>• 직무경험:
• 교육훈련:</td></tr>
<tr><td>• 작업 장소 및 작업 자세:</td><td>작업조건</td><td>• 쾌적조건:
• 재해위험:</td></tr>
</table>

출처: 주인중(2016). 직무분석의 이해와 활용. 경기: 범신사. p. 53.

수행내용에는 일의 주체(who), 일의 내용(what), 일의 방법(how), 일을 하는 목적(why), 일하는 장소(where), 일의 시간 및 빈도(when) 등이 해당된다. 수행요건에는 책임, 능력과 기능, 직무 경험 및 교육훈련, 작업조건 등이 해당된다.

정보 수집 방법으로는 〈표 2-6〉과 같이 관찰법, 면접법, 설문지법, 결과물 분석법, 작업기록법, 중요사건기록법 등이 있다.

표 2-6 직무분석의 정보 수집 방법

구분	내용 및 특징
관찰법	• 직무를 수행하는 사람을 현장에서 직접 관찰하여 기록 • 직무수행 시간이 짧은 경우에 적합 • 자료수집에 용이, 육체적 노동 직무에 적합 • 정신적 활동 관찰에 부적합, 직무수행에 방해를 줄 수 있음
면접법	• 직무 수행자와 면접을 실시하여 정보를 획득 • 직무수행 시간이 긴 경우에 적합 • 면접내용의 신뢰도 측정이 어려움, 집단 면접 시 집단 내의 관계에 영향을 받을 수 있음
설문지법	• 구조화된 설문지로 정보를 획득 • 대부분의 직무에 적용 가능, 정보 수집에 필요한 시간과 노력이 절약됨 • 직무수행자의 정신적 활동 파악이 가능함 • 응답결과에 대한 신뢰도 문제가 발생할 수 있음, 설문문항의 난이도 조절이 어려움
결과물 분석법	• 직무수행자가 산출한 결과물을 통해 직무 정보를 수집 • 직무 정보의 질적 접근이 용이 • 결과 분석에 개인의 주관이 개입될 수 있고 오류 가능성이 높음
작업기록법	• 직무수행자의 작업일지를 기준으로 직무 정보를 수집 • 관찰하기 어려운 고급 관리자 직무에 활용 • 수집 정보의 신뢰도가 높음 • 충분한 정보량을 확보하기 어렵고 기록에 한계가 있음
중요사건 기록법	• 직무수행의 결정적 성공이나 실패 요인과 관련된 지식, 기술, 태도 등을 분석 • 직무 행동과 직무 성과 간의 관계를 파악할 수 있음 • 정보 수집에 많은 시간과 노력이 소요됨, 직무에 대한 포괄적인 정보획득에 제약이 있음

출처: 주인중(2016). 직무분석의 이해와 활용. 경기: 범신사. pp. 49-50. 재구성.

다) 직무기술서, 직무명세서 작성

직무기술서(job description)는 직무 수행과 관련된 과업과 직무 행동을 일정한 양식에 기술한 문서로서 수행내용과 수행요건을 비슷한 비중으로 다룬다. 그에 반해 직무명세서는 직무기술서를 기초로 직무의 내용과 자격 조건, 즉 인적 특징에 중점을 둔 문서로서 수행내용보다는 수행요건에 큰 비중을 둔다.

표 2-7 직무기술서

직무기술서			
분류	직무명	직종명	직군명
소속	직무담당자	종업원수	기입년월일
1. 직무내용			
과업			
처리 방법			
목적			
발생빈도, 시기			
근무 환경			
2. 직무요건			
책임			
능력과 기능			
직무경험			
교육훈련			
작업조건			

출처: 주인중(2016). 직무분석의 이해와 활용. 경기: 범신사. p. 58.

표 2-8 직무명세서

직무기술서			
분류	직무명	직종명	직군명
소속	직무담당자	종업원수	기입년월일
1. 일반적 요건			
표준학력		전공	
자격면허		최적연령범위	
2. 직무지식			
전공지식		실무지식	
사외경력		사내경력	
언어능력		기타	
3. 교육경험			
사내교육			
사외교육			
4. 정신적, 신체적 요건			
정신적 요건			
신체적 요건			
5. 책임과 권한			
대물 · 대인책임			
권한위임			
6. 작업내용 및 특징			
작업내용		재해위험	
작업조건		취급장비	
직무경로	이전에 거쳐야 할 직무:		
	이후 수행가능 직무:		
7. 기타			
직무담당자 의견			
확인자 의견			

출처: 주인중(2016). 직무분석의 이해와 활용. 경기: 범신사. pp. 59~60.

2) 데이컴(DACUM)

데이컴(DACUM)은 "Developing A Curriculum"의 줄임말로써, 교육과정 개발을 목적으로 실시하는 직무분석 기법이다. 통상 데이컴을 통해 직무분석과 교육과정이 이루어지기 때문에 교육과정 개발 기법으로 불리기도 한다. 데이컴은 교육목표와 교육내용을 단시간에 추출하는 데 효과적이어서 널리 활용된다.

데이컴은 다음과 같은 가정과 전제를 두고 있다.

① 전문적인 작업자가 다른 누구보다 해당 직무를 잘 알고 기술할 수 있다,

② 직무는 해당 직무를 수행하는 사람들의 작업(task)으로 기술할 수 있다.

③ 작업(task)은 그 작업을 올바르게 수행하는 데 필요한 지식(knowledge), 기술(skill), 태도(attitude)로 구성된다.

데이컴은 8~12명의 분석 협조자로 데이컴위원회를 구성한다. 데이컴 분석의 전문성을 지닌 실무자(coordinator)가 데이컴위원회를 운영하여 2박 3일 정도의 집중적인 작업으로 데이컴 차트를 완성한다. 이때 실무자는 데이컴위원회의 분석 협조자들로부터 해당 직무에 대한 내용을 도출하고 이에 대한 합의를 이끌어 냄으로써 직무를 분석한다. 이와 같이 데이컴은 해당 분야의 최고의 전문가들의 합의를 통하여 직무분석을 하기 때문에 직무분석의 결과가 우수하고 최신 기술이 적용되는 직무나 변화가 빠른 직무에 적합하다.

데이컴에서 직무분석을 통해 교육이 필요한 과제가 선정되면, 그 과제를 수행하는 데 요구되는 지식, 기술, 태도를 도출하고 이를 동료 수행자들이 검증하여 교육과정을 개발한다. 데이컴은 실제 직무분석을 기반으로 교육과정을 개발하므로, 능력중심 교육과정(Competency-Based Curriculum: CBC)으로 발전하였다. 능력중심 교육과정은 '특정 업무를 수행할 때 기대되는 결과'에 필요한 능력을 도출하고, 이러한 능력을 구성하는 지식, 기술, 태도로 교육과정을 개발하는 방식이다. 데이컴과 능력중심 교육과정(CBC)의 교육과정 개발 절차는 [그림 2-2]와 같다.

그림 2-2 데이컴과 능력중심 교육과정(CBC)

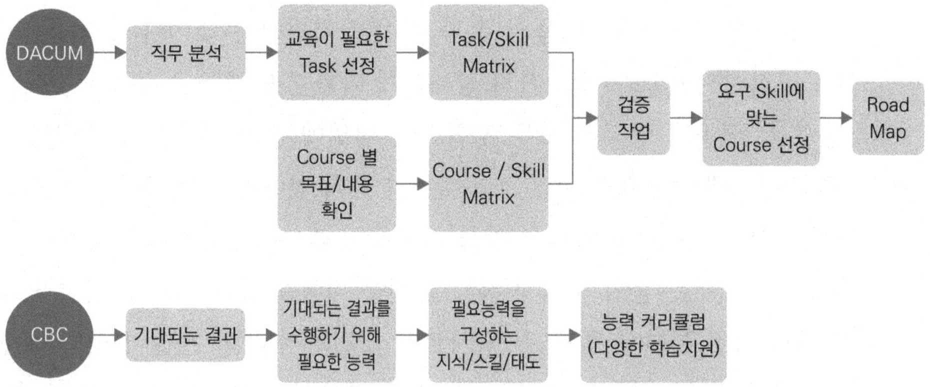

출처: 김판욱 · 이규욱 · 김희필 · 손주민 · 임완성(2010). 능력 중심 교육과정의 이해와 개발. 양서원. p. 88. 재구성

라 교육내용 조직

교육내용을 선정하면 어떻게 조직할 것인가도 중요한 작업이다. 교육내용을 조직하는 데 있어서 수평적인 측면과 수직적인 측면을 고려해야 한다. 수평적인 측면은 동일 학년 내에서 내용의 배열 문제로서 교육내용의 횡적 조직과 관련되며 다룰 내용의 범위나 내용 간의 통합에 대한 고려가 이루어진다. 수직적인 측면은 내용의 학년 간 배열의 문제로서 교육내용의 종적 조직과 관련되며 내용의 계속성, 내용 간의 계열성에 대한 고려가 이루어진다. 그러나 공업교육과 같이 과목이 많은 교과는 교육내용 조직의 원리를 적용하는 것이 어려운 작업이므로 좀 더 세심한 노력이 요구된다.

교육내용 조직의 원리는 다음과 같다(소경희, 2017).

1) 범위(scope)

범위는 교육과정에서 다룰 내용의 폭과 깊이를 지칭하는 것이다. 교육과정에 어떤 내용을 포함시키고 어느 정도까지 상세하게 다룰 것인지를 결정하는 것이다. 인지적 · 정의적 · 심동적 영역을 모두 포함하며 범위에 따라 교육하는 기간도 달라질 수 있다. 여기에서 중요한 것은 교육내용의 폭과 깊이가 상대적인 것으로, 폭을 강조하면 깊이가 얕아지고 깊이를 강조하면 폭이 좁아질 수 있다.

특히 공업교육에서는 공업 분야의 폭넓은 전공 내용을 얕게 가르칠 것인가, 공업 분야 중에서 특정 분야를 좁고 깊게 가르칠 것인가에 대한 논란이 많다. 이는 학생의 기본 학력, 교육 준비도, 희망 진로, 진출 분야의 일자리 전망 등을 고려하여 결정해야 한다. 무엇보다 공업 분야의 기술 수준이 높아지고 있기 때문에 학생의 장기적인 성장 측면에서 결정해야 한다.

2) 통합(integration)

통합은 교육과정의 내용으로 포함될 수 있는 모든 유형의 지식과 경험을 서로 연결하는 것이다. 통합은 교육내용들 간의 수평적인 관계를 강조하기 때문에 교육내용의 횡적 조직 원리에 해당한다. 즉 동일 학년 내에서 유사 과목 간의 통합을 의미하는 것이다. 이는 전문교과 간의 통합은 물론, 전문교과-보통교과 간의 통합도 가능하다. 통합을 위해서는 과목 통합형 프로젝트 수업, STE(A)M 수업, 메이커(Maker) 수업 등을 적용할 수 있다.

3) 계속성(continuity)과 계열성(sequence)

계속성은 특정 지식이나 학습 영역에서 시간의 경과에 따라 동일한 개념이나 기능을 계속해서 반복적으로 다루어야 한다는 것을 의미한다. 계속성은 교육내용의 수직적인 반복을 의미하므로 교육내용 조직의 종적 원리에 해당한다. 공업교육에서는 각 교과별로 어떤 학습내용을 핵심 내용으로 선정할 것인지가 중요한 과제이다. 공업교육에서 다루는 과목의 범위가 넓고 다양하기 때문이다.

계속성에 따라 핵심 내용을 조직할 때 계열성에 따라 학습내용의 순서를 결정해야 한다. 이는 누적적이고 지속적인 학습을 촉진하기 위한 것이다. 계열의 원리는 '단순한 것에서 복잡한 것으로 나아감', '전체로부터 부분으로 발전함', '사건의 연대기적 순서로 제시함', '구체적 경험에서 개념의 순서로 나아감', '특정 개념이나 아이디어를 계속적으로 제시하되, 나선형적으로 그 내용을 심화 · 확대하여 제시함' 등이 있다.

4) 연계성(articulation)

연계성은 초 · 중 · 고 · 대학과 같은 학교급이나 1 · 2 · 3학년과 같은 학년 간의 교육내용 간의 자연스러운 관계 맺음을 의미한다. 연계성은 수직적인 것과 수평적인 것을 모두 포함한다. 수직적인 연계는 나중에 배울 학습내용이 그 이전에 배운 학습내용과 잘 맞물리도록 내용을 조직해야 한다는 것을 의미한다. 수평적인 연계는 동일 학년 내 유사한 교육내용들이 동일한 수준으로 다루어지도록 조직되어야 한다는 것을 의미한다.

공업교육에서는 교과의 범위가 넓고 산업 분야와 지향하는 교육 수준에 따라 교육목표가 다양할 수 있기 때문에 계속성, 계열성과 마찬가지로 연계성을 고려하는 것이 쉽지 않다. 따라서 학생의 수준과 학교의 교육 여건 등을 고려하여 유연한 교육과정 설계가 이루어져야 한다.

5) 전이 가능성(transferability)

학교에서 배운 내용은 교실의 범위를 벗어나서 전이 가능성이 있어야 한다. 전이 가능성을 높이기 위해서는 교실 상황과 교실 밖 상황이 비슷해야 하고 학습자가 스스로 지식을 발견해야 하며 교사는 학습자가 내재된 일반화를 이룰 수 있도록 도와야 한다(Oliva, 2014). 전이 가능성은 공업교육이나 직업교육 분야에서 중요한 원리이며 최근 교육 분야에서 강조되고 있다.

03

공업 교육과정의 실제

가 공업 교육과정 개발 · 운영 · 평가 절차[3]

교육과정을 설계할 때에는 교육과정을 어떻게 개발하고(교육내용 선정 및 조직), 어떻게 운영하며(교수 · 학습 및 평가), 교육과정의 결과와 과정을 어떻게 평가하고 피드백할 것인가를 함께 고려해야 한다. 이러한 측면에서 공업 교육과정의 개발 · 운영 및 평가 절차를 제시하면 〈표 2-9〉와 같다.

대영역 1 '요구 및 환경분석'에서는 교육에 대한 요구와 교육 환경을 분석한다. 이를 바탕으로 대영역 2 '교육과정 편성'에서 교육목표를 설정하고 교과목과 교육내용을 결정한다. 대영역 3 '교육과정 운영'에서는 앞서 편성된 교육과정을 교수 · 학습 활동으로 운영하고 각 교수 · 학습 활동을 평가한다. 대영역 4 '교육과정 평가 및 피드백'에서는 편성된 교육과정을 평가하고 피드백하여 교육과정을 보완한다.

각 영역별 교육과정 개발 · 운영 및 평가 절차는 다음과 같다.

첫째, 교육과정 편성에 필요한 교육에 대한 요구 및 학습 환경을 분석한다(대

---

3 출처: 안재영 · 이찬주(2018). 직업계고 교원의 NCS 기반 교육과정 편성 운영 역량 연구. 직업교육연구, 37(2), 101-127.

영역 1. 요구 및 환경분석). 우선 국가와 지역 산업의 인력 수요, 고용 동향, 기술 변화 등을 분석하여 학과 전공 분야 전반의 인력 및 기술 수요를 분석하고, 교육 대상자인 학생과 학부모의 요구를 분석한다(요구 분석).

다음으로 주요 학습 시설, 교원 현황, 산학협력 현황 등의 학교 내외의 주요 학습 환경과 학습자의 학습 및 취업 현황을 분석한다(학습 환경 분석). 대영역 1 요구 및 환경분석에서 구체적이고 실제적인 결과가 도출되어야 학교 · 학생 · 지역 산업의 여건을 고려한 교육과정 설계가 가능하다.

둘째, 요구 및 환경분석 결과를 바탕으로 교육목표를 설정하고 교과목과 교육내용을 결정한다(대영역 2. 교육과정 편성). 우선 교육목표, 교과목, 교육내용 등 교육과정 편성의 구체적인 내용을 협의하고 결정하기 위하여 교육과정 협의회를 조직하고 운영한다(교육과정 협의회 조직 및 운영). 일반적으로 학교의 교육과정은 학교 여건에 따라 결정되는 경우가 많은데, 이를 방지하기 위하여 교육과정 협의회에는 산업체 인사가 반드시 참여하여 산업체의 요구를 고려하고 반영할 수 있도록 한다.

다음으로 요구 및 환경분석의 내용을 고려하여 학과의 교육목표와 인력양성 유형을 설정한다(교육목표 및 인력양성 유형 설정). 다음으로 설정된 교육목표 및 인력양성 유형과 관련된 교육내용을 분석하여 적합한 교육내용을 선정한다(교육내용 분석 · 선정). 다음으로 선정한 교육내용을 유목화하여 교과목을 편성하고, 편성된 교과목의 교육목표, 교육내용, 성취기준을 설정하고 편제표를 작성하여 교육과정 문서를 작성한다(교과목 편성 및 교육내용 결정).

셋째, 편성된 교육과정을 교수 · 학습 활동으로 운영한다(대영역 3. 교육과정 운영). 우선 교수 · 학습 활동 준비 사항으로 학습목표 설정, 학습내용 재구성, 교수 · 학습 계획 수립(교과 진도 계획 등), 교수 · 학습 자료 개발, 소모품 및 실험 · 실습 장비 준비, 수업 운영에 필요한 산학협력 계획을 수립한다(교수 · 학습 준비).

다음으로 교수 · 학습 실행 사항으로 학습자 특성을 고려한 수업 운영, 실습 수업에서의 안전교육 지도, 실험 · 실습 장비 운용, 수업 운영에 관하여 산업체와 협력을 실시한다(교수 · 학습 실행). 다음으로 교수 · 학습 평가 사항으로 평가계획 수립, 평가도구 개발, 학습 결과 평가 및 피드백(교수 · 학습 평가)을 실시한다. 여기에서 공통적으로 제시되고 있는 산학협력 사항은 교육과정의 현장성을 교수 · 학습 활동에 반영하기 위하여 산업체 인사와의 코티칭(인적 자원 공유), 산업체 현장 시설 · 장비 · 도구 대여(물적 자원 공유) 등을 실시할 수 있다.

넷째, 교육과정 운영 결과를 평가하여 교육과정 편성에 피드백한다(대영역 4. 교육과정 평가 및 피드백). 우선 교육과정 운영 결과가 교육목표 및 인력양성 유형에 도달했는지 평가하고 산업체 · 학생 · 학부모의 요구에 얼마나 부합했는지를 평가한다(교육과정 평가). 다음으로 교육과정 편성 측면에서 추가 및 수정 · 보완 또는 삭제해야 할 교육내용 및 교과목을 검토하여 다음 연도 교육과정에 반영한다(교육과정 피드백).

한편 특성화고/마이스터고의 공업 교육과정에서는 NCS 기반 교육과정을 적용하고 있다. NCS 기반 교육과정에서는 교육내용에 NCS 능력단위 및 학습모듈을 적용한다(교육부, 2015). 따라서 〈표 2-9〉의 '교육내용'을 'NCS 능력단위 및 학습모듈'로 변환하면 된다.

표 2-9 공업 교육과정 개발 · 운영 · 평가의 절차 및 역량

<table>
<tr><th>대영역</th><th>중영역</th><th>공업 교육과정 개발 · 운영 · 평가의 역량 요소</th></tr>
<tr><td rowspan="7">요구
및
환경
분석</td><td rowspan="3">요구
분석</td><td>국가 및 지역 산업의 요구(인력 수요, 고용 동향, 기술 변화 등)를 분석하는 능력</td></tr>
<tr><td>학부모 요구를 분석하는 능력</td></tr>
<tr><td>학생 요구를 분석하는 능력</td></tr>
<tr><td rowspan="4">학습
환경
분석</td><td>학교 시설 및 설비를 분석하는 능력</td></tr>
<tr><td>학교 교원(강사 등) 현황을 분석하는 능력</td></tr>
<tr><td>학교와 산업체 간의 협력(인적, 물적 자원 등) 현황을 분석하는 능력</td></tr>
<tr><td>학생 학습 현황(기초학력, 직업기초능력, 선수학습, 자격증 취득 등) 및 취업 현황을 분석하는 능력</td></tr>
<tr><td rowspan="6">교육
과정
편성</td><td rowspan="2">교육과정
협의회
조직 및 운영</td><td>교육과정 협의회*(산업체, 지역사회 인사 등 포함)를 조직하는 능력
*산업체의 요구에 부합하는 교육과정 편성을 위한 협의회</td></tr>
<tr><td>교육과정 협의회를 운영하여 산업체와의 의견을 조율하고 협의하는 능력</td></tr>
<tr><td rowspan="2">교육목표 및
인력양성
유형 설정</td><td>학과 교육목표를 설정하는 능력</td></tr>
<tr><td>학과 인력양성 유형을 설정하는 능력</td></tr>
<tr><td rowspan="2">교육내용
분석 · 선정</td><td>교육목표 및 인력양성 유형과 관련된 교육내용을 분석하는 능력</td></tr>
<tr><td>교육목표 및 인력양성 유형에 적합한 교육내용을 선정하는 능력</td></tr>
</table>

<table>
<tr><th>대영역</th><th>중영역</th><th>공업 교육과정 개발 · 운영 · 평가의 역량 요소</th></tr>
<tr><td rowspan="4"></td><td rowspan="4">교과목
편성 및
교육내용
결정</td><td>선정된 교육내용을 바탕으로 교과목을 편성하는 능력</td></tr>
<tr><td>편성된 교과목의 교육목표와 교육내용을 설정하는 능력</td></tr>
<tr><td>편성된 교과목의 성취기준을 설정하는 능력</td></tr>
<tr><td>편성된 교과목으로 교육과정을 개발하는(편제표 작성) 능력</td></tr>
<tr><td rowspan="15">교육
과정
운영</td><td rowspan="6">교수 · 학습
준비</td><td>학습목표를 설정하는 능력</td></tr>
<tr><td>학습내용을 재구성하는 능력</td></tr>
<tr><td>교수 · 학습 계획(교과 진도 계획 등)을 수립하는 능력</td></tr>
<tr><td>수업 운영에 필요한 교수 · 학습 자료를 개발하는 능력</td></tr>
<tr><td>수업 운영에 필요한 소모품(재료) 및 실험 · 실습 장비 등을 준비하는 능력</td></tr>
<tr><td>수업 운영에 필요한 산학협력 계획(인적 · 물적 자원 공유)을 수립하는 능력</td></tr>
<tr><td rowspan="5">교수 · 학습
실행</td><td>학습자 특성(학습자 발달 단계, 학습 능력)을 고려하여 수업을 운영하는 능력</td></tr>
<tr><td>다양한 교수 · 학습 방법을 활용하여 수업을 운영하는 능력</td></tr>
<tr><td>수업 운영에 필요한 안전교육(안전사고 예방 및 대처 등)을 지도하는 능력</td></tr>
<tr><td>실험 · 실습 장비 등을 운용하는 능력</td></tr>
<tr><td>산업체와 협력(인적 · 물적 자원 공유)하여 수업을 운영하는 능력</td></tr>
<tr><td rowspan="4">교수 · 학습
평가</td><td>담당 교과목의 평가계획을 수립하는 능력</td></tr>
<tr><td>담당 교과목의 평가도구를 개발하는 능력</td></tr>
<tr><td>개발된 평가도구로 담당 교과목의 학습 결과를 평가하는 능력</td></tr>
<tr><td>담당 교과목의 평가 결과를 피드백할 수 있는 능력</td></tr>
<tr><td rowspan="3">교육
과정
평가
및
피드백</td><td rowspan="2">교육과정
평가</td><td>교육과정 운영 결과가 학과 교육목표 및 인력양성 유형에 도달하는 정도를 평가하는 능력</td></tr>
<tr><td>교육과정 운영 결과가 산업체 및 학생 · 학부모 요구에 부합하는 정도를 평가하는 능력</td></tr>
<tr><td>교육과정
피드백</td><td>교육과정 운영 결과를 분석하여 다음 연도 교육과정에 반영할 수 있는 능력</td></tr>
</table>

출처: 안재영 · 이찬주(2018). 직업계고 교원의 NCS 기반 교육과정 편성 운영 역량 연구. 직업교육연구, 37(2), 101-127. pp. 117-119의 내용을 재구성한 것임.

나 공업 교육과정 개발 · 운영 사례[4]

특성화고/마이스터고에서 교육과정을 개발할 때에는 교육목적에 주안점을 두는데, 학생의 졸업 후 진로도 중요한 목적이 된다. 여기에서는 졸업 후 진로(취업, 진학)와 연계한 교육과정 개발 · 운영 사례를 '보통/전문교과 기초 - 취업/진학 모형', '보통교과 심화 - 진학 모형', '보통/전문교과 심화 - 취업 모형', '전문교과 심화 - 완전 취업 모형'으로 구분하여 알아보고자 한다.

1) 보통/전문교과 기초 – 취업/진학 모형: 대부분의 특성화고

'보통/전문교과 기초 - 취업/진학 모형'은 대부분의 특성화고에서 지향하는 교육과정 모형이다. 보통교과와 전문교과 모두 기초 수준의 과목 위주로 편성한다. 졸업 후 진로는 주로 취업으로 설정하였으나 최근에는 특성화고의 진학률이 상승하고 학생의 진로 선택권을 존중하면서 취업과 진학을 모두 고려하는 특성화고가 대부분이다. 〈표 2-10〉은 D고(특성화고)의 교육과정 편제표인데 보통교과(70단위)와 전문교과(104단위) 편성 비율이 각각 40.2%, 59.8%이다(교과 이수 단위 총합 174단위).

2) 보통교과 심화 – 진학 모형: S고(특성화고)

'보통교과 심화 - 진학 모형'은 대부분의 특성화고와 달리 졸업 후 진로를 진학 중심으로 설정하고 이를 위해 보통교과 과목을 확대하여 보통교과 심화 교육과정을 운영하는 모형이다. 이 모형에 해당하는 S고 교육과정 사례에서는(〈표 2-11〉 참조) 보통교과(88단위)와 전문교과(86단위) 편성 비율이 각각 50.6%, 49.4%이다(교과 이수 단위 총합 174단위). S고는 보통교과 단위 수가 전문교과보다 많고 보통교과에 심화/선택과목(문학, 언어와 매체, 수학Ⅰ, 수학Ⅱ, 영어Ⅰ, 영어Ⅱ, 물리학Ⅰ, 화학Ⅰ, 정치와 법 등)을 편성한 것이 특징이다. 취업과 진학 등 학생들의 다양한 진로 맞춤형 교육에 초점을 두었다.

---

4 이 내용은 「이병욱 · 안재영 · 이찬주 · 김대들 · 정훈섭 · 이지형(2022). 직업계고 체제 개편 방안 연구. 교육부 · 충남대학교」에서 안재영이 작성한 '4장. 직업계고 체제 개편 사례 분석 및 모형 개발'에서 발췌한 것임.

표 2-10 2022학년도 D고(특성화고) 스마트기계과 교육과정 편제표

구분	교과 영역	교과(군)	과목명	기준 단위	운영 단위	1학년(2022년)				2학년(2023년)				3학년(2024년)				필수 이수 단위
						1학기		2학기		1학기		2학기		1학기		2학기		
						이론	실습	이론	실습	이론	실습	이론	실습	이론	실습	이론	실습	
보통교과	기초	국어	국어	8	6	2		2		2								24
		국어	실용 국어	5	4							2						
		수학	수학	8	6	2		2		2								
		수학	실용 수학	5	4							2						
		영어	영어	8	6	2		2		2								
		영어	실용 영어	5	4							2						
		한국사	한국사	6	6					3		3						6
	기초과목 합계				36	6		6		9		9						30
	탐구	사회	통합사회	8	6	3		3										12
		과학	통합과학	8	8	2		2		1		1		2				
	체육·예술	체육	체육	5	6	2		2						1		1		8
		체육	운동과 건강	5	4					2		2						
		예술	음악	3	3	3												6
		예술	미술		3			3										
	생활·교양	제2 외국어	일본어 I	5	4					2		2						10
		한문	한문 I	5	3							3						
		교양	진로와 직업	5	3	1		1								1		
보통교과 이수 단위 합계					70	17		17		14		17		3		2		66
전문교과 II	학교 지정	전문공통	성공적인 직업생활	3	3					3								86
		실무과목	3D 프린터용 제품 제작	29	40		12		12						8		8	
		실무과목	제품디자인	14	13										6		7	
	학생 선택	학과내 세부전공 코스형 / 컴퓨터 활용생산 코스 / 실무	컴퓨터 활용 생산	18	40						8		8		12		12	
		학과내 세부전공 코스형 / 선반코스 / 실무	선반가공															
		학과 간 타학과 융합형 / 과목선택 / 실무	기계요소설계 (스마트기계과)	8	8						4		4					
		학과 간 타학과 융합형 / 과목선택 / 실무	자동차섀시정비 (친환경자동차과)	8														
전문교과 이수 단위 합계					104	0	12	0	12	3	12	0	12	0	26	0	27	86
						12		12		15		12		26		27		
교과 이수 단위 합계(보통교과+전문교과)					174	29		29		29		29		29		29		174
창의적 체험활동					학기별 이수 단위	3		3		3		3		3		3		18
학기별 총 이수 단위 합계						32		32		32		32		32		32		192
학년별 총 이수 단위 합계						64				64				64				192

출처: D고 학교알리미 https://www.schoolinfo.go.kr/ei/ss/Pneiss_b01_s0.do?GS_CD=S060000176#none (검색일; 2022. 7. 28.)

표 2-11 2022학년도 S고(특성화고) 보건간호과 교육과정 편제표

학과명: 보건간호과

교과 영역	교과(군)	과목		기준 학점	운영학점 공통	운영학점 일반	운영학점 진로	운영학점 전문	1학년 1학기	1학년 2학기	2학년 1학기	2학년 2학기	3학년 1학기	3학년 2학기	영역 합계	필수 이수 학점
기초	국어	국어		8	6				3	3						
		문학		5		3					3					
		언어와 매체/화법과 작문[택1]		5		3						3			14	
		고전 읽기/실용 국어[택1]		5			2						2			
	수학	수학		8	6				3	3						
		수학 I		5		3					3					
		수학 II/미적분[택1]		5		3						3			14	24
		기본 수학/실용 수학[택1]		5			2						2			
	영어	영어		8	6				3	3						
		영어 I		5		3					3					
		영어 II/실용 영어[택1]		5		3	3					3			14	
		심화 영어 I/진로 영어[택1]		5			2	2					2			
	한국사	한국사		6	6						3	3			6	6
계				-	-	-	-	-	9	9	12	12	6	0	48	30
탐구	사회	통합사회		8	6				3	3					6	12
	과학	통합과학		8	6				3	3					6	
	탐구 교과 선택	물리학 I	택1	5		4					2	2			4	-
		화학 I														
		정치와 법														
체육·예술	체육	체육		5		4			2	2						
		스포츠 생활		5			2				1	1			8	8
		체육 탐구		5			2						1	1		
	예술	음악 ↔ 미술		5		6			3	3					6	6
생활·교양	기술·가정/제2외국어/한문/교양	간호의 기초/정보 처리와 관리[택1]		5				6	3	3						
		인간 발달/정보/환경/발명과 문제해결[택1]		5		4		4			2	2			10	10
보통교과 이수 학점 소계				-	-	-	-	-	23	23	17	17	7	1	88	66
	전문 공통 과목	성공적인 직업생활		2 이상				3	3							
		공업 일반		2 이상				4	4							
		컴퓨터 그래픽/프로그래밍/공업 화학/전기 회로/전자 회로/건축 일반/자동차 섀시[택1]		2 이상				7		7						
		보건 간호/영상 제작 기초/전기 기기/컴퓨터 시스템														

교과 영역	교과(군)	과목	기준 학점	운영학점				1학년		2학년		3학년		영역 합계	필수 이수 학점
				공통	일반	진로	전문	1학기	2학기	1학기	2학기	1학기	2학기		
전문 교과 II	기초 과목	일반/건축 도면 해석과 제도/자동차 전기 · 전자 제어[택1]	2 이상				6			6				86	86
		보건 간호/영상 제작 기초/정보 통신/컴퓨터 시스템 일반/건축 도면 해석과 제도/자동차 전기 · 전자 제어[택1]	2 이상				6				6				
		전기 설비/단위 조작/자료 구조[택1]	2 이상				7			7					
		디지털 논리 회로/단위 조작/자료 구조[택1]	2 이상				7				7				
	실무 과목	공중 보건/스마트 문화 앱 콘텐츠 제작/시각 디자인/화학 분석/응용 프로그래밍 개발/정보 통신 기기 하드웨어 개발/실내 디자인/자동차 엔진 정비[택1]	2 이상				16					8	8		
		네트워크 구축/데이터베이스 프로그래밍/반도체 개발[택1]	2 이상				16					8	8		
		로봇 하드웨어 설계/빅데이터 분석/반도체 제조[택1]	2 이상				14					7	7		
	고시 외 과목														
전문교과 이수 학점 소계			-	-	-	-	-	7	7	13	13	23	23	86	86
학기별 이수 학점 소계			-	-	-	-	-	30	30	30	30	30	24	174	174

	영역	기준시간	운영시간	1학년		2학년		3학년		계	필수
				1 학기	2 학기	1 학기	2 학기	1 학기	2 학기		
창의적 체험 활동	자율 활동	288	288	22	22	22	22	22	22	132	288
	동아리 활동			12	12	12	12	12	12	72	
	봉사 활동			2	2	2	2	2	2	12	
	진로 활동			12	12	12	12	12	12	72	
	이수시간 합계			48	48	48	48	48	48	288	
	학기별 이수 학점			3	3	3	3	3	3	18	18
학기당 과목 수				10	9	9	9	7	4		
학기별 총 이수 학점				33	33	33	33	33	27	192	192
학년별 총 이수 학점				66		66		60			

출처: S고 학교알리미 https://www.schoolinfo.go.kr/ei/ss/Pneiss_b01_s0.do (검색일; 2022. 7. 28.)

3) 보통/전문교과 심화 - 취업 모형: S공고

'보통/전문교과 심화 - 취업 모형'은 우수 신입생을 유치하는 특성화고에서 운영하는 교육과정 모형이다. 졸업 후 진로를 취업 중심으로 설정하고 보통교과, 전문교과 모두 심화 교육과정을 운영하는 모형이다. 이러한 모형의 학교들은 취업률이 높고 양질의 취업처를 확보하고 있으며 신입생의 학업성취도가 우수한 편으로 신입생 모집 경쟁률도 높다. 〈표 2-12〉는 이 모형에 해당하는 S공고 교육과정 편제표인데 보통교과(87단위)와 전문교과(93단위) 편성 비율이 각각 48.3%, 51.7%이다(교과 이수 단위 총합 180단위). S공고는 S고처럼 보통교과에 심화과목(문학, 수학Ⅰ, 수학Ⅱ, 영어Ⅰ, 영어Ⅱ, 화학Ⅰ 등)을 편성함과 동시에 전문교과에 기초과목, 실무과목을 짜임새 있게 편성하여 전문교과 심화 교육과정을 운영하고 있다.

S공고는 학과별 경쟁력 강화를 위해 다양한 정부부처 지원사업을 학과 중심으로 운영하고 전통적인 학교 경영 방식을 탈피하는 등 부단한 노력을 하고 있었다. 무엇보다 고교학점제를 통해 외부강사를 활용하여 학과를 혁신적으로 운영하고 야간 자율학습을 통하여 '공부하는 특성화고'로 이미지를 탈바꿈하였다. 아울러 선취업 후진학 모형을 적용하여 모든 학과에서 취업 후 후진학을 위한 대학과의 MOU를 체결하는 등 학생들의 안정적인 경력개발 경로를 확보하고 있다.

4) 전문교과 심화(산업맞춤형) – 완전 취업 모형: D마이스터고

'전문교과 심화(산업맞춤형) - 완전 취업 모형'은 마이스터고에서 지향하는 교육과정 모형이다. 전문교과 편성 비율이 보통교과보다 높고, 해당 산업분야 및 특정 기업에서 요구하는 직무내용으로 구성한 고시 외 과목을 전문교과에 편성한다. 졸업 후 진로는 취업으로 설정하고 취업률 100%를 목표로 한다.

〈표 2-13〉은 이 모형에 해당하는 D마이스터고 교육과정 편제표인데 보통교과(80단위)와 전문교과(102단위) 편성 비율이 각각 44.6%, 55.4%이다(교과 이수 단위 총합 182단위). 다른 교육과정 모형과 달리 전문교과 고시 외 과목의 비율이 높은 것이 특징이다.

표 2-12 2022학년도 S공고(특성화고) 화학공업과 교육과정 편제표

학과명: 화학공업과

교과 영역	교과(군)	과목	기준 학점	운영학점 공통	운영학점 일반	운영학점 진로	운영학점 전문	1학년 1학기	1학년 2학기	2학년 1학기	2학년 2학기	3학년 1학기	3학년 2학기	영역 합계	필수 이수 학점
기초	국어	국어	8	6				3	3					10	24
		문학	5		4					2	2				
	수학	수학	8	6				3	3					12	
		수학 I	5		3					3					
		수학 II	5		3						3				
	영어	영어	8	6				3	3					16	
		영어 I	5		6					3	3				
		영어 II	5		4							2	2		
	한국사	한국사	6	6				3	3					6	6
계			-	-	-	-	-	12	12	8	8	2	2	44	30
탐구	사회	통합 사회	8	6				3	3					15	12
	과학	통합 과학	8	6				3	3						
		화학 I	5		3					3					
체육·예술	체육	체육	5		4			2	2					8	8
		운동과 건강	5		4					2	2				
	예술	음악	5		4			2		1	1			6	6
		미술 창작	5			2			2						
생활·교양	기술·가정/제2외국어 한문/교양	지식 재산 일반	5			5				2	3			14	10
		발명 입문	5			4		1	1	1	1				
		종교학 / 철학 (택1)	5		2			1	1						
		일본어 I / 중국어 I (택1)	5		3						3				
보통교과 이수 학점 소계			-	-	-	-	-	24	24	17	18	2	2	87	66

교과영역	교과(군)	과목	기준학점	운영학점				1학년		2학년		3학년		영역합계	필수이수학점
				공통	일반	진로	전문	1학기	2학기	1학기	2학기	1학기	2학기		
전문교과Ⅱ	전문공통과목													93	86
	기초과목	공업화학	**2 이상**				6	6							
		단위조작 / 제조화학 (택1)	**2 이상**				6		6						
	실무과목	화학물질관리	**2 이상**				12			3	3	3	3		
		고분자제품계조	**2 이상**				6			6					
		산업환경보건	**2 이상**				4			4					
		화학분석	**2 이상**				18					18			
		바이오 화학 제품제조	**2 이상**				7					7			
		기능성 정밀화학 제품 제조	**2 이상**				30				9		21		
	고시 외 과목	발명품 제작 일반	**2 이상**				4						4		
전문교과 이수 학점 소계			-	-	-	-	-	6	6	13	12	28	28	93	86
학기별 이수 학점 소계			-	-	-	-	-	30	30	30	30	30	30	180	168

	영역	기준시간	운영시간	1학년		2학년		3학년		계	필수
				1학기	2학기	1학기	2학기	1학기	2학기		
창의적 체험활동	자율 활동	192~384	384	**27**	**43**	**27**	**27**	**27**	**27**	178	192
	동아리 활동			**16**	**16**	**16**	**16**	**16**	**16**	96	
	봉사 활동			**5**	**5**	**5**	**5**	**5**	**5**	30	
	진로 활동			**16**	**0**	**16**	**16**	**16**	**16**	80	
	이수시간 합계			64	64	64	64	64	64	384	
	학기별 이수 학점			4	4	4	4	4	4	24	12
학기당 과목 수				**11**	**11**	**11**	**10**	**4**	**4**		
학기별 총 이수 학점				34	34	34	34	34	34	204	192
학년별 총 이수 학점				68		68		68			

출처: S공고 학교알리미 https://www.schoolinfo.go.kr/ei/ss/Pneiss_b01_s0.do#none (검색일; 2022. 7. 28.)

표 2-13 2022학년도 D마이스터고 전기전자제어과 교육과정 편제표

교과 영역	교과(군)	과목	과목 구분	기준 단위	운영 학점	1학년		2학년		3학년		이수 학점	필수 이수 학점
						1학기	2학기	1학기	2학기	1학기	2학기		
기초	국어	국어	공통	8	6	3	3					42	24
		실용국어	진로	5	4			2	2				
		문학	일반	5	4					2	2		
	수학	수학	공통	8	8	2	2	2	2				
		수학 I	일반	5	6					3	3		
	영어	영어	공통	8	4	2	2						
		실용영어	진로	5	4			2	2				
		영어회화	일반	5	6					3	3		
	한국사	한국사	공통	6	6	3	3					6	6
탐구	사회	통합사회	공통	8	6			3	3			12	12
	과학	통합과학	공통	8	6	3	3						
체육·예술	체육	체육	일반	5	6	1	1	1	1	1	1	6	8
	예술	음악	일반	5	3	3						6	6
		미술창작	진로	5	3		3						
생활·교양	기가/ 제2 외국어/ 한문/교양	진로와 직업	일반	5	2	1	1					8	10
		중국어 I / 일본어 I	일반	5	6			2(택1)	2(택1)	1(택1)	1(택1)		
보통교과 이수 단위 소계(66단위 이상)					**80**	**18**	**18**	**12**	**12**	**10**	**10**	**80**	**66**
전문 교과 II	기초 과목	기초필수	전기 · 전자 기초		8	4	4					102	86
			기초제도		4	2	2						
			프로그래밍		4	2	2						
			전자회로		8			4	4				
		선택 I	기계일반		4	2	2						
		선택 II	자동화설비		4	2	2						
	실무 과목	자동제어시스템 운영			8					4	4		
		산업용 전자기기 기구개발			6					3	3		
	고시 외 NCS 실무 과목	PLC제어			8			4	4				
		전력설비			8			4	4				
		전기전자제어실무-분반			16					8	8		
	고시 외 과목	마이크로프로세서			8			4	4				
		PC기반제어			8					4	4		
		반도체장비기술			4					2	2		
	학점제 선택 교과	전기기기(기초)/AI 프로그래밍 기초 (고시 외)			4			2(택1)	2(택1)				
전문교과 II 이수 단위 소계(86단위 이상)					**102**	**12**	**12**	**18**	**18**	**21**	**21**	**102**	**86**
교과 이수 단위 총계					**182**	**30**	**30**	**30**	**30**	**31**	**31**	**182**	**152**

교과 영역	교과(군)	과목	과목 구분	기준 단위	운영 학점	1학년		2학년		3학년		이수 학점	필수 이수 학점
						1학기	2학기	1학기	2학기	1학기	2학기		
창의적 체험활동	자율활동			24	6	1	1	1	1	1	1	6	24
	동아리활동				6	1	1	1	1	1	1	6	
	봉사활동				6	1	1	1	1	1	1	6	
	진로활동				6	1	1	1	1	1	1	6	
학기총 이수 단위						34	34	34	34	35	35	총 이수 단위	
학기당 과목수						13	13	11	11	10	10	206	
학년별 총 이수 단위						68		68		70			

출처: D마이스터고 학교알리미 https://www.schoolinfo.go.kr/ei/ss/Pneiss_b01_s0.do#none (검색일; 2022. 7. 28.)

다 국가 교육과정(2022 개정 교육과정)[5]

여기에서는 '2022 개정 교육과정' 총론의 주요 사항과 각론인 전문교과 교육과정을 살펴봄으로써 국가 교육과정의 실제를 알아보고자 한다.

1) 주요 방향

2022 개정 교육과정은 미래 사회가 요구하는 핵심 역량을 함양하여 포용성과 창의성을 갖춘 주도적인 사람으로 성장하는 데 중점을 두고 2022년 12월에 고시되었다(교육부 고시 제2022-33호). 2022 개정 교육과정 구성의 중점은 〈표 2-14〉와 같다. 학습자 주도성, 공동체 의식, 언어 · 수리 · 디지털 기초소양, 학습자 맞춤형 교육과정, 깊이 있는 학습 등을 주요 키워드로 볼 수 있다.

5 출처: 교육부 · 한국직업능력연구원(2022). 전문교과 교수 · 학습 자료 개발 매뉴얼. pp. 7-10.

표 2-14 2022 개정 교육과정 구성의 중점

가. 디지털 전환, 기후 · 생태환경 변화 등에 따른 미래 사회의 불확실성에 능동적으로 대응할 수 있는 능력과 자신의 삶과 학습을 스스로 이끌어 가는 **주도성을 함양**한다.
나. 학생 개개인의 인격적 성장을 지원하고, 사회 구성원 모두의 행복을 위해 서로 존중하고 배려하며 협력하는 **공동체 의식을 함양**한다.
다. 모든 학생이 학습의 기초인 **언어** · **수리** · **디지털 기초소양**을 갖출 수 있도록 하여 학교 교육과 평생학습에서 학습을 지속할 수 있게 한다.
라. 학생들이 자신의 진로와 학습을 주도적으로 설계하고, 적절한 시기에 학습할 수 있도록 **학습자 맞춤형 교육과정 체제**를 구축한다.
마. 교과 교육에서 **깊이 있는 학습을 통해 역량을 함양**할 수 있도록 교과 간 연계와 통합, 학생의 삶과 연계된 학습, 학습에 대한 성찰 등을 강화한다.
바. 다양한 **학생 참여형 수업을 활성화**하고, 문제 해결 및 사고의 과정을 중시하는 평가를 통해 학습의 질을 개선한다.
사. **교육과정 자율화** · **분권화**를 기반으로 학교, 교사, 학부모, 시 · 도 교육청, 교육부 등 교육 주체들 간의 협조 체제를 구축하여 학습자의 특성과 학교 여건에 적합한 학습이 이루어질 수 있도록 한다.

출처: 교육부(2022). 초·중등학교 교육과정 총론(교육부 고시 제2022-33호 [별책 1]). pp. 4-5.; 교육부·한국직업능력연구원(2022). 전문교과 교수·학습 자료 개발 매뉴얼. p. 7. 재인용.

2) 교수 · 학습 지향점

2022 개정 교육과정에서는 교수·학습의 방향을 크게 네 가지로 제시하고 있다. 주요 키워드는 깊이 있는 학습, 학생 맞춤형 수업, 능동적 참여와 학습의 즐거움, 유연한 교육환경이다. 이 중에서 '깊이 있는 학습'이 2022 개정 교육과정에서 가장 중요한 키워드라고 볼 수 있다. 2022 개정 교육과정은 깊이 있는 학습을 통해 핵심 역량을 함양하고, 습득한 역량은 전이(transfer)되어 다양한 상황에서 발현될 수 있음을 강조한다.

깊이 있는 학습을 위해서는 학생들이 개념과 지식을 '이해'하는 것이 중요하다. 이를 위해 교사는 교수 · 학습 과정에서 학생들이 무엇을 알고 모르는가에 대한 사전 지식을 파악하고, 학습자가 능동적으로 참여하도록 유도하며, 학습자가 이해한 것을 전이할 수 있는 기회를 제공해야 한다.

전문교과는 다양한 개념을 다루며, 이러한 개념은 학생들이 직업 세계에 진출하였을 때, 혹은 삶을 살아갈 때 마주하는 문제를 이해하고 해결할 수 있는 렌즈가 되어주어야 한다.

그림 2-3 2022 개정 교육과정의 교수 · 학습 주안점

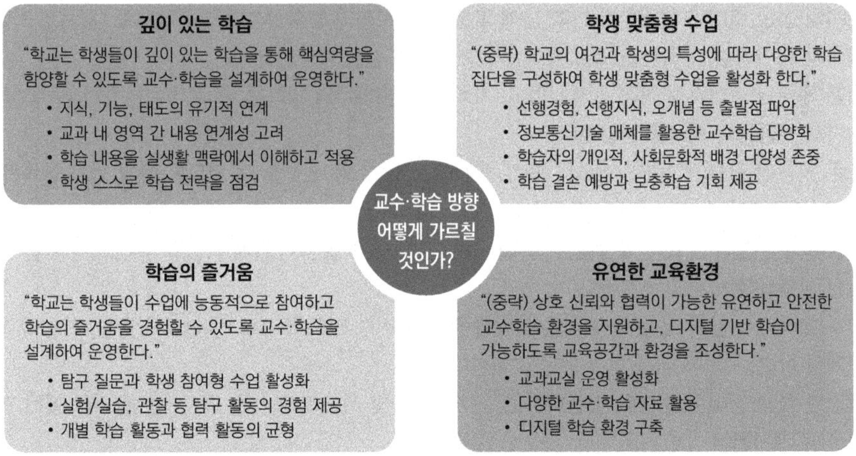

출처: 교육부(2022). 초·중등학교 교육과정 총론(교육부 고시 제2022-33호 [별책 1]). pp. 10-12; 교육부·한국직업능력연구원(2022). 전문교과 교수·학습 자료 개발 매뉴얼. p. 13. 재인용.

3) 적용 시기와 교육과정 문서의 구성

2022 개정 교육과정은 고등학교의 경우 2025학년도 1학년 입학생부터 적용된다. 2022 개정 교육과정을 적용한다는 것은 학교에서는 2022 개정 교육과정 총론에 제시된 과목과 학점 배당 기준을 바탕으로 교육과정을 편성 · 운영하고, 편성된 과목에 대해서는 교과 교육과정 문서에 있는 내용을 근간으로 가르친다는 것을 의미한다.

표 2-15 2022 개정 교육과정 적용 시기

적용 연도 / 학교급	2024	2025	2026	2027
초	1~2학년	3~4학년	5~6학년	-
중	-	1학년	2학년	3학년
고	-	1학년	2학년	3학년

출처: 교육부 · 한국직업능력연구원(2022). 전문교과 교수 · 학습 자료 개발 매뉴얼. p. 8.

2022 개정 교육과정 문서는 총 41책으로 이루어져 있으며, 전문교과 교육과정은 [별책 23]부터 [별책 39]까지 총 17책으로 구성된다.

표 2-16 2022 개정 교육과정 문서의 구성

[별책 1]	초 · 중등학교 교육과정 총론
[별책 2]	초등학교 교육과정
[별책 3]	중학교 교육과정
[별책 4]	고등학교 교육과정
[별책 5] ~ [별책 14]	국어과 교육과정, 도덕과 교육과정, 사회과 교육과정, 수학과 교육과정, 과학과 교육과정, 실과(기술 · 가정)/정보과 교육과정, 체육과 교육과정, 음악과 교육과정, 미술과 교육과정, 영어과 교육과정
[별책 15]	바른 생활, 슬기로운 생활, 즐거운 생활 교육과정
[별책 16] ~ [별책 17]	제2외국어과 교육과정, 한문과 교육과정
[별책 18]	중학교 선택 교과 교육과정(환경, 보건, 진로와 직업)
[별책 19]	고등학교 교양 교과 교육과정
[별책 20] ~ [별책 22]	과학 계열 선택 과목 교육과정, 체육 계열 선택 과목 교육과정, 예술 계열 선택 과목 교육과정
[별책 23] ~ [별책 39]	경영 · 금융 전문 교과 교육과정, 보건 · 복지 전문 교과 교육과정, 문화 · 예술 · 디자인 · 방송 전문 교과 교육과정, 미용 전문 교과 교육과정 관광 · 레저 전문 교과 교육과정, 식품 · 조리 전문 교과 교육과정 건축 · 토목 전문 교과 교육과정, 기계 전문 교과 교육과정, 재료 전문 교과 교육과정, 화학 공업 전문 교과 교육과정, 섬유 · 의류 전문 교과 교육과정, 전기 · 전자 전문 교과 교육과정, 정보 · 통신 전문 교과 교육과정, 환경 · 안전 · 소방 전문 교과 교육과정, 농림 · 축산 전문 교과 교육과정, 수산 · 해운 전문 교과 교육과정, 융복합 · 지식 재산 전문 교과 교육과정
[별책 40] ~ [별책 41]	창의적 체험활동 교육과정, 한국어 교육과정

출처: 교육부 · 한국직업능력연구원(2022). 전문교과 교수 · 학습 자료 개발 매뉴얼. p. 9.

4) 전문교과 주요 변화

2009 개정 교육과정, 2015 개정 교육과정, 2022 개정 교육과정에 걸쳐 전문교과 교과(군)의 변화는 [그림 2-4]와 같다. 그리고 2015 개정 교육과정과 2022 개정 교육과정의 전문교과 교육과정의 주요 변화는 〈표 2-17〉과 같다.

그림 2-4 전문교과 교과(군)의 변화

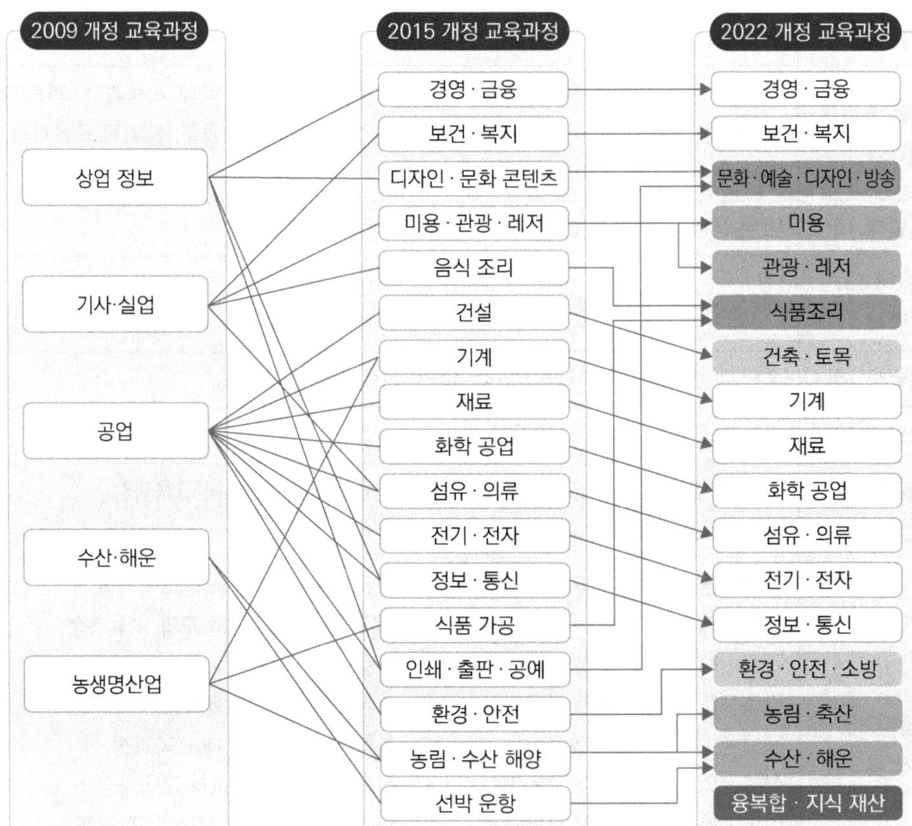

출처: 교육부·한국직업능력연구원(2022). 전문교과 교수·학습 자료 개발 매뉴얼. p. 10.

표 2-17 2015 개정 교육과정과 2022 개정 교육과정의 전문교과 분야 비교

<table>
<tr><th></th><th colspan="3">2015 개정 교육과정</th><th colspan="3">2022 개정 교육과정</th></tr>
<tr><td rowspan="3">학점 배당</td><td></td><td>필수 이수 학점</td><td>자율 이수 학점</td><td></td><td>필수 이수 학점</td><td>자율 이수 학점</td></tr>
<tr><td>보통교과</td><td>66</td><td rowspan="2">22</td><td>보통교과</td><td>64</td><td rowspan="2">30</td></tr>
<tr><td>전문교과</td><td>86</td><td>전문교과</td><td>80</td></tr>
<tr><td>교과</td><td colspan="3">• 보통교과
• 전문교과: 전문교과 I , 전문교과 II</td><td colspan="3">• 보통교과
• 전문교과</td></tr>
<tr><td>교과(군)</td><td colspan="3">• 17개 교과(군)
경영 · 금융, 보건 · 복지, 디자인 · 문화콘텐츠, 미용 · 관광 · 레저, 음식 조리, 건설, 기계, 재료, 화학 공업, 섬유 · 의류, 전기 · 전자, 정보 · 통신, 식품 가공, 인쇄 · 출판 · 공예, 환경 · 안전, 농림 · 수산 · 해양, 선박 운항</td><td colspan="3">• 17개 교과(군)
경영 · 금융, 보건 · 복지, 문화 · 예술 · 디자인 · 방송, 미용, 관광 · 레저, 식품 · 조리, 건축 · 토목, 기계, 재료, 화학 공업, 섬유 · 의류, 전기 · 전자, 정보 · 통신, 환경 · 안전 · 소방, 농림 · 축산, 수산 · 해운, 융복합 · 지식 재산</td></tr>
<tr><td rowspan="5">교과 구조</td><td>명칭</td><td>의미</td><td>개수</td><td>명칭</td><td>의미</td><td>개수</td></tr>
<tr><td>전문 공통 과목</td><td>직업 세계에 필요한 기본 소양 함양을 위한 과목</td><td>1</td><td>전문 공통 과목</td><td>직업 세계에 필요한 기본 소양 함양을 위한 과목</td><td>3</td></tr>
<tr><td>기초 과목</td><td>기준학과별 실무 과목의 선행 과목, 해당 분야 기초 역량 제고를 위한 과목</td><td>179</td><td>전공 일반 과목</td><td>기준학과별 기초 역량 함양을 위한 과목, 전공 실무 과목의 선수 과목</td><td>216</td></tr>
<tr><td>실무 과목</td><td>기준학과별 인력 양성 유형에 적합한 NCS 능력단위를 선정하여 재구성한 과목</td><td>368</td><td>전공 실무 과목</td><td>기준학과별 인력 양성 유형에 적합한 실무 역량 함양을 위한 과목(NCS 연계)</td><td>309</td></tr>
<tr><td colspan="2">소계</td><td>548</td><td colspan="2">소계</td><td>528</td></tr>
<tr><td>문서 체제</td><td colspan="3">1. 성격 및 목표
가. 성격
나. 목표
2. 내용
가. 내용 체계
나. 영역별 성취기준
3. 교수 · 학습
4. 평가
가. 평가의 주안점
나. 영역별 성취수준</td><td colspan="3">1. 성격 및 목표
가. 성격
나. 목표
2. 내용 체계 및 성취기준
가. 내용 체계
나. 성취기준
▸ 성취기준 코드, 〈성취기준 적용 시 고려 사항〉 도입
3. 교수 · 학습
가. 교수 · 학습 방향
나. 교수 · 학습의 유의 사항
4. 평가
가. 평가 방향
나. 평가 방법</td></tr>
</table>

출처: 교육부 고시 제2022-33호의 2022 개정 교육과정 문서([별책 1], [별책 23]); 김남희·임해경(2024). 2022 개정 전문교과 교육과정 수정 시안 연구. 한국직업능력연구원. p. 10. 재인용.

탐구과제

1. 우리 지역의 특성화고/마이스터고 교육과정 문서가 '과정'에 초점을 두었는지, '결과'에 초점을 두었는지 분석하고 설명하시오.
2. 국가/지역/학교 교육과정 문서(계획된 교육과정)를 비교하여 서로 연관되어 있는지, 다른 점은 무엇인지 발표하시오.
3. 우리 지역의 특성화고/마이스터고 및 대학의 '계획 · 실행된 교육과정'과 '경험된 교육과정'을 비교하여 어떻게 다른지, 다른 원인은 무엇인지 등을 분석하고, 수정된 '계획 · 실행된 교육과정'에 대해 토론하시오.
4. 우리 지역의 특성화고/마이스터고에서 '공업 교육과정의 특징'에 대한 실태를 분석하고 발표하시오.
5. 교육과정 설계 모형(내용 모형, 목표 모형, 과정 모형)을 비교하여 설명하고 공업교육에 적합한 모형이 어떤 모형인지 토론하시오.
6. 우리 지역의 특성화고/마이스터고 또는 대학의 교육목적, 교육목표, 수업목표를 조사하고 비교 · 분석하여 발표하시오.
7. 공업 분야에서 가장 관심 있는 직무를 선택하여 직무분석을 실시하고 직무기술서를 작성하시오.
8. '교육내용 조직 원리'에 근거하여 우리 지역의 특성화고/마이스터고와 대학의 교육과정을 분석하여 발표하시오
9. '교육내용 조직 원리'에 근거하여 국가 교육과정에 제시된 공업교육 분야 교과의 교육과정을 분석하고 발표하시오.
10. '공업 교육과정 개발 · 운영 · 평가의 절차 및 역량(〈표 2-9〉)'을 토대로 우리 지역의 특성화고/마이스터고와 대학의 교육 역량을 평가하시오.
11. 2022 개정 교육과정의 주요 방향, 지향점(〈표 2-14〉, [그림 2-3])과 현재 공업교육의 모습을 비교하고 공업교육에 대해 SWOT 분석하여 발표하시오.

12. 국가교육과정정보센터(https://ncic.re.kr)에서 2022 개정 교육과정 총론과 각론(공업교과 관련)을 찾아보고, 우리 지역의 특성화고/마이스터고 교육과정(학교교육계획서)에 어떻게 반영되었는지 발표하시오.

13. 국가교육과정정보센터(https://ncic.re.kr)에서 2022 개정 교육과정의 공업교육 관련 전문교과 교육과정 문서를 찾아 교과 교육과정의 성격, 목표, 구조, 설계, 이수 및 진로 설계가 어떻게 연계되어 있는지 분석하시오.

III

공업 교수 · 학습과 실기

01

공업 교수 · 학습의 개념과 특징

가 교수 · 학습의 이해

1) 교수 · 학습

학교교육에서는 교사와 학습자 간에 일정한 교육내용을 가지고 상호작용을 하는데, 이를 교수(teaching)와 학습(learning)이라고 한다. 이러한 교수 · 학습은 학교교육의 가장 기본적인 활동이다. '교수'는 교사가 설정된 교육목표를 달성하기 위해 가르치는 행위이다. '학습'은 학습자가 교수의 결과로 얻는 새로운 행동의 변화이다. 즉 교수는 의도적이고 계획적으로 학습자의 환경을 조작함으로써 학습목표에 이르도록 하고, 그 결과로 특정한 행동, 즉 학습이 이루어지는 것이다.

과거에 교수(teaching)는 교사가 학습자에게 지식이나 기술을 가르치는 과정이나 행위로 인식되었다. 그러나 오늘날에는 학습자가 교사를 포함한 다양한 자원과 상호작용을 통해 지식을 탐구하고 의미를 재구성해 가는 과정으로 본다. 이러한 관점에서 교수를 수업(instruction)이라고도 한다.

교수와 학습은 가르치는 것과 배우는 것으로 독립적으로 존재할 수 있지만 교육 상황에서는 이를 분리하기 어렵다. 과거에는 교사 중심으로 교육이 이루어졌으나 최근에는 학습자 중심의 교육을 강조하고 있다. 따라서 교수와 학습을 분리하기보다는 교수 · 학습, 즉 상호작용의 과정으로 보는 것이 바람직하다.

교수 · 학습 과정은 [그림 3-1]과 같이 학습자의 내적 조건과 학습의 외적 조건 간의 상호작용이기도 하다. 학습자의 내적 조건은 학습자들이 이미 가지고 있는 서로 다른 선수학습 정도와 각자의 인지적 과정이며, 학습의 외적 조건은 환경적 자극, 즉 교수 사태(event of instruction)이다.

이와 같이 학습자의 내적 조건과 학습의 외적 조건이 교수 · 학습의 조건이 되므로, 내 · 외적 조건에 관한 변인이 교수 · 학습에 영향을 미친다. 교수 · 학습에 영향을 미치는 요인은 〈표 3-1〉과 같다.

그림 3-1 학습 결과와 내적 · 외적 조건

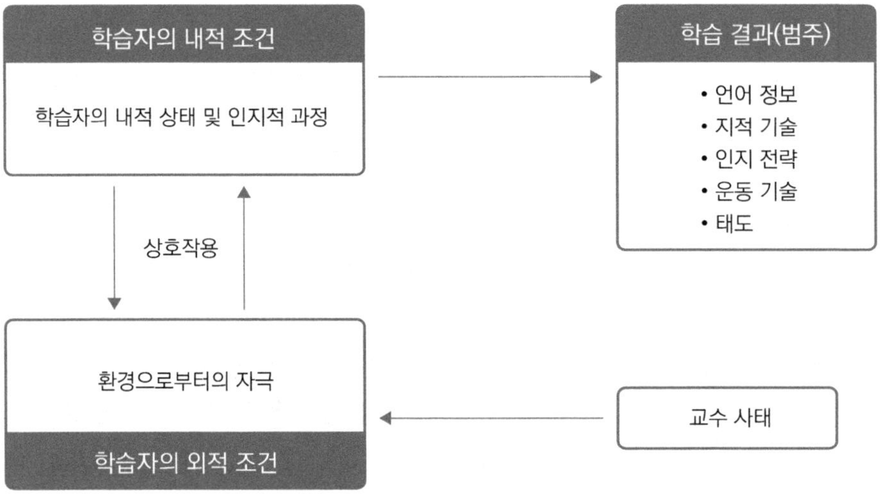

출처: Gagne & Briggs(1979); 박숙희 · 염명숙(2013). 교수-학습과 교육공학(3판). 서울: 학지사. p. 16. 재인용. 재구성

표 3-1 교수 · 학습에 영향을 미치는 요인

구분	요인
학습자 변인	• 학습자의 지적 능력, 선수학습 정도, 적성, 학습 동기, 학습 유형 등
교사 변인	• 교사의 인지적 특성, 경험, 교과 내용에 대한 전문성, 다양한 교수방법에 대한 지식, 교수 기술(teaching skill) 등
학습 과제 변인	• 학습 과제의 내용적 특성, 학습 과제의 위계적 구조
환경 변인	• 교실 내의 물리적 환경, 교사와 학생 간의 상호작용, 학생 간의 상호작용 등

출처: 박숙희 · 염명숙(2013). 교수-학습과 교육공학(3판). 서울: 학지사. pp. 12-13. 재구성.

2) 교수방법

교수방법은 교수 · 학습에서 교육목표를 달성하기 위한 최상의 방법으로, 교사는 교과내용, 학습자 특성, 학습자 집단의 크기 등에 따라 어떤 방법이 교수 · 학습에 효과적인지 결정해야 한다. 이와 같이 교수 · 학습에서 고려할 사항이 많아 교수방법도 다양하다. 과거에는 교사 주도의 교수방법이 많았으나 최근에는 학습자 스스로 학습하고 교사는 조력자의 역할을 강조하고 있다. 이러한 흐름에 따라 학습자의 주도적 학습 강조, 학습자의 팀 학습, 디지털 자료 및 AI 학습도구를 사용하는 등 교수방법도 다양해지고 있다. 이러한 여러 가지 방법 중에서 좋은 교수방법을 선택하기 위해 수업의 효과성, 효율성, 매력성 등의 평가가 필요하다.

표 3-2 교수방법 선택 기준

구분	내용
수업의 효과성 (instructional effectiveness)	• 학습목표에 정확하게 도착할 수 있는가의 문제로, 오랫동안 기억되고 잘 전이되며(transfer), 다른 지식과 기술에 일반화할 수 있는가가 기준이 됨.
수업의 효율성 (instructional efficiency)	• 학습자가 새로운 지식과 기술을 획득하는 데 걸리는 시간과 비용의 문제로 경제성이 기준이 됨.
수업의 매력성	• 교사와 학생이 교수방법에 흥미와 매력을 느끼는가의 문제로 학습동기의 기준이 됨.

출처: 박숙희 · 염명숙(2013). 교수-학습과 교육공학(3판). 서울: 학지사. p. 17. 재구성.

3) 교수 · 학습 이론

학습이론은 개인이 어떻게 학습하는지를 설명하기 위한 이론으로, 학습을 '인간 행동의 변화'라고 인식하면서 학습에 대한 연구가 활발해졌다. 여기에서는 교수 · 학습 이론의 대표적인 행동주의, 인지주의, 구성주의를 알아보겠다.

가) 행동주의 학습이론

학습에 대한 행동주의적 접근(behavioral approach)은 Locke의 경험론에 근거를 두고 있는데 우리의 마음은 백지와 같아서 무엇이든지 받아들일 수 있다고 본다. 따라서 학습을 '조성된 환경에 의해 발생되는 학습자의 행동의 변화'라고 규정한다. 학습자의 외적 환경이 학습을 발생시키는 조건으로 보는데, 외적 환경은 다음의 세 가지 법칙에 근거하고 있다.

① 강화의 법칙: 학습자에게 주어지는 긍정적인 강화는 학습을 촉진하고 부정적인 강화는 바람직하지 못한 학습을 제거할 수 있다.
② 효과의 법칙: 학습 도중 주어지는 피드백은 학습내용에 대한 효과를 자각시켜서 학습의욕을 높인다.
③ 연습의 법칙: 학습은 강화와 함께 계속적이며 단계적인 반복연습을 통해 이루어진다.

이와 같은 행동주의 학습이론은 학습을 "경험의 결과로 나타나는, 관찰할 수 있는 행동의 변화"라고 보고, 인간 내부의 변화가 일어나는 과정보다 관찰 가능한 결과로서 행동에 초점을 맞춘다. 행동주의 학습이론에서 학습은 자극(stimulus)과 반응(response)의 연합에 의해 이루어지는데, 자극은 학습자가 오감을 통해 환경에서 얻는 모든 것을 의미하고, 반응은 자극에 의해 얻는 행동을 의미한다. 행동주의는 인간을 환경에 의해 수동적으로 결정되고 반응하는 피조물로 보는 기계적인 인간관(mechanism)을 가지고 있다. 행동주의 학습이론으로는 파블로프(Ivan Petrovich Pavlov, 1849~1936)의 고전적 조건형성이론, 손다이크(Edward Lee Thorndike, 1874~1949)의 도구적 조건형성이론, 스키너(Burrhus Frederic Skinner, 1904~1990)의 조작적 조건형성이론 등이 있다.

나) 인지주의 학습이론

학습에 관한 인지적 접근(cognitive approach)에서는 학습자의 행동보다는 그 행동을 일으키는 정신활동, 즉 인지활동에 관심을 둔다. 이는 인간의 기억, 지각, 언어, 추리, 지식, 개념 형성, 문제해결, 인간의 내재적인 심리 과정과 정신적 구조를 설명하기 위한 접근이다. 따라서 인지주의 입장에서 학습은 '이해를 통해서 학습자의 인지구조가 변화하는 것'으로 인식되며 피아제(Piaget)의 인지발달이론이 대표적이다.

다) 구성주의 학습이론

구성주의 학습이론은 행동주의 · 인지주의 학습이론과 달리 철학적인 배경에서 나온 인식론적 입장을 지니고 있다. 우선 행동주의와 인지주의는 학습할 가치가 있다고 객관적으로 검증된 학습내용을 학습하기 위해 이들 이론들이 처방한 방법에 따라 학습한 후 이에 대한 성취여부를 평가하는 공통점을 갖는다. 반면 구성주의 학습이론은 객관적으로 검증된 지식의 존재를 부정하는 상대주의적 인식론에 철학적 기초를 두고 있다. 따라서 구성주의에서 학습은 극히 개인적인 이해에서 출발하고 개인적 경험과 흥미에 따라 지식의 가치를 판단한다.

구성주의(constructivism)에서 말하는 구성(construction)은 활동의 결과가 아니라 학습자가 스스로 설계해 나가는 구성과정을 의미한다. 따라서 구성주의에서 학습은 "학습자가 경험과 흥미에 따라 정한 학습내용을 스스로 구성해 나가는 과정"이며 학습의 결과는 이 과정을 수행할 수 있는 능력을 갖추었는가에 대한 확인으로 평가된다. 구성주의에서 학습은 자기 규율적(self-regulated)이고 자기 조직적(self-organized)이며 자율적(autonomous)인 학습 환경에서 학습자 스스로 지식을 형성해 나가는 것이다.

구성주의의 대표적인 이론은 비고츠키(Vygotsky)의 근접발달영역(ZPD)이다. 근접발달영역은 아동이 현재 스스로 과제를 해결할 수 있는 실제적 발달 수준(level of actual development)과 자신보다 인지적으로 유능한 성인이나 또래의 도움을 받아 과제를 해결할 수 있을 것으로 기대하는 잠재적 발달 수준(level of potential development) 간의 격차를 의미한다. 비고츠키는 개인의 지적 발달이 사회문화적인 영향을 크게 받는다고 주장하였다. 모든 지식은 사회 집단의 역사를 통해 누적된 문화적 형태로 존재하며 아동은 성인의 도움을 받아 문화적 산물로써 지식을 내면화하기 때문이다.

따라서 아동의 지적 발달은 성인과의 사회적 상호작용을 통해 촉진되는데, 이렇게 아동이 스스로 문제를 해결할 수 있도록 도움을 주는 체제를 비계(scaffolding)라고 한다. 대표적인 예로, 교사가 새로운 개념을 설명할 때 처음엔 자세한 설명과 예시를 통해 학생을 도와주지만, 시간이 지나면서 점점 설명을 줄이고, 학생이 스스로 문제를 해결할 수 있도록 유도하는 과정, 독서 동아리에서 다른 학생들과 함께 책을 읽고 토론하며 서로의 의견을 나누고 비판적으로 사고하는 능력을 발달시키는 것 등이 있다. 이처럼 구성주의 학습이론에서는 개인의 능력을 향상시키는 동시에, 공동체 내에서 상호작용을 통해 배우는 것을 강조한다.

구성주의 교수 · 학습의 특징은 '학습은 학습자의 경험에 기초하여 학습자의 머릿속에서 구성'되므로 학습자 중심의 학습이고, 구체적 학습과제와 실제적인 맥락이라는 학습 환경을 강조한다. 그리고 여러 사람의 공동 참여와 작업을 통해 문제를 해결하는 협동학습을 강조하고, 교사의 역할을 안내자, 조력자와 같이 학습자 스스로의 학습에 대한 촉매 역할로 제한한다.

4) 교육과정과 교수 · 학습

교육과정과 교수와 학습은 따로 떼어서 생각하기 어렵다. 무엇을 가르칠 것인가(교육과정)를 결정하는 것은 어떻게 가르칠 것인가(교수)에 선행되고, 가르칠 내용에 따라 가르치는 방법이 달라지고 학습의 결과로 나타나기 때문이다.

[그림 3-2]와 같이 교육의 전 과정에서 피드백을 통해 교육과정부터 교수평가까지 일관성있게 연계한다. 결국 교육과정에서 목표로 설정한 것을 교수 · 학습을 통해 이루어 내기 위해 교육의 전 과정을 연계하고 보완하는 것이 중요하다.

특히 교수 · 학습이 이루어지는 과정에 대한 면밀한 관찰이 필요하다. 일반적으로 수업과 학습을 동일한 것으로 보지만, 실제로 수업의 모든 과정이 학습으로 이루어지지 않는다. 학습은 수업의 결과로만 발생하는 것이 아니다. 학습은 수업이 없어도 환경과의 상호작용을 통해서 발생할 수 있다. 즉, 수업은 의도적이지만 학습은 의도적인 경우도 있고 그렇지 않는 경우도 있다. 따라서 교육과정부터 교수평가까지 전 과정에 대한 피드백이 중요하다.

그림 3-2 교육과정과 교수 · 학습의 피드백

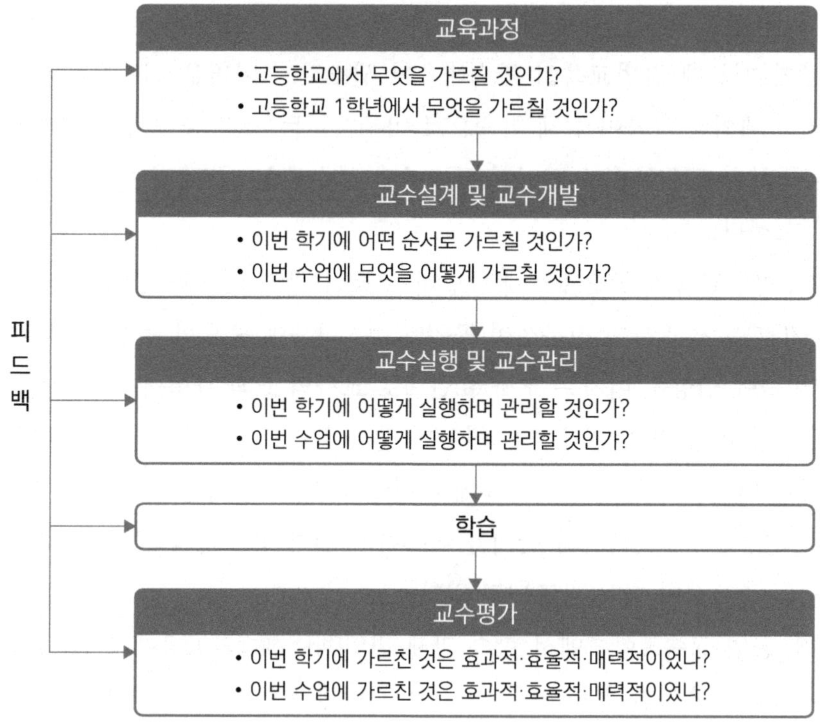

출처: 변영계 · 김영환 · 손미(2000). 교육방법 및 교육공학(개정판). 서울: 학지사. p. 42. 재구성.

나 공업 교수 · 학습의 특징

공업 교수 · 학습은 앞 절에서 제시한 일반적인 교수 · 학습의 개념과 이론을 따른다. 그러나 공업 교수 · 학습은 일반교육과 달리 전문교육에 해당하므로 학습내용의 전문성이 일반교육보다 높아 교수 · 학습도 이에 맞게 설정해야 한다. 이러한 측면에서 공업 교수 · 학습의 특징은 다음과 같다.

1) 교수 · 학습 영향 요인 측면(〈표 3-1〉 참조)

첫째, 공업교육 학습자들 대부분은 이전 학령기 단계에서 공업교육을 경험하지 못했기 때문에 공업교육의 학습내용이 생소하고 어려운 편이다. 따라서 교수(수업)에서 계획한 교육이 실제 학습으로 이루어지는 것과 다를 수 있다. 따라서 공업 교수 · 학습에서 학습자 변인인 학습자의 선수학습 정도, 적성, 학습 동기 등은 매우 중요하다.

둘째, 공업교육의 학습내용에 해당하는 공업 관련 기술과 산업 동향이 빠르게 변화하기 때문에 교사의 전문성이 공업 교수 · 학습에 중요한 영향을 미친다. 이는 교수 · 학습에 영향을 미치는 교사 요인으로 교사의 교과 내용에 대한 전문성에 해당한다. 아울러 공업 분야의 빠른 변화에 맞추어 학교 교육의 시설 및 환경을 개선하는 것이 어렵기 때문에 공업교육에서 시설 및 환경 구축은 느릴 수밖에 없다. 따라서 부족한 시설 및 환경의 한계를 극복하기 위하여 교사의 교수 · 학습 방법, 교수 기술의 중요성이 더욱 강조되고 있다.

셋째, 공업 교수 · 학습에서 학습 과제 변인(학습 과제의 내용적 특성과 위계적 구조)은 학습자의 선수학습과 연관이 깊다. 학습 과제 변인은 학습 과제의 내용적 특성과 위계적 구조인데, 공업교육의 학습내용은 전문교과와 보통교과가 통합된 형태가 많다. 예를 들어 '재료역학'은 보통교과의 수학과 물리, '전기일반'은 보통교과의 물리, '공업화학'은 보통교과의 화학, '자동차기관'은 보통교과의 기술과 관련이 깊고 위계성을 지니고 있다. 따라서 학습자의 선수학습에서 이러한 보통교과를 학습한 여부가 학습 과제를 구성하는 데 영향을 준다.

넷째, 공업 교수 · 학습에서 실습 기자재와 장비 및 환경 구축과 같은 환경 변인은 교수 · 학습에 매우 중요한 요인이다. 그러나 최신 장비와 환경을 구축하는 것은 많은 예산이 소요되는 어려운 일이므로 교사의 교수 · 학습 방법과 스킬 등으로 이를 보완해야 한다. 그리고 효과적인 수업을 위한 학습 과제를 개발하고 적절한 학습자 수를 선정하고 그룹을 조직하여 효과적인 상호작용을 유도함으로써 교수 · 학습의 효율성을 높일 수 있는 전략이 중요하다.

2) 교수 · 학습 이론 측면

공업교육이 산업 기능인력을 주로 양성하던 1970년대 이전에는 이론보다는 직무수행능력을 강조하였고 기계적인 인간관을 강조하는 행동주의 학습이론에 근거하였다. 그러나 산업 기술이 고도화되고 창의적인 문제해결능력을 강조하면서 인지주의 학습이론을 강조하였고 최근에는 구성주의 학습이론을 강조하고 있다.

산업의 디지털화와 AI에 따라 산업 변화의 방향성을 예측하기 어려운 시대에는 구성주의 학습이론이 대표적인 교육철학으로 자리잡았는데, 일반교육보다는 공업교육과 같은 직업교육이 구성주의 학습이론의 대표적인 사례이다. 그 이유는 공업교육과 같은 직업교육은 ① 다양한 지식과 이론을 학습자가 경험하고, 직접 조작하고 만들어 보는 기회를 제공하며(실습을 통해 다양한 교과를 경험하고 체험하는 과정을 거침) ② 이러한 과정을 통해 학습자는 교과 내용을 자신의 것으로 재구성하여 학습함으로써 성찰하는 과정을 거치고 ③ 학습 과정에서 프로젝트학습, 협동학습 등을 통해 학습자 간의 상호작용을 거치며 ④ STE(A)M과 같이 다양한 교과가 융합된 프로젝트를 통해 실제 직업 세계에서 요구하는 다양한 학문이 융합된 역량을 배양하기 때문이다.

02

공업 교수 · 학습의 과정

공업 교수 · 학습의 과정은 크게 세 단계로 구성된다. 학습자 및 수요자의 요구분석에 따라 교육목표 및 수업목표 설정, 학습내용 분석, 학습자 특성 진단, 수업계획, 교수방법 결정, 평가 계획 수립의 계획 단계(planning), 계획대로 수업을 진행하는 실행 단계(implementation), 목표에 대한 성취도를 측정하고 평가하는 평가 단계(evaluation)이다.

가 계획 단계

1) 교육목표 및 수업목표 설정

공업 교수 · 학습의 계획 단계에서 가장 먼저 해야 할 일은 학습자 및 수요자의 요구분석에 따라 교육목표 및 수업목표를 설정하는 것이다. 학습자 및 수요자의 요구분석은 학습자뿐만 아니라 산업체와 지역사회의 요구를 분석하는 것으로 교육과정 개발의 근거가 된다('Ⅱ장. 공업 교육과정' 참조).

학습자 및 수요자의 요구분석에 기초하여 학과, 교과 등의 목표에 해당하는 교육목표(goals of education)와 가장 작은 수준인 수업목표(instructional objectives)를 설정한다. 교육목표와 수업목표는 구체적이고 학습자 행동이 드러나는 행위 동사(behavioral verb)로 진술하는 것이 좋다.

2) 학습내용 분석과 학습자 특성 진단

학습내용 분석은 학습내용의 구조와 위계성을 분석하여 학습내용의 요소들을 계열화하고 절차를 정하는 것이다. 공업교육에 해당하는 전문교과는 교과 간의 연관이 깊고 보통교과와의 위계성도 높은 편이다. 예를 들어, '기계기초공작' 과목은 '수치제어가공' 과목의 선수과목이 되고 '기계제도' 과목과 'CAD/CMA' 과목은 '기계기초공작' 및 '수치제어가공' 과목과 연관된다. 그리고 수학, 과학 등의 보통교과도 연관될 수 있다. 이러한 현상은 최근 공업교육에서 다른 교과 간의 융합 학과(예: 기계-전기 · 전자, 기계-전기 · 전자-SW, 기계-전기 · 전자-경영 · 금융 등)가 늘어나면서 확대되고 있다. 따라서 학습내용 분석은 교수 · 학습 계획에 중요한 부분이다.

다음으로 학습자 특성 진단은 학습내용 분석에서 도출된 학습내용 요소별로 학습자의 선수학습 정도, 학습 능력, 학습 성취 수준, 기초학력, 적성 및 흥미, 학습 동기, 정서 상태 등을 진단하는 것이다. 이와 같이 학습자의 특성을 파악하고 이를 근거로 학습 지도 계획을 세우는 것을 출발점 행동(entering behavior)의 진단이라고 한다.

3) 수업계획, 교수방법 결정, 평가 계획 수립

일반적으로 수업은 학기 단위로 이루어지기 때문에 수업계획은 학기계획, 월간계획, 단원계획, 차시별 계획 등으로 한다. 가장 많이 사용하는 계획은 단원계획과 차시별 계획이다. 단원계획은 과목을 구성하는 단원별로 수업계획을 세우는 것이고, 차시별 계획은 수업시간 별로 수업계획을 세우는 것이다. 차시별 계획은 시안, 학습지도안이라고 부르기도 한다.

수업계획에 따라 학습내용을 순서대로 설정하면, 학습내용과 학습자 진단 결과를 고려하여 교수방법을 결정한다. 이때 개별/집단학습을 할 것인가, 어떤 교수 매체를 활용할 것인가 등을 점검하고 교실이나 실습실 등의 수업 환경, 학습자 인원 등을 고려해야 한다.

다음으로 교육목표와 수업목표에 적합한 평가 계획을 수립한다. 평가방법, 평가기준, 평가문항 등에 대한 계획을 세우는 것으로 교수·학습 계획 단계에서 평가 계획을 수립해야 교수·학습 과정 중에 적절한 피드백을 제공하고 학습자의 학습목표 도달이 가능하다('Ⅳ장. 공업 교육평가' 참조).

4) 교수설계

이상의 교수·학습의 계획 단계는 교수를 위한 사전 계획과 같다. 이는 교수설계와 유사하므로 여기에서는 교수설계 모형을 제시하고자 한다. 우선 교수설계(instructional design)는 교육에 관련된 요구와 문제점을 파악하고 이를 토대로 목표에서 내용, 방법, 평가에 이르기까지 교수 체제의 전 과정을 계획하고 개발하기 위한 체제적 접근을 의미한다.

가) 교수설계의 일반 모형

교수설계의 일반 모형은 분석, 설계, 개발, 실행 평가의 단계로 구성된다.

그림 3-3 교수설계의 일반 모형

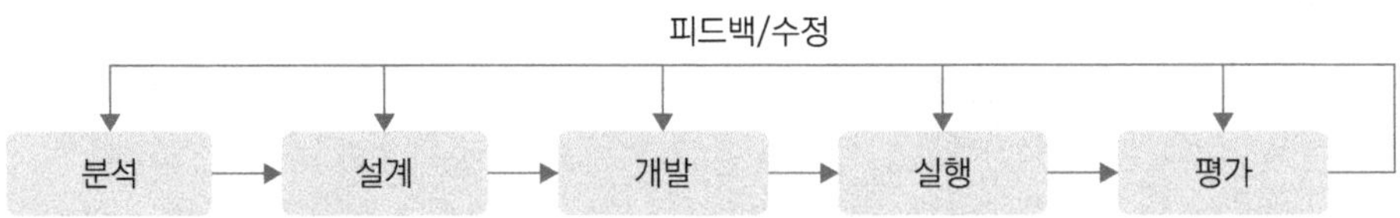

출처: 박숙희·염명숙(2013). 교수-학습과 교육공학(3판). 서울: 학지사. p. 217. 재구성.

분석(analysis) 단계에서는 학습과 관련된 요인 분석으로, 요구 분석(학습자의 요구, 산업체의 요구 등), 학습자 분석(학습자의 지적 특성, 정의적 특성, 사회문화적 배경 등), 환경 분석(교수 자원, 물적 자원 등의 학습 환경), 과제 분석(학습내용 분석) 등이 이루어진다.

설계(design) 단계에서는 분석의 결과로 밝혀진 정보를 토대로 목표 설정, 평가 도구 개발, 교수 전략 및 교수매체 선정 등이 이루어진다.

개발(development) 단계에서는 설계 단계에서 설정한 내용을 토대로 교수 프로그램이나 수업에 사용할 교수 자료를 제작한다. 그리고 학습자를 대상으로 제작한 교수 자료에 대한 형성평가를 실시하여 자료를 보완한다.

실행(implementation) 단계에서는 개발된 교수 프로그램이나 교수 자료를 실제 교육 현장에서 활용하고 관리한다.

평가(evaluation) 단계에서는 교육 프로그램이나 교수 자료의 효과성, 효율성을 측정하기 위해 총괄평가를 실시한다.

나) 딕과 캐리의 교수설계 모형

딕(Dick)과 캐리(Carey)의 모형은 초보자나 경험이 적은 교사가 유용하게 사용할 수 있도록 개발된 것이다.

그림 3-4 딕과 캐리의 교수설계 모형

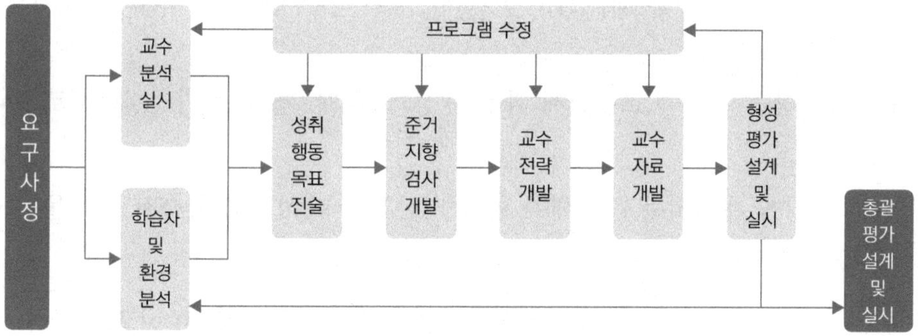

출처: 박숙희 · 염명숙(2013). 교수-학습과 교육공학(3판). 서울: 학지사. p. 223. 재구성.

다) 켈러의 ARCS 모형

학습자의 학습 능력은 학습자의 특성과 교수방법뿐만 아니라 학습자의 동기 수준과 밀접한 관계가 있다. 켈러(Keller)의 이론은 주의(attention), 관련성(relevance), 자신감(confidence), 만족감(satisfaction)이라는 4가지 구성 요소로 이루어지며, 교수 · 학습 상황에서 동기를 유발하기 위한 구체적인 전략을 제시한다. ARCS 모형의 구성 요소는 〈표 3-3〉과 같다.

표 3-3 ARCS 모형의 구성 요소

구분	동기유발 전략
주의 (attention)	• 학습자가 학습에 흥미를 가지고 주의를 기울여야 함 • 학습동기를 유발 · 유지하기 위해서는 학습자의 주의가 유지되어야 함 • 호기심, 주의환기, 감각추구 등
관련성 (relevance)	• 학습자는 "왜 이 과제를 공부해야 하는가"에 의문을 갖고 학습에 대한 개인적 필요를 지각하려고 함 • 이 과제가 학습자의 흥미나 목적과 어떻게 관련되는가에 대한 긍정적인 해답을 찾아보고자 하는 노력 필요
자신감 (confidence)	• 동기유발 및 유지를 위해서는 성공의 기회, 즉 학습에 대한 자신감 필요 • 노력에 따라 성공할 수 있다는 자신감 필요
만족감 (satisfaction)	• 학습자의 노력의 결과가 기대와 일치하고 학습자가 그 결과에 대해 만족하면 학습동기는 유지됨

출처: 이화여자대학교 교육공학과(2004). 교육공학. 서울: 교육과학사. pp. 109-110. 재구성.

ARCS 모형을 이용한 교수설계 과정은 정의, 설계, 개발, 평가의 4단계로 이루어진다.

첫째, 정의 단계에서는 해결해야 할 동기문제를 분석하고 학습자 분석을 하여 동기 목표를 설정한다.

둘째, 설계 단계에서는 브레인스토밍 과정을 거쳐 동기 전략을 창출한다.

셋째, 개발 단계에서는 동기목표를 달성하기 위한 교수 자료를 개발한다.

넷째, 평가 단계에서는 교수 자료의 효과성을 평가한다.

나 실행 단계

실행 단계는 학습자가 교육목표를 달성하는 데 적합한 교수방법을 선정하고 이를 활동으로 전개하여 학습에 대한 지도활동을 실시하는 단계이다. 이때 학습자의 특성과 학습 내용의 특성을 고려하여 가장 효과적인 교수방법을 결정하고 그에 적합한 교수매체도 활용한다.

일반적으로 수업은 도입, 전개, 정리의 단계로 실행한다.

1) 도입

도입은 본 수업이 시작되는 단계로 5~10분 내의 짧은 시간에 이루어진다. 학습자의 주의 집중, 수업목표 제시, 선수학습(학습경험) 회상, 학습 동기 유발 등이 이루어진다.

가) 주의 집중

수업에서 학습자들의 주의가 집중되지 않으면 학습이 일어날 수 없다. 교사는 여러 가지 자극을 제시하여 주의를 집중시키고 적절한 학습 자세를 갖출 수 있도록 주의 태세(attention set)를 수립해야 한다. 주의를 집중시키기 위해 흥미로운 질문을 던져 학습 내용을 전개할 수 있고, 그림, 사진, 도표 등을 활용할 수 있다. 공업교육에서는 학습내용과 관련된 기술, 제품, 직업 현장, 산업 현장의 예를 활용할 수 있다.

나) 수업목표 제시

학습자에게 수업목표를 명시하고 알려 주는 단계이다. 수업목표는 학습자에게 기대하는 학습 성과로 수업이 끝났을 때 학습자에게서 나타나기를 기대하는 성취 행동을 의미한다.

다) 선수학습의 재생 자극

사전에 학습한 내용을 재생하고 상기할 수 있도록 자극하는 단계로, 본 학습내용의 전시학습이나, 이전 학년에서 배운 학습, 또는 관련된 학습경험을 상기하도록 한다.

2) 전개

전개는 학습내용을 제시하고 다양한 교수방법을 사용하여 수업목표에 도달하도록 교수 · 학습이 진행되는 단계이다. 교사는 학습자들이 수업에 적극적으로 참여할 수 있도록 다양한 방법으로 유도해야 한다.

가) 학습내용의 제시

학습자료 또는 교재를 학습자에게 제시하는 단계이다. 이때 자료는 언어적이든, 시범적이든, 혹은 매체를 사용하든 적절한 형태로 제시한다. 즉 학습자의 학습수준과 학습내용의 특성에 맞는 형태의 자료 제시가 필요하다. 공업교육에서는 전문분야의 실기 내용이 많으므로 교사의 시범이나 영상 매체 등을 활용하고 더 나아가 전문가를 활용하거나 현장 체험 등의 방법도 필요하다.

나) 학습 안내 제공

수업에서 사고와 탐구를 자극하기 위해 질문, 단서, 암시 등의 학습 안내를 제공하는 단계이다. 교사가 즉시 해답을 알려 주기보다는 학습자 스스로 사고하고 탐구하도록 안내하는 것이 바람직하다. 그리고 학습자의 개인차에 따라 단서나 힌트를 다르게 제시해야 한다. 공업교육에서는 프로젝트법과 같이 문제해결과정을 통해 학습하는 경우가 많으므로 학습자가 처한 문제를 해결할 수 있도록 교사의 적절한 학습 안내가 중요하다.

다) 성취행동 유발

학습자가 학습내용을 잘 이해하고 수업목표에 어느 정도 도달했는지 파악하기 위해 중간점검을 하는 단계로, 이를 확인하기 위해 문제 풀어보기, 질문에 답하기, 배운 것을 실습해보기 등의 성취행동을 유발시켜 확인한다.

라) 피드백

학습자의 성취행동이 수업목표에 어느 정도 도달했는지 파악하고 그에 맞게 피드백을 주는 단계이다. 성취행동이 목표에 잘 도달하고 있다면 칭찬하거나 고개를 끄덕이는 등의 긍정적 피드백을 제공하고, 그렇지 않다면 학습자가 스스로 문제를 해결할 수 있도록 다른 질문을 하거나 힌트, 부가 정보 등을 제공한다. 중요한 점은 교사가 실제 학습과정에서 즉각적인 피드백을 다양하게 제공해야 한다는 것이다.

3) 정리

정리는 학습내용을 정리하고 종결하는 단계로, 요약, 연습, 통합, 일반화를 통해 학습이 제대로 이루어졌는지(수업목표에 도달했는지) 판단하고 보완한다. 이 과정에서 학습 여부를 판단하기 위하여 형성평가를 실시하고 부족한 부분이 있다면 재학습할 수 있는 보충학습을 제공하고, 만족할 만한 학습자에게는 심화학습을 제공한다.

가) 성취행동 평가

교사는 학습자가 수업목표에 도달했는지 확인하기 위해 성취행동을 평가한다. 평가는 미리 계획을 세워 체계적으로 해야 하며 학습내용에 맞게 다양한 평가방법을 적용한다.

나) 파지와 전이 높이기

성취된 학습을 새로운 학습으로 일반화하거나 적용할 수 있도록 경험을 제공하는 단계이다. 파지는 학습내용을 기억하거나 이해하는 것으로, 학습내용에 유의미한 맥락을 제시하거나 의미를 부여하면 파지가 높아진다. 전이는 학습내용을 다른 학습으로 발전시키거나 적용하는 것으로, 학습자에게 새로운 과제를 부여하거나 여러 상황에 적용하여 일반화하게 되면 전이가 쉽게 이루어진다.

다) 보충자료 제시 및 차시 학습 예고

수업시간에 충분히 다루지 못한 학습내용이나 학습자가 더 알고 싶어 하는 주제에 관한 보충자료를 제시한다. 그리고 이번 학습내용과 연결되는 차시 학습을 예고함으로써 학습내용을 상기하고 다음 차시에 대한 학습 동기를 유발하고 준비시킨다.

다 평가 단계

평가 단계는 학습자가 수업목표를 달성했는지 학습의 성과를 평가하는 단계이다. 이 단계는 수업이 종료된 이후의 상태에서 이루어지는 평가이므로 형성평가보다는 총합평가를 실시하고 주로 지필평가로 이루어진다. 이와 같이 학습 성과의 결과를 중시하는 평가의 문제점을 보완하기 위하여 대안적 평가인 수행평가가 강조되고 있다. 자세한 내용은 'Ⅳ장. 공업 교육평가'를 참고하기 바란다.

03

공업 교수·학습 방법과 교수매체

가 공업 교수·학습 방법

1) 강의법

강의법은 가장 오래된 방법이며 오늘날에도 널리 이용되는 보편화된 방법으로, 교사 중심 체제에서 시행하는 대표적인 방법이다. 강의법은 강의라는 언어적인 방법으로 지식을 학습자에게 설명을 통해 체계적으로 전달한다. 공업교육에서 강의법은 이론 중심의 과목이나 실습 절차 및 주의 사항 등에 적합하다.

강의를 시작할 때에는 먼저 학습자의 주의를 집중시키고 동기화한다. 강의법에서는 자칫 학습자가 수동적인 자세를 취하여 수업에 적극적이지 않기 때문에 적절한 문답을 통해 학습자의 주의를 환기시키고 긴장을 유지해야 한다.

그리고 유의미한 학습을 위하여 선행조직자(advanced organizer)를 활용해야 한다. 선행조직자는 새로운 학습내용과 이전 학습내용을 연결시켜 주는 자료로써 학습자가 새로운 학습내용을 효과적으로 학습할 수 있도록 선행지식을 활용하는 자료이다. 선행조직자는 새로운 학습내용과 이전 학습내용 간의 관계를 학습자가 유추해 낼 수 있도록 구체적이어야 하고 실제 예를 포함해야 한다.

표 3-4 강의법의 장점과 단점

구분	내용
장점	• 정해진 시간에 다양한 지식을 많은 학습자에게 전달할 수 있음 • 전체 내용을 개괄하거나 요약하고자 할 때 교사의 언어적 표현 능력에 따라 학습자를 쉽게 이해시킬 수 있음 • 학습자가 어떤 행동을 하지 않아도 되며, 순응형의 학습자에게 효과적임
단점	• 학습자의 동기유발이 어렵고 학습자가 학습에 수동적으로 참여함 • 고차적인 인지 학습이나 정의적인 학습에는 적합하지 않고 주의력이 떨어지기 쉬움 • 교사의 능력에 전적으로 의존하므로 사전에 수업 계획이 충분하지 않거나 설명력이 부족한 경우 학습 효과가 떨어짐 • 학습자들의 개별화, 사회화가 어려움

출처: 박숙희·염명숙(2013). 교수-학습과 교육공학(3판). 서울: 학지사. pp. 120-121. 재구성.

2) 토의법

토의법은 학습자의 역할과 활동을 중요시하며 교사와 학습자, 학습자 간의 언어적인 상호작용을 통해 의견을 교환하고 집단 내에서 문제를 해결할 수 있도록 하는 방법이다. 토의법은 민주적 원리를 바탕으로 한 것이므로 민주시민으로서 필요한 사회적 태도와 기능을 키울 수 있는 학습 방법으로 가치가 있다.

토의를 시작하기 위해서는 가장 먼저 사전 준비를 한다. 사전 준비에서는 토의의 목적을 설정하고 토의 방식을 선택하며 시간 계획과 토의에 필요한 자료 준비, 집단의 크기를 결정한다. 그리고 토의 장소, 좌석의 배치 등의 토의 장소 환경을 마련한다. 이러한 과정에서 학습자의 능력과 관심, 학습내용의 맥락 등을 고려해야 한다.

다음으로 토의를 진행할 때에는 토의의 규칙이나 방법을 미리 알려 주고 자유로운 분위기에서 전체가 참여하는 토의가 되도록 유도한다. 분위기가 침체되거나 소수의 참여자에 의해 토의가 주도되거나 감정 대립 등이 일어나면 교사가 적절히 개입해서 원만히 진행되도록 한다.

마지막으로 토의 결과를 종합하고 정리하여 마무리한다. 정리된 토의 결과를 발표하고 토의 목적과 비교하여 잘 이루어졌는지 검토한다. 그리고 토의 진행과정에 대해서도 평가한다.

토의법에는 학급토의, 그룹토의, 배심토의, 심포지엄, 버즈토의, 브레인스토밍 등이 있다.

표 3-5 토의법의 장점과 단점

구분	내용
장점	• 대화를 통해 상호 의견을 교환하고 협력의 과정을 전제로 함으로써 사회적 기능과 민주적인 태도를 형성시킬 수 있음 • 집단 구성원으로서의 역할과 소속감 등을 높일 수 있음 • 집단 구성원의 비판적 탐색에 따라 선입견과 편견을 수정할 수 있음 • 학습자의 능동적 참여와 자발적 역할로 자율성을 향상시킬 수 있음
단점	• 다른 수업에 많은 시간이 필요함 • 예측하지 못한 상황이 발생할 수 있고 산만한 수업이 될 수 있음 • 소수의 학습자에 의해 주도될 가능성이 있어 학습자가 이탈하고 무관심할 수 있음 • 학습자들이 토의 주제를 다룰 만큼 학습내용을 이해하지 못하면 토의법에서 효과를 기대하기 어려움.

출처: 변영계 · 김영환 · 손미(2000). 교육방법 및 교육공학(개정판). 서울: 학지사. pp. 160-162. 재구성.

3) 협동학습(cooperative learning)

협동학습은 경쟁심을 유발하는 전통적인 학습에서 학습자가 느끼는 소외감과 적대감을 해소하고 전체 학습자가 공동의 목표를 향하여 함께 상호작용하고 협력하는 태도와 능력을 향상시키는 방법이다. 협동학습은 학습 능력이 각기 다른 학습자가 동일한 학습목표를 향하여 소집단 내에서 함께 활동한다. 소집단은 보통 2~6명으로 구성하고 소집단 구성원은 개인의 학습뿐만 아니라 서로 격려하며 협동한다. 협동학습을 통해 동료에게서 배우는 학습의 효과가 크고 사회 응집성과 협동 기술을 촉진할 수 있다.

협동학습을 성공적으로 달성하기 위한 요소로는 긍정적인 상호 의존성, 면대면을 통한 상호작용, 개별적인 책임감, 사회적 역량(social skills), 집단의 과정화(집단 구성원의 적극적인 참여, 모든 구성원에 대한 피드백, 메타인지 전략, 성공 격려를 위한 보상체계 등)가 필요하다.

협동학습에서는 집단을 구성하여 학습활동을 전개하지만, 평가는 개인 평가와 집단 평가를 사용한다. 집단 평가만 하는 경우 무임승객 효과 때문에 효과적이지 않기 때문이다.

가) 성취과제 분담학습(student team achievement divisions: STAD)

성취과제 분담학습은 협동학습을 처음 시도할 때 많이 사용하는 모형으로 모든 과목에 효과적이다. 4~5명으로 소집단을 구성하고 소집단별로 학습내용에 대해 서로 퀴즈도 내고 토론하면서 함께 학습한다. 팀 구성원 모두가 학습내용을 완전히 이해할 때까지 팀 학습이 계속되고 그 후 개별적으로 시험을 본다. 개인별로 과거와 비교하여 향상된 점수만이 팀 점수에 반영되며 팀 점수가 목표에 도달하면 보상한다.

성취과제 분담학습은 집단 구성원의 역할이 분담되지 않은 공동학습 구조이면서 동시에 개인의 성취에 대해 개별적으로 보상하는 개별 보상 구조를 가지고 있다. 즉, 개인의 성취에 대해 팀 점수가 가산되고 팀에게는 집단 보상이 추가되는 구조이다. 이때 집단 점수는 개인별 향상 점수만 계산하므로 학습 능력이 낮은 학습자도 최고 점수를 얻을 수 있어서 학습 능력이 낮은 학습자의 동기를 높일 수 있다.

나) 직소(jigsaw) 학습(Ⅰ, Ⅱ, Ⅲ, Ⅳ)

직소 모형은 다민족으로 구성된 미국 학교에서 민족 간의 갈등과 학교교육의 문제를 해결하기 위해 1978년 미국 텍사스 대학에서 개발되었다. 경쟁적 학습 분위기를 협동적으로 전환시킬 수 있고 인종 문제해결에도 도움을 준 것으로 평가되고 있다.

직소 Ⅰ모형은 한 학급을 5~6명의 이질적인 학습자로 구성된 팀으로 나눈다. 모든 팀에 동일한 주제를 주고, 주제의 학습 내용을 팀 구성원의 인원수대로 나누어 할당한다. 각 팀에서 같은 학습 내용을 담당한 학습자들끼리 모여 전문가 집단(expert group)을 구성한다. 전문가 집단에서 학습 내용에 대해 정보를 교환하고 함께 학습한 후에 각 팀으로 돌아가 학습한 내용을 구성원에게 책임지고 가르친다. 평가는 집단 평가를 하지 않고 개인 평가만 한다.

직소 Ⅰ모형은 학습에 책임을 지는 모형으로 협동이 필연적으로 일어나기 때문에 학습에 대한 상호의존성이 높고 개인의 학습에는 효과적이다. 그러나 집단 평가를 하지 않아 보상의존성은 낮고 집단의 목표가 없다. 이를 보완하기 위하여 직소 Ⅰ모형을 수정한 다양한 모형이 개발되었다.

직소 Ⅱ모형은 집단 보상이 추가된 것으로 학습자 개인 점수뿐만 아니라 집단 점수까지 산출하여 평가에 반영한다. 직소 Ⅲ모형은 전문가 집단에서 학습을 한 후 돌아와 각 팀의 구성원을 가르치고, 그 결과를 평가하기 전에 일정 기간 평가 유예기를 두어 학습한 것을 정리하는 과정이 추가된 것이다. 직소 Ⅳ모형은 전체 수업 내용에 대한 교사의 안내, 학습 중간 점검을 위한 퀴즈, 평가 후 재교육 등이 추가된 것이다.

다) 함께 학습하기 모형(learning together: LT)

함께 학습하기 모형은 5~6명의 이질적인 구성원이 모여 주어진 과제를 협동적으로 수행한다. 과제는 집단별로 부여하고 평가와 보상도 집단별로 한다. 시험은 개별적으로 시행하나 성적은 소속된 집단의 평균 점수를 받게 되므로 자기 집단 내의 다른 학생의 점수가 개인의 성적에 영향을 준다. 집단의 평균 점수가 수준 이상에 도달하면 보너스 점수를 주기도 한다. 이 모형은 수업 전체 과정에서 협동을 강조하지만 집단보상만 하기 때문에 다른 모형에 비해 무임승객효과가 일어날 우려가 높다.

라) 집단조사 학습(group investigation: GI)

이 모형은 2~6명의 구성원으로 소집단을 구성하고 학습 과제를 집단 수에 맞춰 작은 단원으로 나누어 제시한다. 각 집단은 맡은 단원에 대해 다양한 정보를 수집하고 토의 등을 실시한다. 이렇게 집단별 조사학습 이후에 전체 학급을 대상으로 조사 결과를 발표하고 각 집단의 전체 학습에 대한 기여도를 평가한다. 최종 학업성취도 평가는 개별 평가와 집단 평가를 한다. 이 모형은 다른 모형과 달리 학습 과제가 명확하게 정해져 있지 않아 학습자의 인지적 기능이 높게 요구되며, 학습 과제 선정부터 학습계획, 과제 분담, 집단 보고 등의 전체 과정에서 학습자 스스로의 자발적인 협동이 이루어지는 개방적인 모형이다.

마) 팀 보조 개별학습(team assisted individualization: TAI)

이 모형은 개별학습과 협동학습이 결합된 형태이다. 이질적인 학습자 4~6명으로 팀을 구성한다. 학습자들은 프로그램화된 학습 자료를 이용하여 개별적인 진단검사를 받고 각자의 수준에 맞는 단원을 스스로 학습한다. 이러한 개별학습 이후 단원평가 문제지를 풀고 서로 짝을 지어 문제지를 교환하여 채점하고 서로 도와 틀린 문제를 학습하고 교정하여 교사에게 문제지를 제출한다. 그리고 80% 이상의 점수를 받은 학습자들은 그 단원의 최종 개별 시험을 보고 이 점수들의 평균을 팀의 점수로 한다. 이 모형은 학습이 개별학습과 집단학습으로 이루어지고 보상도 개별보상과 집단보상으로 이루어진다는 특징이 있다.

4) 문제중심학습(problem based learning: PBL)

문제중심학습은 강의식, 암기식 위주의 전통적인 학습 방식을 지양하고 실제적인 문제를 해결해 나가는 과정을 통해 학습이 이루어지는 방법이다. 여기에서 '문제'는 학습자가 현실에서 당면하거나 당면하게 될 맥락적인 문제나 상황이다. 이러한 문제를 개인 활동보다는 다른 학습자와의 협동학습을 통해 해결해 나가면서 학습이 이루어진다. 문제중심학습은 지식의 습득과 형성이 개인의 사회적 배경에 따른 인지적 활동의 결과라는 구성주의 이론을 바탕으로 한다.

표 3-6 문제중심학습의 특징

구분	내용
실제적인 문제	• 정형화된 정답이 존재하는 구조화된 문제가 아니라 일상생활에서 접할 수 있는 비구조화된 문제를 대상으로 함 • 비구조화된 문제는 접근하는 방식에 따라 다양한 결론(답)이 나올 수 있음 • 학습자는 지식을 구성해 나가면서 최선의 해결책을 찾고 이러한 접근이 다른 대안보다 효율적이라는 것을 증명하고 설득할 수 있어야 함

구분	내용
자기주도적 학습	• 학습자 스스로 주어진 문제를 명료화하고 문제를 해결해 나가면서 결과에 대해 스스로 책임을 짐 • 학습 결과에 대해 학습자가 설득력 있게 주장할 수 있어야 함 • 평가는 자기 자신에 대한 평가, 학습 과정에 대한 평가, 반추 노트 등 종합적인 평가로 실시함
협동학습	• 협동하여 문제를 해결해 나가면서 다양한 사회적 견해의 접근을 통해 사고를 확장하고, 다른 사람의 견해를 자신과 비교하고 평가하여 자신의 견해에 대한 객관적인 평가를 받을 수 있음 • 타인의 감정을 이해하고 의사소통 기술과 발표 기술도 확장할 수 있음

출처: 박숙희·염명숙(2013). 교수-학습과 교육공학(3판). 서울: 학지사. pp. 158-159. 재구성.

문제중심학습의 절차는 다음과 같다.

가) 문제 개발하기

문제 개발은 수업 이전에 이루어지는데, 교과과정을 고려하고 학습자의 특성을 파악하여 도출한다. 교과과정을 고려할 때에는 해당 과목만을 고려하지 않고 관련 과목까지 모두 고려하여 문제를 개발해야 한다. 즉 해당 과목과 관련 과목의 교육과정을 모두 고려하여 학습자의 학습 상황을 파악하여 문제를 개발해야 한다. 그리고 관련 과목들을 융합한 문제를 개발하고 이를 팀 티칭으로 운영하는 것도 좋은 방법이다.

나) 문제 확인하기

학습자들이 문제에 흥미를 갖고 동기가 유발되어 문제의 의미를 파악하는 단계이다. 이 과정을 통해 학습자는 문제 발견 능력을 기를 수 있다. 중요한 점은 '문제 개발하기'에서의 문제는 학습자가 '확인'하는 단계에서 보다 구체적으로 발전한다는 것이다. 즉 학습자가 문제를 해결하기 위해서는 문제를 구체화하는 것이 중요하며 이는 다음 단계인 문제해결 과정에 중요한 영향을 미친다.

다) 문제해결 계획 세우기

문제중심학습에서는 배운 지식만을 활용하는 것이 아니라 정보와 지식을 더 알아야 문제를 해결할 수 있다. 따라서 이 단계에서는 문제해결에 필요한 정보와 지식 등을 '알고 있는 것', '알아야 할 것', '알아내는 방법' 등으로 세분화하여 체계적으로 계획해야 한다. 이러한 과정을 통해 창의적이고 비판적인 사고력이 형성된다.

라) 탐색하기

문제해결을 위해 필요한 지식이나 정보를 탐색하는 과정이다. 이러한 탐색 과정을 거쳐 학습자가 교육과정에서 의도하는 전문적 지식을 배우고, 적절한 정보를 찾아내면서 비판적 사고력을 기르게 된다.

마) 해결책 고안하기

탐색 과정을 거쳐 찾아낸 지식과 정보를 이용하여 문제해결 방법을 만드는 과정이다. 다양한 해결책을 고안하면서 창의적이고 비판적인 사고력과 창의적인 문제해결력을 기른다. 그리고 소집단 활동을 통해 의사소통과 협동 능력, 리더십 등을 기를 수 있다.

바) 발표 및 평가하기

학습자가 고안한 해결책을 발표하여 다양한 해결책을 공유하고 평가하는 단계이다. 평가에는 해결책이 실제적인 문제해결에 효과적인지 등과 같은 결과평가와 문제 확인, 문제해결 계획 수립, 탐색, 해결책 도출 등의 과정에 대한 소집단 활동 등의 과정평가가 모두 이루어진다.

나 공업 교수매체

1) 공업 교수매체의 개념과 특징

교수매체(instructional media)는 교수 · 학습 활동을 효과적으로 하기 위해 사용되는 모든 형태의 도구를 의미한다. 교수매체의 개념은 협의의 개념과 광의의 개념으로 나눌 수 있다. 협의의 의미로 교수매체는 학습내용을 구체화하거나 학습자가 학습내용을 명확히 이해할 수 있도록 도와주는 보조 자료로서 시청각매체, 즉 시청각 교구와 시청각 자료를 의미한다. 예를 들면, 슬라이드, OHP, 실물화상기, 영사기, 컴퓨터와 같은 하드웨어와 슬라이드 필름, 영상자료, 컴퓨터 프로그램 등의 소프트웨어를 포함한다.

최근에는 교육공학의 발달과 함께 교수매체의 개념도 점차 확대되었다. 광의의 개념으로 교수매체는 교수 · 학습과정에서 교수목표를 달성하기 위해 사용되는 모든 자원을 의미한다. 예를 들면, 시청각매체와 교재뿐만 아니라, 인적자원, 학습환경, 장비 및 시설 등을 포함하는 종합적인 개념을 의미한다(박숙희 · 염명숙, 2013).

공업교육은 실제 직업현장의 전문적인 교과 내용을 다루므로 일반교육보다 교수매체의 범위와 종류가 다양하다. 예를 들어, 시청각매체와 교재 측면에서는 교과서뿐만 아니라 다양한 시청각자료, 인터넷자료, 동영상자료, 다양한 작업지시서 및 직무 매뉴얼 자료 등이 포함된다. 인적자원 측면에서는 교사뿐만 아니라, 산학겸임교사, 외부 전문 강사, 현장 전문가 등 다양한 교수자원이 해당된다. 학습환경 측면에서는 교실, 실습실 등의 학교 기반의 학습환경 뿐만 아니라 견학, 현장체험 등 실제 직업현장도 포함된다. 장비 및 시설 측면에서는 교실 수준의 일반적인 교육 장비 및 시설뿐만 아니라 전문 실습 장비 및 시설까지도 포함된다. 이와 같은 공업 교수매체는 교육과정, 교수 · 학습 및 평가 과정까지 고려하여 설정되어야 하며 이에 해당하는 예산도 수반되어야 한다.

2) 공업 교수매체의 모형

교수매체를 선택 · 개발 · 활용하고자 할 때, 일반적으로 사용하는 모형으로는 Dale의 경험의 원추 모형과 ASSURE 모형이 있다.

가) Dale의 경험의 원추 모형

Dale(1969)의 경험의 원추(cone of experience) 모형은 여러 유형의 교재를 학습자에게 제공하는 경험이 구체적인가 추상적인가의 관점에 따라 교재의 속성을 규정하였다. 이는 Bruner의 인지적 학습 단계(직접적 · 목적적 경험, 영상을 통한 경험, 상징적 경험)와 일치하며 각 단계에 적합한 교수매체를 제시하고 있다. 효과적인 학습을 위해서는 구체적 경험을 제공하는 시청각적 교재와 추상적 경험을 제공하는 언어 기반 매체를 통합하는 것이 중요하다는 것을 시사하고 있다.

그림 3-5 Dale의 경험의 원추 모형

출처: 이화여자대학교 교육공학과(2004). 교육공학. 서울: 교육과학사. p. 172. 재구성.

나) ASSURE 모형

ASSURE 모형은 교수매체의 체계적인 활용을 위한 절차로, 학습자 분석(analyze learners), 목표 진술(state objectives), 방법 · 매체 및 자료의 선택(select methods, media and materials), 매체와 자료의 활용(utilize media and materials), 학습자 참여 유도(require learner participation), 평가와 수정(evaluate and revise)의 여섯 단계로 구성된다.

표 3-7 ASSURE 모형

구분		내용
A	학습자 분석 (analyze learners)	• 일반적 특성: 연령, 학력, 직위, 지적 특성, 문화 및 사회경제적 배경 등 • 출발점 행동: 학습자가 지니고 있는 지식, 기능, 태도 등 • 학습 유형: 학습자가 학습 환경을 어떻게 인식하고 반응하는지에 관한 심리학적 특징
S	목표 진술 (state objectives)	• 학습자가 달성해야 할 학습목표를 구체적으로 진술 • 잘 진술된 학습목표(ABCD 원칙, Mager의 목표진술): 학습 대상자(audience), 행동(behavior), 학습 조건(condition), 평가 수준(degree)
S	방법 · 매체 및 자료의 선택 (select methods, media and materials)	• 학습내용 및 학습자 특성에 적합한 교수방법 선정 • 교수방법에 적절한 매체 선정 • 교수방법과 교수매체에 적합한 교수자료 선정, 새로운 자료 제작
U	매체와 자료의 활용 (utilize media and materials)	• 교수매체와 자료가 적합한지 사전 검토 • 수업 환경 정비: 교수매체를 활용하기에 적합한 환경인지 점검 • 학습자에게 교수매체 및 자료 사전 안내, 학습자 동기 유발 및 학습 준비 • 교수매체와 교수자료 제시
R	학습자 참여 유도 (require learner participation)	• 효율적인 학습목표 도달을 위해 학습자의 능동적 참여 유도 • 발문, 연습, 과제 부여, 보상 등 다양한 방식 필요

구분		내용
E	평가와 수정 (evaluate and revise)	• 학습자의 성취도 평가 • 교수방법, 교수매체, 교수자료에 대한 평가: 효과성, 비용, 소요 시간 등의 종합적인 평가 • 교수 · 학습 과정에 대한 평가 • 평가 결과 반영 및 다음 수업의 수정

출처: 박숙희 · 염명숙(2013). 교수-학습과 교육공학(3판). 서울: 학지사. pp. 239-245.
이화여자대학교 교육공학과(2004). 교육공학. 서울: 교육과학사. pp. 173-179. 재구성.

04

실기교육과 실습장 관리

가 실기교육과 실습

1) 실기교육과 실습의 개념

실기의 사전적 의미는 "실제의 기능과 기술이다"(네이버 국어사전). 기술은 "인간이 환경에 적응하거나 환경을 개선하기 위한 정신적 · 신체적 활동이며, 사회적 · 경제적 · 역사적 상황과 상호 작용하는 인간의 생산적 실천에 관한 지식의 총체"이다(이무근 · 김재식 · 김판욱, 2005: 18). 기능은 "학습한 개념이나 원리를 효과적으로 자유롭게 활용하는 능력, 또는 신체적 활동이나 학습 과제의 수행에서 보이는 정교성과 협응성, 즉 어떤 일을 유능하게 행하는 학습된 능력(technics)"을 의미한다(이무근 · 김재식 · 김판욱, 2005: 18). 이러한 정의들을 종합해 볼 때, 실기는 단순히 행위적인 부분을 강조하는 신체적 능력만을 의미하는 것이 아니라 인지적, 정의적 영역까지 포함한 전인적인 능력을 의미한다.

실기교육은 실습을 통해 이루어지는데, 실습은 실기를 일정 수준까지 숙달하고 나아가 일에 대한 올바른 태도와 습관을 갖도록 하기 위한 인지적, 정의적,

심동적[1] 학습활동을 의미한다. 최근 인지적 영역의 학습내용을 실제적인 맥락과 상황에 적용하여 역량을 함양하는 역량중심교육이 강조되고 있다. 이러한 교육의 변화는 기존의 이론과 실기를 구분하던 방식에서 탈피하여 이론-실기를 융합하여 실제적인 역량을 함양하는 교육이 강조되고 있다.

실기교육은 초등학교에서부터 대학에 이르기까지 거의 모든 단계에서 이루어지고 있다. 예를 들어 보통교과에서는 체육, 미술, 음악 등의 과목에서 실기를 배우고, 기술·가정과 같은 실과과목에서 생활에 필요한 기본 실기를 습득한다. 특성화고/마이스터고, 대학, 직업훈련기관에서는 전문적인 영역에서의 실기를 배운다.

2) 실습과제의 개발

실기교육의 첫 번째 단계는 실습과제를 개발하는 것이다. 우선 실습은 전문교과의 기초 능력에 해당하는 기초실습, 심화 능력에 해당하는 심화실습, 현장 실무 능력에 해당하는 실무실습으로 구분할 수 있다. 이와 같이 공업교육에서의 실기는 교과의 기초부터 현장 실무까지 다양한 영역을 대상으로 하며 이러한 점이 보통교과의 실기와 다른 점이다.

실습과제를 개발할 때에는 교육과정의 학습내용을 기초로 한다. 예를 들어, '단면도 그리기' 학습내용의 실습과제를 개발한다면, 학교 실습실의 범용적인 CAD프로그램을 활용하면 기초실습이나 심화실습이 될 수 있고, 현장 실무에서 활용하는 특정 기업의 CAD프로그램을 활용한다면 실무실습이 될 수 있다. 또한 '단면도 그리기'의 대상이 일반적인 제도 요소에 해당한다면 기초실습이나 심화실습이 될 수 있고, 현장 실무에서 활용하는 특정 기업의 제품이라면 실무실습이 될 수 있다. 즉, 기초실습과 심화실습의 과제는 교육과정의 학습내용만으로 개발할 수 있지만, 실무실습 과제는 현장 직무를 분석해야 가능하므로 실무실습 과제 개발이 가장 어렵다.

---

1 1956년 브루너(Bruner, J.) 등이 교육과정 및 교육평가 연구를 통하여 교육목표를 인지적, 정의적, 심동적 영역으로 분류하였으며, 인지적 영역을 지식의 획득과정의 난이도와 복잡성 수준에 따라 지식, 이해, 적용, 분석, 종합, 평가의 6단계로 분류하였다. 이후 크래트월(Kratwohl, D. R.) 등은 정의적 영역을 감수, 반응, 가치화, 조직화, 인격화의 5단계 수준으로 분류하였고, 해로우(Harrow, A. J.)는 심동적 영역의 교육목표를 반사운동, 기초운동, 운동지각능력, 신체기능, 숙련기능, 동작적 의사소통의 6단계로 분류하였다(네이버 백과사전: 교육목표분류학).

이 절에서는 현장 직무에 기반한 실습과제 개발 방법을 제시하고자 한다. 실습과제 개발을 위해서는 직무분석에 기초한 능력(competency) 중심 접근법을 적용한다.

표 3-8 실습과제 선정 절차(능력중심접근법)

절차	내용
직무분석하기	• 교육과정의 학습내용과 연관된 현장 직무를 분석
작업 검증하기	• 직무분석의 결과로 분석된 작업들이 기업의 요구와 맞는지 검증 • 현장 전문가, 내용 전문가의 검토
실습 작업 선정하기	• 실습에 반영할 작업을 선정 • 작업의 중요도, 난이도, 빈도, 입직초기 작업 여부 등을 고려
선정 작업 분석하기	• 선정된 작업들의 수업 요소를 분석하기 위해 작업분석을 실시 • 분석 내용: 해당 작업의 공정, 관계지식, 수행기준, 공구/장비/재료/소모품, 안전사항, 작업 수행에 필요한 태도, 의사결정/단서/오류(작업자의 의사결정 항목, 의사결정에 필요한 단서, 부적절한 의사결정으로 발생할 오류)
작업별 능력 추출하기	• 분석한 작업에서 능력을 추출 • 능력(competency): 작업을 올바르게 수행하는 데 필요한 지식, 기술, 태도이며, 학습단위를 의미함.
능력 순서 매기기	• 능력들을 논리적인 순서에 따라, 학습효과를 고려하여 재배치 • 사전에 배워야 할 능력, 난이도가 낮은 능력을 앞에 배치
능력군 묶기	• 관련 능력들을 능력군(competency cluster)으로 묶기 • 관련 내용의 중복을 줄이고 실습효과를 높임
실습 프로파일 개발하기	• 능력군별로 실습 프로파일(profile)을 개발 • 실습목표, 실습내용, 실습절차, 평가방법, 실습재료, 시설 및 장비, 사전지식 등으로 구성
학습 패키지 개발하기	• 실습 프로파일을 기준으로 학습자료를 개발 • 학습자료는 문서, 동영상, 작업지시서, 장비 매뉴얼 등 다양한 종류로 구성되어 패키지(package) 형태로 개발 • 학습자 실습 능력 및 진도에 따라 개별화된 형태로 개발 • 학습 패키지에 실습 프로파일도 포함, 다른 교수자가 학습 패키지를 보고 실습을 운영할 수 있도록 함

출처: 이무근 · 김재식 · 김판욱(2005). 실기교육방법론(제3판). 서울: 교육과학사. pp. 149-154. 재구성.

나 실기교육 방법

실기교육은 실습과제와 환경, 참여 학생 수, 과제 난이도 등에 따라 다양한 방법을 적용할 수 있다. 예를 들어 기초 실기를 배우기 위해서는 시범(4단계 실기지도), 기초 실기를 응용하고 복합적인 실기역량으로 발전시키기 위해서는 프로젝트법, 직업현장에서 실제 직무를 수행하는 실기교육을 위해서는 현장훈련(on-the-job training) 등을 적용할 수 있다. 이와 같이 실기교육을 위한 방법은 다양하지만 학교 현장에서 주로 사용하는 방법을 제시하고자 한다.

1) 4단계 실기지도 모형

4단계 실기지도 모형은 4단계 교수법이라고 불릴 정도로 실기교육의 대표적인 방법이다. 실기지도의 대표적인 방법인 시범을 적용한 모형이기도 하다. 4단계 실기지도 모형은 준비, 제시, 응용, 평가의 절차로 이루어진다.

가) 준비단계

준비단계는 교사와 학습자의 준비단계로 구성된다. 우선 교사의 준비는 실습방법, 실습자료, 실습장소, 도구 및 장비, 실습재료, 실습지시서, 평가방법 등 실습에 필요한 전반적인 사항을 준비하는 것이다.

학습자의 준비는 학습자가 새로운 실기를 받아들일 준비를 의미하며 동기유발, 흥미 유지 등이 해당한다. 교사는 이를 위하여 실기내용과 관련된 사전지식, 실기내용이 적용된 실제 사례, 학습자가 실기를 완성했을 때의 보상 계획과 학습자가 얻을 성취감 등을 사전에 제시할 필요가 있다.

나) 제시단계

교사는 학습자에게 실기내용을 보여 주거나 관련 지식 및 원리를 제시한다. 실기내용을 보여 주는 방법은 시범, 시청각자료 등이 있는데 대표적인 방법은 시범이다. 시범을 보일 때의 유의사항은 다음과 같다.

① 시범에서 보여 줄 것이 무엇인지 명확하게 제시하고 학습자의 선수학습과의 관련성을 제시한다.
② 학습자들이 시범의 동작을 제대로 보고 설명을 잘 들을 수 있도록 교사의 작업 위치, 관련 장비의 배치 등을 조정하고 소음을 관리한다.
③ 실기내용의 절차, 도구 사용법, 안전사항 등 핵심적인 사항을 강조하고 학습자가 이해했는지 점검한다.
④ 시범 도중에 학습자가 잘 보고 이해하고 있는지 확인하고 시범이 끝나면 학습자가 이해했는지 재차 확인한다.

다) 응용단계

학습자가 제시단계에서 보고 들은 것을 처음부터 자신이 직접 해 보면서 응용하는 단계이다. 이전까지 학습자는 대체로 소극적으로 참여하지만 이 단계에서는 능동적인 참여자가 된다. 이 단계는 학습자가 실기내용을 연습하는 단계이므로 다른 단계보다 시간이 많이 걸린다. 교사는 학습자가 실기내용에 익숙하게 되기까지 개인별 차이가 크다는 것을 고려해야 한다. 그리고 자칫 교사가 할 일이 없다고 오해하면 안되고, 학습자의 실습과정을 관찰하면서 피드백을 하고 부족한 부분을 보완해 주는 등 교사가 가장 바쁜 단계이다.

라) 평가단계

평가단계는 학습자가 실습목표에 도달했는지 평가하는 단계이다. 평가단계에서는 배운 실기를 적용해서 학습자 스스로 도움 없이 실기과제를 수행하고 그 결과를 평가하는 결과평가와 실기과제의 수행 과정을 교사가 관찰하여 평가하는 과정평가로 이루어진다. 실기과제의 성격에 따라 결과평가 또는 과정평가만 할 수도 있다. 평가단계에서 교사는 평가 기준을 명확하게 제시하고 학습자 개인별로 평가 결과, 잘한 점, 부족한 점 등을 알려 주어야 한다.

2) 프로젝트법

프로젝트법(project method)은 실제 상황에서 문제를 선정하고 그 문제를 해결하는 것을 학습하는 방법으로, 여기에서 문제는 어떤 생산품이나 명확한 결과물을 제작하는 것이다. 이와 같이 생산품이나 명확한 결과물을 제작하는 것이 프로젝트법과 문제해결법의 다른 점이다. 즉, 문제해결법은 인지적 능력을 중심으로 문제를 해결하여 구체적인 행위를 반드시 수반할 필요는 없다.

프로젝트법의 특징은 다음과 같다.

① 명확한 목적으로 동기를 유발하고 학습자가 자발적으로 수행한다.

② 프로젝트의 결과물로 보고서, 설계도, 소프트웨어, 물리적 생산품 등이 산출된다.

③ 프로젝트를 수행하는 데 상당한 시간이 소요된다.

④ 교사는 프로젝트 전 과정에서 조력자의 역할을 한다.

⑤ 프로젝트는 학습자의 수준에 맞아야 하고 안전을 고려하여 선택한다.

⑥ 학습자 개인별 프로젝트도 가능하지만 대체로 협동학습으로 이루어진다.

프로젝트법의 절차는 다음과 같다.

가) 과제 선정

과제 선정은 교사가 학습자에게 제시하는 경우, 학습자가 과제를 선정하는 경우, 교사가 제시한 과제 목록에서 학습자가 선정하는 경우가 있다. 바람직한 과제의 요건은 다음과 같다. ① 학습목표를 달성할 수 있는 과제, ② 학습자의 능력, 동기 수준에 맞는 과제, ③ 탐구력과 창의력을 유발하고 일에 대한 책임감을 느낄 수 있는 과제, ④ 이론과 실기가 통합된 과제, ⑤ 시간, 공간, 장비, 비용 등 주어진 여건에 적절한 과제

나) 계획

선정한 과제를 수행하기 위한 계획을 세우는 단계로 다음과 같은 내용이 포함되어야 한다.

① 과제 수행에 필요한 지식, 기술, 태도 등에 대한 목표

② 과제 수행에 필요한 활동의 순서

③ 과제 수행에 필요한 장비, 도구, 재료, 비용 등

④ 과제 수행을 위한 팀 구성 및 역할 분담

과제 계획을 수립할 때에는 팀 구성원 간의 협의와 역할 분담이 필요하다. 수립된 계획을 실행에 옮기기 전에 교사가 확인하고 필요한 경우 수정 의견을 제시한다. 어느 정도의 시행착오도 학습이기 때문에 실행하기 어려울 정도로 무리한 계획이 아니라면 교사는 학습자들의 계획을 존중하고 간략한 의견 정도만 제시한다.

다) 실행

이 단계는 수립한 계획을 실행하는 단계로 학습자들이 가장 흥미로워하는 단계이다. 교사는 학습자들의 흥미가 유지되도록 적절한 피드백을 제공하고 학습자들이 끈기 있게 과제를 수행할 수 있도록 조력한다. 가능한 많은 정보를 찾고 활용할 수 있도록 유도하고 학습자들의 활동이 미흡하더라도 스스로 해결할 수 있도록 유도한다.

라) 평가

완성된 결과를 평가하는 단계로, 프로젝트 결과를 전시하거나 발표하고 학습자 상호 간에 평가하고 의견을 나눈다. 프로젝트 결과물에 대한 결과평가와 수행과정에 대한 과정평가를 실시하고 교사 평가, 동료 평가, 학습자 스스로 하는 자기 보고식 평가 등을 실시한다.

표 3-9 프로젝트법의 장점과 단점

구분	내용
장점	• 학습자의 흥미가 높고 학습에 확실한 동기가 이루어진다. • 학습자 스스로 계획하고 실행하므로 자주성과 책임감을 높여 준다. • 생활과 가까운 문제를 선택하면 학교교육과 밀접하게 연결할 수 있다. • 끝까지 프로젝트를 수행하는 경험을 통하여 인내심과 성취감을 갖게 한다. • 창의성과 연구심을 중요시하므로, 창의적이고 연구적인 태도를 기를 수 있다. • 집단 프로젝트는 협동정신, 리더십, 의사소통능력, 팀워크 등의 사회적 스킬을 함양할 수 있다. • 학습자의 능력에 따라 진도를 조절할 수 있다.

구분	내용
단점	• 학습자가 스스로 계획을 세워 실행하므로 그만한 능력이 없는 학습자에게는 시간과 노력이 낭비될 수 있다. • 프로젝트 실행에 많은 자료가 필요하므로 자료를 얻지 못하면 실패하기 쉽다. • 집단 프로젝트의 경우, 일부 우수한 학습자가 독점할 수 있다. • 자유로운 활동이 보장되므로 경우에 따라서는 무질서해져서 학습자 관리가 어려울 수 있다. • 학습자의 흥미를 중시하여 학습내용의 범위를 벗어나거나 교육과정의 논리적 체제와 동떨어질 수 있다. • 실제적이고 실험적인 부분에 편중하므로 반복적 훈련이 필요한 기계적인 숙련이나 작업 태도를 기르는 데 소홀하게 된다. • 개별 프로젝트는 결과가 서로 달라서 객관적인 평가가 어렵다. • 많은 시간을 소요한다.

출처: 이무근 · 김재식 · 김판욱(2005). 실기교육방법론(제3판). 서울: 교육과학사. pp. 244-246.; 류창열(2004). 공업교육원론(개정판). 경기: 교육과학사. pp. 294-295. 재구성.

다 실습장 관리

실습장은 실기교육이 이루어지는 공간으로써 공업교육에서 중요한 요소이다. 실습장에는 실습에 필요한 시설, 장비, 도구 등이 포함되고 실습장을 구축하고 관리하는 데 많은 비용이 소요되므로 효율적인 관리가 중요하다.

1) 실습장의 유형

실습장은 전문 실습장, 통합 실습장, 종합 실습장 등으로 구분된다. 공업교육의 일반적인 실습장은 전문 실습장이지만, 최근 다양한 전공 · 교과의 통합과 연계가 강조되면서 통합 실습장과 종합 실습장이 늘어나는 추세이다.

가) 전문 실습장

전문 실습장은 동일한 학과 내에서 전공 또는 과목별로 전문화된 실습장으로 가장 일반적인 형태이다. 예를 들면, 용접 실습장, 밀링 실습장, 선반 실습장, 자동차기관 실습장, 제도 실습장(이상 기계과), 내선공사 실습장(전기과), 화학분석 실습장(화공과), 목공 실습장(건축과) 등이다. 전문 실습장은 전공 또는 과목별로 깊이 있는 실습을 할 수 있으나 다른 과목과 연계된 실습을 하는 데에는 적합하지 않다.

나) 통합 실습장

통합 실습장은 동일한 학과 내에서 여러 개의 전문 실습장을 통합한 형태이다. 기계과를 예로 들면, 기계공작 실습장은 밀링 실습장, 선반 실습장, CAD/CAM 실습장을 통합한 것이다. 통합 실습장은 관련성이 높은 과목들의 실습장을 통합한 것으로, 사용하는 공구와 재료가 비슷하고 다른 과목과 연계된 실습을 하는 데에는 적합하다. 관련 과목을 통합한 전공 과정(코스)의 학습자가 여러 실습장을 이동하지 않고 한 곳에서 실습할 수 있으므로 효율적이다.

다) 종합 실습장

종합 실습장은 다양한 학과의 실습을 한 곳에서 할 수 있도록 조성된 실습장이다. 예를 들면, 특성화고/마이스터고와 대학의 메이커스페이스, 발명공작실, 초중등학교 실과 실습장 등이다. 한 곳에서 여러 실습을 하므로 경제적이지만 동시에 실습이 이루어지는 경우에는 서로 방해가 될 수 있고 교사가 한 곳에 집중하여 지도하기 어렵다는 단점이 있다.

2) 실습장의 관리

실습장에는 고가의 시설 · 장비가 많고 자칫 안전사고가 발생할 수 있다. 따라서 고가의 시설 · 장비를 유지보수하고 학습자들의 쾌적한 실습 환경을 구축하여 안전하게 실습할 수 있도록 실습장의 관리가 중요하다. 그리고 한 학기 동안의 실습 일정에 맞게 실습 장비 및 기계, 공구와 기구, 실습재료 등의 관리 계획과 구매 계획을 철저히 세워 실습에 지장이 없도록 해야 한다.

가) 실습 장비 및 기계의 관리

실습을 하는 데 문제가 없도록 고가의 장비와 기계들을 평소에 잘 관리해야 한다. 장비와 기계들이 고장 나면 수리하는 데 대부분 오랜 시간이 걸리기 때문에 실기교육에 차질이 발생할 수 있다.

실습 장비 및 기계의 관리는 일상 정비와 예방 정비로 구분할 수 있다.

일상 정비는 기구와 공구의 점검과 손질, 폐기물 처리, 청소 등으로 잠재적 위험 요소를 찾고 현상을 유지하는 데 목적이 있다. 일상 정비는 통상 실습을 할 때마다 해야 하므로 학습자들이 참여할 수 있도록 지도한다. 일상 정비를 통해 학습자는 장비 및 기계 관리 방법을 배울 수 있다.

예방 정비는 정기적으로 점검하여 고장을 예방하는 것으로, 고장에 따른 실습 중단 등의 지장을 초래하지 않고 사고를 방지할 수 있다.

나) 공구와 기구의 관리

공업교육에서 사용하는 공구와 기구는 매우 다양하고 많으므로 관리하는 것이 중요하다. 공구와 기구의 관리 방안은 다음과 같다.

① 자주 사용하는 공구는 학습자들이 실습하는 공간에 두어 이동에 따른 시간 낭비를 하지 않는다.

② 학습자들이 공구를 쉽게 찾을 수 있도록 정해진 장소에 보관하고 종류별로 체계적으로 관리한다.

③ 실습 시작과 종료 후에 공구의 상태와 수량을 쉽게 파악할 수 있도록 공구 보관 장소와 방식을 효율적으로 설정한다.

④ 공구는 실습 후에도 깨끗하게 보존되어야 하고 공구별로 적합한 관리 방법을 적용해야 한다.

⑤ 분실하거나 파손된 공구는 보충하거나 수리하여 실습에 지장이 없도록 한다.

다) 실습재료의 관리

실습재료는 실습에 필요한 소모품으로, 매 실습마다 학습자에게 지급해야 하므로 적정한 수량을 확보해야 한다. 교사는 한 학기 동안의 실습 계획을 수립하고 그에 필요한 실습재료를 사전에 확보할 수 있도록 구매 요청을 해야 한다. 실습장에 반입된 재료는 종류와 규격 등에 따라 분류하여 재료실에 보관한다. 실습재료는 소모품으로 분실되거나 낭비될 우려가 있으므로 잘 관리해야 한다.

3) 안전교육

실습에서는 안전사고가 발생할 수 있으므로 안전교육이 매우 중요하다. 실습을 시작할 때 전체적인 안전수칙을 제시하고 실습 도중에도 지속적으로 안내하여 사고를 철저히 예방해야 한다. 안전교육의 주요 사항은 다음과 같다.

① 교사가 실습을 항상 감독하고 교사의 감독이 없는 경우에는 학습자들이 실습하지 못하도록 한다.

② 장비와 도구에 따라 안전사고의 유형도 달라지므로 사용하는 장비와 도구의 특성에 맞게 안전교육을 다르게 운영한다.

③ 안전교육을 할 때에는 학습자들이 집중하도록 하고 경우에 따라서는 강경한 태도를 취할 필요가 있다. 학습자들이 충분히 이해했는지 여러 번 확인한다.

④ 안전사고의 유형과 사례 등을 안내하고 관련 토론을 통하여 학습자들의 경각심을 고취시키고 자발적으로 사고를 예방하는 태도를 키우도록 한다.

⑤ 교사의 허락 없이는 실습 기계를 사용하지 않고 실습 기계를 작동시킬 때에는 옆 사람과 떠들지 않고 기계에 집중한다.

⑥ 안전사고 예방을 위하여 실습복과 안전화, 보호경 등 관련 장비를 착용하고 실습에 임한다.

⑦ 실습장에서는 뛰거나 장난치지 않고 사용한 공구는 제 위치에 갖다 놓는다.

⑧ 실습 기계를 조작할 때에는 한 사람만 조작하고, 다른 사람이 동시에 조작해서는 안 된다.

⑨ 바닥이 미끄럽지 않도록 액체나 물기를 즉시 제거하고 실습 폐기물은 정해진 장소에 보관한다.

⑩ 모든 사고를 즉시 보고하고 정해진 매뉴얼대로 따른다.

05

공업 교수 · 학습의 실제

가 강의법의 교수 · 학습 지도안[2]

실무과목 : 선반가공

대분류	중분류	소분류	세분류	내용영역	내용영역요소	이수시간/능력단위이수시간
기계	기계가공	절삭가공	선반가공	작업계획 수립	작업사항에 따른 장비 · 공구 선정	3/34
학습모듈의 목표	작업의 결과를 결정하고 필요한 공구 및 장비를 개략적으로 선정할 수 있다.					
직업기초능력	의사소통능력, 대인관계능력, 자원관리능력, 조직이해능력, 정보능력, 직업윤리					
핵심 용어	선반의 종류, 선반의 절삭 공구					
교수 · 학습 방법	강의법					

2 출처: 이병욱 · 최창원 · 손호일 · 손주민 · 안재영 · 이찬주 · 김대들(2022). 국가직무능력표준(NCS) 기반 교수법과 실제. 박영스토리. pp. 40-43.

<table>
<tr><td rowspan="2">준비물</td><td>재료 · 자료</td><td colspan="2">학습모듈, 연관 교과서</td></tr>
<tr><td>기기</td><td colspan="2">컴퓨터, 프로젝터, 절삭 공구</td></tr>
<tr><th colspan="4">학습</th></tr>
<tr><td colspan="2">학습명</td><td colspan="2">선반의 종류 이해하기</td></tr>
<tr><td colspan="2">학습목표</td><td colspan="2">작업 목적 및 상황에 적합한 선반을 제시할 수 있다.</td></tr>
<tr><th>단계</th><th>학습내용</th><th>교수 활동</th><th>학습 활동</th></tr>
<tr><td rowspan="3">도입
(10분)</td><td>상호인사
전시학습
동기유발</td><td>• 인사하고 출석을 확인한다.
• 전시학습 내용을 간략히 확인한다.
• 물레를 돌리면서 점토 반죽을 다양한 모양으로 만드는 도자기 제작 동영상을 보여 주면서 선반 가공 원리를 유추하도록 한다.
Q)도자기를 만들 때 점토 반죽을 회전시키는 이유는 무엇일까요? A)도자기의 좌우모양이 대칭이기 때문에
Q)도자기 모양을 결정하는 것은 무엇일까요? A)손의 모양
• 다양한 축(shaft)을 보여 주고 어떤 방법으로 가공하면 좋을지에 대해 문제를 제기한다.
Q)짧은 길이의 축은 어떻게 가공할까? A)회전축을 세로로 놓는다.
Q)회전체(공작물)의 길이가 길면 가공하기 쉬울까? A)공작물에 떨림이 발생할 수 있어서 어렵다.
Q)그렇다면 어떻게 가공해야 할까? A)공작물을 양쪽에서 잡아 주고 회전시켜야 한다.
• 축 가공에 필요한 원리를 문제제기하면서 선반의 구조와 가공방법에 대해 유추할 수 있도록 한다.</td><td>• 인사하고 출석에 답한다.
• 전시학습 내용을 확인한다.
• 교사의 문제제기에 대해 생각하고 자유롭게 발표한다.
• 필요에 따라 급우들과 토론을 하거나 관련 자료를 교재 및 인터넷에서 찾아본다.</td></tr>
<tr><td>학습목표
제시</td><td>• 동기유발 단계에서 제시된 학습 키워드를 활용한 단어퍼즐로 학습목표를 제시한다.
- 키워드: 회전, 축, 공구 등</td><td>• 개인 혹은 모둠별로 단어퍼즐을 맞추면서 학습목표를 확인한다.</td></tr>
<tr><td>개관</td><td>• 전체 수업 내용을 시각화하여 제시하고 오늘 학습내용과 전시 학습내용의 연관성을 제시한다.</td><td>• 전체 수업 내용을 확인하고 오늘 학습내용과 전시 학습내용의 연관성을 확인한다.</td></tr>
</table>

전개 (15분)	제시: 선반의 종류	• 보통선반의 구조와 가공 원리를 설명한다. • 다양한 제품의 모양과 가공 상황에 모두 보통선반으로 가공할 수 있는지에 대한 문제를 제기한다. Q)보통선반의 가공물과 달리 공작물의 길이가 매우 길어서 공작물의 떨림이 발생하는 경우에는 어떤 선반을 사용하는 것이 좋을까? A)공작물을 수직으로 세워서 회전시키는 수직 선반이 효과적이다.	• 설명을 듣고 필요에 따라 자유롭게 질문한다. • 교사의 문제제기에 대해 생각하고 자유롭게 발표한다.
	이해 점검	• 학습 내용을 제시하는 과정 중간 중간에 다양한 질문으로 학습자의 이해를 점검한다. Q)모방 선반은 어떤 경우에 사용하면 좋을까? • 테니스공 토크를 통해 가볍게 이해점검을 실시한다. • 핵심 내용이나 반드시 암기해야 하는 내용은 위스퍼게임을 활용한다.	• 교사의 문제제기에 대해 생각하고 자유롭게 발표한다. • 다양한 이해점검 활동에 참여하고 자유롭게 발표한다. • 필요에 따라 급우들과 토론을 한다.
통합 (15분)		• 학습 내용의 주요 키워드를 중심으로 학습 내용을 통합할 수 있는 문제를 제기한다. • 실습 수업의 상황에서 적용할 수 있는 문제를 제기한다. Q)(선반 가공의 핵심 변수를 제시하고 제품의 다양한 모습을 제시하면서) 가공물의 길이, 크기, 반복 가공, 테이퍼 및 곡선 형상 등에 따라 적합한 선반은 무엇인가? Q)공작물의 중심을 맞출 때 가장 중요하게 다루어야 할 선반 부품은 무엇인가? A)척 • 학습내용을 정리하는 과정에서 템플릿 토론을 활용한다.	• 교사의 문제제기에 대해 생각하고 자유롭게 발표한다. • 템플릿 토론에 참여하고 자유롭게 발표한다.

평가 및 정리 (10분)	형성평가	• 준비한 형성평가지를 활용하여 학습목표 도달 여부를 평가한다. 형성평가 방법: 시험(퀴즈), 체크리스트, 보고서 작성 및 발표 • 학습목표에 도달하지 못한 학습자를 파악하고 중요 내용을 다시 설명한다.	• 형성평가지를 풀면서 학습목표 도달 여부를 파악한다. • 교사의 설명을 듣고 학습내용을 다시 확인한다.
	정리	• 모둠별로 학습내용을 정리하도록 한다. 이때 콜라주 포스터를 활용한다.	• 콜라주 포스터 활동에 참여하면서 학습내용을 정리한다.
	차시예고	• 차시예고를 하면서 수업 구조를 제시하여 전시-본시-차시 학습내용의 연관성을 전체적으로 제시한다.	• 차시 학습내용을 확인하고 수업 구조를 파악한다.

나 협동학습의 교수 · 학습 지도안 (직소 Ⅱ 모형)[3]

실무과목 : 전자부품생산

대분류	중분류	소분류	세분류	내용영역	내용영역 요소	이수시간/능력단위이수시간
전기 · 전자	전자기기 일반	전자부품 기획 · 생산	전자부품생산	전자부품 자재관리	자재입고 관리하기	8/34
학습모듈의 목표		자재 입고 계획에 따라 자재가 요구된 일자에 입고되었는지 파악하고 입고된 자재의 이동, 품질 및 수량관리를 하며 자재의 출고를 관리하기 위하여 발주서, 부품규격서, 견적서를 작성하고 활용할 수 있다.				
직업기초능력		의사소통능력, 문제해결능력, 자원관리능력, 수리능력, 정보능력				
핵심 용어		자재 입고, 자재 품질 관리				
교수 · 학습 방법		일제학습, 협동학습(직소Ⅱ 모형)				
평가 방법		시험(퀴즈), 체크리스트, 보고서 작성 및 발표				
준비물	재료 · 자료	발주서, 검수 규정집, 검사 조사표, 샘플링 검사표				
	기기	컴퓨터, 프린터, 계산기, 저울, 철자, 검사 장비				

3 출처: 이병욱 · 최창원 · 손호일 · 손주민 · 안재영 · 이찬주 · 김대들(2022). 국가직무능력표준(NCS) 기반 교수법과 실제. 박영스토리. pp. 121-122, 129-131.

내용영역 요소	자재 입고 관리하기	
학습목표	• 발주서의 자재입고계획에 따라 자재가 요구된 일자에 입고되었는지 여부를 파악할 수 있다. • 입고된 자재와 발주서를 비교하여, 수입검사를 통해 수량, 품질 검사를 실시할 수 있다. • 자재입고계획에 따라 자재의 품목, 규격, 수량, 입고 일자 등을 관리할 수 있다.	
구분	**교수 활동**	**학습 활동**
동기유발 목표제시	• 자재관리의 개념과 기능을 현장의 사진과 동영상 등을 보여 주면서 학습 동기 유발 • 전자부품 생산활동에 대한 전시학습 복습을 통해 자재 입고 관리의 필요성 설명 • 학습목표를 제시 • 핵심용어 설명	• 자재관리의 개념과 기능을 숙지 • 자재 입고 관리의 필요성을 인식하고 전자부품 생산활동과 연관시켜 답하기 • 학습목표와 핵심용어에 대한 설명 듣고 숙지하기
준비	• 준비한 자료 안내 • 활동 방법 안내 : 학습 주제, 평가 방법, 토의 개요, 발표자료 작성 방법 등 • 학습 집단(4명) 및 전문가 집단 구성 • 기준 점수 결정	• 자료 안내에 대한 설명 듣기 • 활동 방법 안내 설명 듣기 • 교사의 안내에 따라 집단 구성
활동	• 자재관리 개념, 자재 분류, 자재 입고 계획, 발주서 내용 자료를 제공하고 읽기를 통하여 자료 파악하도록 함 • 전문가 집단 토의 실시, 교사는 순회하면서 각 집단의 질문에 대한 답변 및 활동을 촉진 • 전문가가 학습 집단으로 돌아와 집단 보고하도록 함 • 시험(퀴즈) 실시 학생별로 시험지 배부하고, 시험 치른 후 동료와 교환하여 채점 • 학습 수행 결과를 모둠별로 발표	• 제공된 자료를 받아 분담을 정하고 자료 읽기를 통해 내용 파악 • 집단 토의 참여 • 자기 집단의 동료들에게 맡은 주제에 대해 설명하기 • 시험 응시 및 채점 • 학습 수행결과 발표하기
정리	• 집단 인정점 부여 개별평가, 모둠별평가 결과 반영 • 학습내용 요약정리 및 평가 결과 피드백	• 학습 수행 과정에 대한 수행평가 • 학습내용 요약정리 및 피드백 받기

〈평가 총괄 예시〉

<table>
<tr><th>구분</th><th>지필평가
(20%)</th><th colspan="3">수행 평가(80%)</th><th>총점</th></tr>
<tr><td>방법</td><td>선택, 서술형</td><td>시험(퀴즈)</td><td>체크리스트</td><td>보고서 작성 및 발표</td><td rowspan="6">100</td></tr>
<tr><td>능력단위/
능력단위요소</td><td>전 영역</td><td colspan="3">전자부품 자재관리 / 자재입고 관리하기</td></tr>
<tr><td>배점</td><td>100</td><td>40</td><td>40</td><td>20</td></tr>
<tr><td>반영비율(%)</td><td>20</td><td>32</td><td>32</td><td>16</td></tr>
<tr><td>평가 내용</td><td>능력단위</td><td>자재의 분류
자재의 정의
자재의 예시</td><td>학습 수행 시
역할 수행 정도</td><td>보고서 내용
보고서 발표</td></tr>
<tr><td>평가 시기</td><td>2회 지필고사</td><td colspan="3">7월</td></tr>
</table>

수행 평가표(예시)

<table>
<tr><td>평가 영역</td><td colspan="4">수행평가 1</td></tr>
<tr><td>내용 영역</td><td colspan="4">전자부품 자재관리</td></tr>
<tr><td>내용영역요소</td><td colspan="4">자재 입고 관리하기</td></tr>
<tr><td>평가 방법</td><td colspan="4">시험(퀴즈)</td></tr>
<tr><td>학습목표</td><td colspan="4">• 자재를 관리 목적에 따라 분류하고 그 정의를 말할 수 있다.</td></tr>
<tr><td rowspan="6">수행 평가
내용</td><td>평가 요소</td><td>우수
(10점)</td><td>보통
(7점)</td><td>미흡
(4점)</td></tr>
<tr><td>자재를 ① 재료, ② 재공품, ③ 제품 ④ 상품으로 제시할 수 있음</td><td>4가지
모두 제시</td><td>3가지
제시</td><td>2가지
제시</td></tr>
<tr><td>재료를 ① 원료 ② 소재 ③ 부품 ④ 소비자재, ⑤ 설비용 자재로 분류할 수 있음</td><td>5가지
모두 분류</td><td>3가지
분류</td><td>1가지
분류</td></tr>
<tr><td>자재의 분류별 정의를 맞게 제시할 수 있음</td><td>4가지
정의 제시</td><td>3가지
정의 제시</td><td>2가지
정의 제시</td></tr>
<tr><td>재료의 분류별 정의를 맞게 제시할 수 있음</td><td>5가지
예시 제시</td><td>3가지
예시 제시</td><td>1가지
예시 제시</td></tr>
<tr><td>합 계</td><td colspan="3">/40</td></tr>
</table>

<table>
<tr><td>평가 영역</td><td colspan="4">수행평가 2</td></tr>
<tr><td>내용 영역</td><td colspan="4">전자부품 자재관리</td></tr>
<tr><td>내용영역요소</td><td colspan="4">자재 입고 관리하기</td></tr>
<tr><td>평가 방법</td><td colspan="4">체크리스트</td></tr>
<tr><td>학습목표</td><td colspan="4">• 자재를 관리 목적에 따라 분류하고 그 정의를 말할 수 있다.
• 모둠내에서 자기 역할을 수행하고 원활한 협조를 할 수 있다.</td></tr>
<tr><td rowspan="6">수행 평가 내용</td><td>평가 요소</td><td>우수</td><td>보통</td><td>미흡</td></tr>
<tr><td>자기의 역할을 수행할 수 있음</td><td>10</td><td>7</td><td>4</td></tr>
<tr><td>모둠 내에서 다른 모둠원과 원활하게 협조함</td><td>10</td><td>7</td><td>4</td></tr>
<tr><td>전문가 집단에서 분담한 내용을 적절하게 토의/학습함</td><td>10</td><td>7</td><td>4</td></tr>
<tr><td>원래 모둠으로 돌아와 학습 내용을 모둠원에게 전달함</td><td>10</td><td>7</td><td>4</td></tr>
<tr><td>합 계</td><td colspan="3">/40</td></tr>
</table>

<table>
<tr><td>평가 영역</td><td colspan="4">수행평가 3</td></tr>
<tr><td>내용 영역</td><td colspan="4">전자부품 자재관리</td></tr>
<tr><td>내용영역요소</td><td colspan="4">자재 입고 관리하기</td></tr>
<tr><td>평가 방법</td><td colspan="4">보고서 작성 및 발표</td></tr>
<tr><td>학습목표</td><td colspan="4">• 자재를 관리 목적에 따라 분류하고 그 정의를 말할 수 있다.
• 학습내용을 발표를 통해 적절하게 전달할 수 있다.</td></tr>
<tr><td rowspan="5">수행 평가 내용</td><td>평가 요소</td><td>우수</td><td>보통</td><td>미흡</td></tr>
<tr><td>발표 자료 내용의 충실도</td><td>10</td><td>7</td><td>4</td></tr>
<tr><td>발표 태도(목소리의 크기, 제스처 등)</td><td>5</td><td>3</td><td>1</td></tr>
<tr><td>학습한 내용을 잘 전달하는 정도(듣는 학생의 반응 참고)</td><td>5</td><td>3</td><td>1</td></tr>
<tr><td>합 계</td><td colspan="3">/20</td></tr>
</table>

다 토의 · 토론학습의 교수 · 학습 지도안[4]

1) 토의 · 토론 수업 운영 개요

과목명	내선 공사
대상	전기과 ○학년 ○반 ○○명
단원	1. 배관 시공하기 / 1-1. 배관 시공
학습 주제	전기 배관 실습(시공) 시에 우리가 지켜야 할 안전수칙과 유의사항
학습목표	1. 전기 배관 실습(시공)에서 지켜야 할 안전수칙에 대해 설명할 수 있다. 2. 전기 배관 실습(시공)에 필요한 유의사항에 대해 설명할 수 있다.
수업 방법	브레인라이팅

2) 수업 진도 운영 계획

대단원	중단원	소단원	학습내용	수업 방법	차시
Ⅰ. 배관·배선 공사	1. 배관 시공하기	1-1. 배관 시공	배관 시공 필요(배경) 지식 - 합성수지제 전선관 개요 및 시공 - 금속 전선관 개요 및 시공	강의법	1~2
			배관 시공 안전수칙 및 유의사항	토의 · 토론	3~4
			PE 전선관 시공하기	시범, 실습	4~8
			CD 전선관 시공하기	시범, 실습	9~12
			PVC 전선관 시공하기	시범, 실습	13~16
			금속 전선관 시공하기	시범, 실습	17~20
	〈…… 이하 생략 ……〉				

4 출처: 이병욱 · 최창원 · 손호일 · 손주민 · 안재영 · 이찬주 · 김대들(2022). 국가직무능력표준(NCS) 기반 교수법과 실제. 박영스토리. pp. 163-168.

3) 토의 · 토론 수업 모형

학습 과정	내용
주제 제시	◦ 토의 · 토론 주제를 제시한다. 〈주제 : 전기 배관 실습 시에 우리가 지켜야 할 안전수칙과 유의사항〉
수업 운영 안내	◦ 브레인라이팅 방법을 적용한 토의 · 토론 수업 운영 절차와 규칙 등을 안내하고, 모둠별 역할을 분담한다.
토의 · 토론 사전 준비	◦ 모둠별 토의 · 토론 활동에 필요한 주제에 대해서 개인의 의견을 포스트잇에 작성하도록 한다.
토의 · 토론 활동	◦ 모둠 구성원의 개인 의견(포스트잇)을 B4용지에 아무렇게나 붙이고, 토의 · 토론을 통해서 개인 의견을 하위 주제별로 분류하여 정리한다. 분류가 마무리되면, 서로 다른 색의 포스트잇을 활용하여 하위 주제별로 정리하도록 한다.
정리 및 발표	◦ 토의 · 토론 활동을 통해서 결과를 정리하여 발표 자료를 제작한다. 제작한 자료를 바탕으로 모둠별로 발표한다.
평가 및 마무리	◦ 과제 및 발표에 대한 결과 평가, 그리고 토의 · 토론 활동 운영 과정에 대한 과정 평가를 실시하고, 우수한 모둠과 학생을 칭찬한다.

4) 토의 · 토론 교수 · 학습 과정안(또는 수업설계서)

<table>
<tr><td colspan="2">대상</td><td>전기과 ○학년 ○반</td><td>일시</td><td colspan="2">○월 ○일 ○교시</td><td>차시</td><td>3~4/20 차시</td></tr>
<tr><td colspan="2">단원명</td><td colspan="6">1. 배관 시공하기 / 1-1. 배관 시공</td></tr>
<tr><td colspan="2">학습 주제</td><td colspan="6">전기 배관 실습 시에 우리가 지켜야 할 안전수칙과 유의사항</td></tr>
<tr><td colspan="2">학습목표</td><td colspan="6">1. 전기 배관 실습(시공)에서 지켜야 할 안전수칙에 대해 설명할 수 있다.
2. 전기 배관 실습(시공)에 필요한 유의사항에 대해 설명할 수 있다.</td></tr>
<tr><td colspan="2">교수 · 학습 전략</td><td colspan="2">브레인라이팅 토의 · 토론</td><td>학습 형태</td><td colspan="3">모둠 학습</td></tr>
<tr><td colspan="2">수업 자료</td><td colspan="6">학습자료(동영상, 교과서, 공구 매뉴얼 등), 활동지 등</td></tr>
<tr><td>단계</td><td>학습 과정</td><td colspan="5">교수 · 학습 활동</td><td>시간</td></tr>
<tr><td rowspan="2"></td><td>학습목표 제시</td><td colspan="5">• 전시학습 확인하기
• 동기 유발하기
- 전기 배관 공사에서 발생할 수 있는 안전사고 사례를 제시한다.
• 학습목표 제시하기</td><td>5'</td></tr>
<tr><td>주제 제시</td><td colspan="5">• 수업 과제(주제) 및 평가 방법 안내하기
- '활동지'를 배부하여 과제와 평가 방법에 대해서 설명한다.
- 활동에 필요한 포스트잇과 B4용지(백지)를 배부한다.</td><td>5'</td></tr>
</table>

도입	수업 운영 안내	• 수업 운영 절차 및 규칙 안내하기 - 브레인라이팅 토의 · 토론 수업 운영 방법을 설명한다. 〈수업 운영 방법 안내〉 • 주제 안내 → 모둠 편성 → 개인 의견 작성 → 모둠별 토의 · 토론 → 정리 및 발표 → 평가 및 정리의 절차로 운영됨을 안내한다. - 토의 · 토론에 임하는 자세와 규칙을 안내한다. 〈토의 · 토론 자세와 규칙〉 • 상대방의 의견을 존중하고, 상대방 말에 경청한다. ※ 내용이 아닌 사람을 비판하거나, 감정적인 언어를 사용하지 않도록 한다. • 모든 사람에게 말할 기회를 주고, 시간을 공정하게 배분한다. • 자신의 평가(점검) 결과와 근거를 함께 제시하여 주장한다. • 모둠 구성원의 역할 분담하기 〈모둠 구성원 역할 분담〉 • 모둠별 역할은 자유롭게 하도록 하되, 발표자와 질문자를 필히 포함하도록 한다. (예시: 대표자 1명, 기록자 1명, 발표자 1명, 질의 및 응답자 1명 등). • 발표자는 모둠별 평가 결과를 발표하고, 질문자는 다른 모둠 평가 결과에 대해서 다른 의견이나 궁금한 점을 질문한다.	10'
전개	토의 · 토론 사전 준비	• 주제 관련 내용을 보충 설명하고, 주제 다시 안내하기 • 주제 안내 시 실습(시공)할 내용과 순서, 사용할 공구와 사용법을 설명하도록 하며, 실습 시에 지켜야할 안전수칙과 공구를 사용할 때의 유의사항을 구분하여 5개씩 작성하도록 설명한다. • 포스트잇에 작성 안내 및 유의사항 안내하기 • 개인별로 안전사항과 유의사항을 작성하도록 하며, 각각 5가지 이상씩 작성하도록 유도한다. • 조사에 필요한 서적(교과서, 공구사용법 등)을 제공하고, 인터넷 검색이 필요한 학생들에게 시간을 5분 이내로 제한하여 사용하도록 안내한다.	15'

<table>
<tr><td></td><td>토의 · 토론
활동</td><td>• 모둠별 토의 · 토론 활동하기

〈모둠별 토의 · 토론 진행 방법〉
• B4용지에 개인이 작성한 포스트잇을 일정한 규칙 없이 붙인다.
• 모둠별 토의 · 토론을 통해서 포스트잇을 하위 주제별로 분류하고, 분류한 하위 주제의 이름을 부여한다.
• 분류한 이름(하위 주제)별로 서로 다른 색의 포스트잇으로 구분하여 정리한다.

※ 모둠별 토의 · 토론 중에 교사는 순회하면서 서로 다른 색의 포스트잇을 나누어 주고, 하위 주제별 분류 시에 활용하도록 한다.</td><td>25‘</td></tr>
<tr><td rowspan="2">정리</td><td>정리 및
발표</td><td>• 과제 결과를 종합 정리하여 모둠별 안전수칙 및 유의사항 제작하기

〈모둠 발표 진행 방법〉
• 도화지(B4)와 매직펜을 배부한다.
• 토의 · 토론한 결과를 종합하여 모둠별 실습실에서 사용할 안전수칙 및 유의사항 게시판을 제작한다.
• 제작한 게시판은 발표 자료로 활용한다.

• 과제 결과를 모둠별로 발표하기

〈모둠 발표 진행 방법〉
• 임의로 2~3개 모둠을 선정하여 발표한다.
• 모둠별 발표자는 3분 발표, 질의응답은 2분 내로 한다.</td><td>25‘</td></tr>
<tr><td>평가 및
마무리</td><td>• 우수 학생과 모둠 칭찬하기
- 교사가 선정한 모둠과 개인 학생을 발표하고 칭찬한다.
- 학생들이 선정한 모둠과 학생에게 발표하고 칭찬한다.
• 평가지 작성 및 수업 마무리하기
- 활동지의 제시된 모둠원 평가를 실시한다.
- 교사는 토의 · 토론 내용을 요약하여 정리한다.</td><td>15‘</td></tr>
</table>

5) 토의 · 토론 교수 · 학습 자료(활동지)

(　　　　　)모둠　　　　　성명 : (　　　　　　　　　　)

1. 과제(주제)

☞ 전기 배관 시공 실습할 때, 우리가 실습실에서 지켜야할 안전수칙은 무엇이 있을까요?

☞ 전기 배관 시공 실습에서 공구를 사용할 때의 유의사항은 무엇이 있을까요?

2. 우리 모둠원 상호 평가

모둠원 이름	평가 항목	평가 등급		
		상	중	하
	개인의 의견을 포스트잇으로 적극적으로 제시하였나요?			
	토의 · 토론 활동에 적극적으로 참여하였나요?			
	친구 간에 의사를 존중하고 서로 도우며 참여하였나요?			
	개인의 의견을 포스트잇으로 적극적으로 제시하였나요?			
	토의 · 토론 활동에 적극적으로 참여하였나요?			
	친구 간에 의사를 존중하고 서로 도우며 참여하였나요?			
	개인의 의견을 포스트잇으로 적극적으로 제시하였나요?			
	토의 · 토론 활동에 적극적으로 참여하였나요?			
	친구 간에 의사를 존중하고 서로 도우며 참여하였나요?			
	개인의 의견을 포스트잇으로 적극적으로 제시하였나요?			
	토의 · 토론 활동에 적극적으로 참여하였나요?			
	친구 간에 의사를 존중하고 서로 도우며 참여하였나요?			

3. 오늘의 MVP

☞ 모둠원 중에서 토의 · 토론 활동에 가장 모범적으로 참여한 모둠원은 누구인가요?

(　　　　　)

라 프로젝트법의 교수 · 학습 지도안[5]

화학분석 교과 프로젝트 기반 학습의 단계별 시간 산출표

연번	단계	교수 · 학습 활동 내용	시간 (hr)	비고
1	모둠 세우기	모둠구성 모둠활동(모둠장, 역할분담, 래포형성) 업무분담 모둠 세우기 활동(명패만들기, 모둠명 정하기, 모둠 구호, 모둠 액션활동)	7	
2	주제 선정	분석시료 선택과 분석 방법 결정 분석시료에 대한 인터넷, MSDS 등 자료수집 주제 선정하기, 주제 정하기	7	
3	주제 발표	모둠 각각 발표 및 피드백	7	
4	수행계획	분석 실험 설계 분석시료 선택 특성 조사 실험 단계 검토 실험소요 재료, 기자재 조사 및 확인 수행업무분담, 자료수집	14	
5	수행계획발표	모둠 각각 발표 및 피드백	7	

5 출처: 이병욱 · 최창원 · 손호일 · 손주민 · 안재영 · 이찬주 · 김대들(2022). 국가직무능력표준(NCS) 기반 교수법과 실제. 박영스토리. pp. 244-251.

연번	단계	교수 · 학습 활동 내용	시간(hr)	비고
6	과제수행	수행업무분담, 자료수집 관련 기초이론 학습과 공업화학 교과 관련 내용 학습 물질의 특성 파악(NCS학습모듈 활용) 이화학분석 원리와 방법 학습(NCS학습모듈, 학습자료 활용) 분석기기의 원리의 이해(NCS학습모듈, 학습자료 활용)와 운전 분석 실험의 설계와 설계 검증(토의/발표/피드백) 분석 실험 수행(수행평가) 분석결과 산출(수행평가) 분석결과의 해석(수행평가) 분석결과 보고서 작성(수행평가) 과제 수행 중 모둠별 중간 진행 사항 발표 및 피드백	43	교사의 학습 지원과 수행 평가의 시간 확보
7	문제해결	프로젝트 수행 중 문제해결 발견 및 문제해결 과정→문제해결(결과) 발표/피드백	14	
8	결과발표	결과보고서(발표용) 작성 모둠 각각 발표 및 피드백	7	
9	결과물 전시	모둠 결과물 전시자료 작성 및 전시 학습 전체과정 모둠별 동영상 제작 발표	7	
10	평가 및 Feed-Back	전체 평가 및 피드백	7	
총 소요 시간			120	

화학분석 교과 프로젝트 기반 수업설계서 예시

학습 내용(학습모듈명/능력단위)	세부 학습 내용(학습모듈명/능력단위 요소)
이화학 · 기기 분석 (1701010104_13v1)	이화학 분석 실시하기

학습목표	분석 관련 표준 작업 지침서에 따라 이화학 분석에 필요한 초자, 기구, 시약을 준비할 수 있다.		
교수 · 학습 방법	프로젝트법/협동학습	평가방법	작업장평가, 구두평가
직업기초능력	의사소통능력, 기술능력, 수리능력		

단계	교수 · 학습 활동		시간
	교사	학생	
도입	- 시료 전처리 학습내용 진단평가 (구두평가) - 학습동기유발 이화학분석을 이용 범죄 증명 (동영상) - 학습목표 기술 완성문장 만들기 - 학습 전체 과정 설명(PPT) - 총괄 평가 안내	- 개인별 답변 - 동영상 시청 - 학습목표 인지 모둠 완성문장 참여 - 모둠기록 - 개인기록	3
전개	- 초자기구 명칭 확인하기-암기숙달구조 - 초자다루기-시범실습 - 이화학 분석 종류에 따른 분석 방법 조사하기 모둠 과제 부여 (포트폴리오) 포트폴리오 평가하기 - 이화학분석 모둠별 2개 종류 발표하기 - 모둠발표에 대한 피드백 - 이화학분석 실험 모둠별 과제 선정 - 모둠별 수행 계획 발표 및 피드백 창의적 실험과정 모색	- 초자기구 명칭 인지(모둠활동) - 개인별 초자실습 - 모둠과제 수행 포트폴리오 작성 제출 - 모둠발표 - 피드백 반영 수정 제출 - 모둠별 수행 과제 선정 - 모둠별 수행 계획 발표	15

	다양한 형태의 실험 모형 소개 - 이화학 분석 실험 실시 - 실험결과 보고서 작성 안내(PPT) 사례 중심 설명	- 과제 수행-이화학 분석 실험 진행 - 실험 결과 보고서 작성	
정리 및 평가	- 실험 결과 모둠 발표 - 실험 결과 피드백 - 이화학분석의 원리 지필평가(총괄평가 반영) - 실험결과 보고서 평가 - 실험 전체 과정 동영상	- 실험결과 모둠발표 참여 - 실험결과 보고서 수정 보완 - 지필평가 - 실험결과 보고서 제출 - 실험 전체과정 동영상 시청 후 소감 발표	3

수행평가 세부 계획

영역	평가항목	평가요소	평가방법	배점
실험 설계	실험 환경 분석	소요 실험 장치 및 기구 파악	포트폴리오 평가	20
		소요 시약 및 활용 자료 파악		
	실험 계획	실험 결과 도출 가능성		
		실험 방법의 적절성		
		실험 계획서의 명료성		
실험 과정	실험 준비	실험 장치 및 기구 준비	피평가자 체크리스트	10
		시약 및 활용자료 준비		
	실험 수행	실험 방법 준수	작업장 평가	20
		실험 장치 및 기기 활용 능력		
		용액 제조 능력		
		측정 결과값 처리 능력		
	실험 태도	실험실 안전 및 정리정돈	자기평가 동료평가	5
		협동심		5
실험 결과	실험 결과 보고서	실험 결과 보고서 구성 요소	보고서 평가	30
		실험 결과값 오차		
		정확도와 정밀도 산출 과정		
	실험 결과 해석	정확도와 정밀도 비교 분석	논술형 평가	10
계				100

수행평가 채점 기준표: ① 포트폴리오평가(실험설계/실험환경분석, 실험계획)

<table>
<tr><th>평가 요소</th><th>채점기준</th><th>배점</th><th>만점</th></tr>
<tr><td rowspan="3">실험 방법의 적절성</td><td>항온수조온도유지-염화나트륨 수용액의 %농도 제조-비중병을 이용하여 증류수와 염화나트륨 수용액의 밀도와 비중 측정하기 과정의 순서를 명료하게 계획하였다.</td><td>5</td><td rowspan="3">5</td></tr>
<tr><td>항온수조온도유지-염화나트륨 수용액의 %농도 제조-비중병을 이용하여 증류수와 염화나트륨 수용액의 밀도와 비중 측정하기 과정의 순서를 1개소 이상 변경하여 계획하였다.</td><td>3</td></tr>
<tr><td>항온수조온도유지-염화나트륨 수용액의 %농도 제조-비중병을 이용하여 증류수와 염화나트륨 수용액의 밀도와 비중 측정하기 과정의 순서를 2개소 이상 변경하여 계획하였다.</td><td>1</td></tr>
<tr><td rowspan="3">실험 계획서의 명료성</td><td>실험목적, 실험준비물, 실험방법, 실험결과처리 방법을 모두 포함하고 항목별로 구분하여 계획서를 작성하였다.</td><td>5</td><td rowspan="3">5</td></tr>
<tr><td>실험목적, 실험준비물, 실험방법, 실험결과처리 방법을 1개 이상 누락하고 항목별로 구분하여 계획서를 작성하였다.</td><td>3</td></tr>
<tr><td>실험목적, 실험준비물, 실험방법, 실험결과처리 항목을 2개 이상 누락했거나 항목별로 구분하지 않고 계획서를 작성하였다.</td><td>1</td></tr>
</table>

수행평가 채점 기준표: ② 작업장 평가(실험과정/실험수행실험계획)

<table>
<tr><th>평가 요소</th><th>채점기준</th><th>배점</th><th>만점</th></tr>
<tr><td rowspan="3">실험 방법 준수</td><td>①항온수조온도유지-②염화나트륨 수용액의 %농도 제조-③비중병을 이용하여 증류수와 염화나트륨 수용액의 밀도와 비중 측정하기의 실험 과정을 순서대로 준수하였다.</td><td>5</td><td rowspan="3">5</td></tr>
<tr><td>①항온수조온도유지-②염화나트륨 수용액의 %농도 제조-③비중병을 이용하여 증류수와 염화나트륨 수용액의 밀도와 비중 측정하기의 실험 과정에서 ①과 ②과정의 순서를 바꾸어 수행하였다.</td><td>3</td></tr>
<tr><td>①항온수조온도유지-②염화나트륨 수용액의 %농도 제조-③비중병을 이용하여 증류수와 염화나트륨 수용액의 밀도와 비중 측정하기의 실험 과정에서 ①과 ③과정의 순서를 바꾸어 수행하였다.</td><td>1</td></tr>
</table>

<table>
<tr><td rowspan="3">실험 장치 및 기기 활용 능력</td><td rowspan="3">• 항온수조의 온도를 일정하게 유지
• 무게 측정 시 비중병의 물기 제거
• 건조시킨 비중병 사용
• 비중병의 세척과 건조유지
• 동일한 비중병 사용으로 오차 해소</td><td>모든 항목 만족</td><td>5</td><td rowspan="3">5</td></tr>
<tr><td>3개 항목 이상 만족</td><td>3</td></tr>
<tr><td>2개 항목 이상 만족</td><td>1</td></tr>
<tr><td rowspan="3">용액 제조 능력</td><td colspan="2">염화나트륨 수용액 5%, 10%, 15%, 20%를 제조하기 위해서 필요한 염화나트륨의 양을 정확하게 계산할 수 있으며, 수용액에서 염화나트륨을 충분히 용해시킨 것을 확인 한 후에 사용한다.</td><td>5</td><td rowspan="3">5</td></tr>
<tr><td colspan="2">염화나트륨 수용액 5%, 10%, 15%, 20%를 제조하기 위해서 필요한 염화나트륨의 양을 정확하게 계산할 수 있으며, 수용액에서 염화나트륨의 용해 정도를 확인하지 않고 사용한다.</td><td>3</td></tr>
<tr><td colspan="2">염화나트륨 수용액 5%, 10%, 15%, 20%를 제조하기 위해서 필요한 염화나트륨의 양을 계산하는 데 미숙하며, 수용액에서 염화나트륨을 충분히 용해시키지 않고 사용한다.</td><td>1</td></tr>
<tr><td rowspan="3">측정 결과값 처리 능력</td><td rowspan="3">① 농도별로 계산된 비중을 표로 작성
② 작성된 표를 근거로 농도와 비중의 관계를 그래프로 표현
③ 측정값을 이용하여 비중 산출
④ 표와 그래프 작성에서 오차범위는 ±0.5% 이내</td><td>모든 항목 만족</td><td>5</td><td rowspan="3">5</td></tr>
<tr><td>③, ④ 항목과 나머지 항목 중 1개 항목 이상 만족</td><td>3</td></tr>
<tr><td>2개 항목 이상 만족</td><td>1</td></tr>
<tr><td>계</td><td colspan="3"></td><td>20</td></tr>
</table>

탐구과제

1. 우리 지역의 특성화고/마이스터고 또는 대학의 공업계열 학과를 방문하여 〈표 3–1〉의 '교수 · 학습에 영향을 미치는 요인'의 실태를 조사하고 발표하시오.
2. 우리 지역의 특성화고/마이스터고 또는 대학의 공업계열 수업을 참관하여 〈표 3–2〉의 '교수방법 선택 기준'에 따라 수업의 효과성, 효율성, 매력성을 평가하고 개선 방법을 토론하시오.
3. 우리 지역의 특성화고/마이스터고 또는 대학의 공업계열 수업을 참관하고 어떤 학습이론(행동주의, 인지주의, 구성주의)이 적용되었는지 조사하여 발표하시오.
4. 우리 지역의 특성화고/마이스터고 또는 대학의 공업계열 학습자의 선수학습 정도, 적성, 학습 동기 등의 학습자 변인을 조사하여 발표하시오.
5. 우리 지역의 특성화고/마이스터고 또는 대학의 공업계열 교사의 교과 내용에 대한 전문성(교사 변인)을 조사하고 시설 환경 한계 극복을 위해 교수 · 학습 방법, 교수 기술이 중요한 이유를 토론하시오. 그리고 관련 사례를 조사하여 발표하시오.
6. 우리 지역의 특성화고/마이스터고의 전문교과와 보통교과와의 내용 연관성을 조사하고, 전문교과와 보통교과 수업의 연계 · 협력 사례 또는 방안을 발표하시오.
7. 최근 교육계에서 구성주의 학습이론을 강조하는 이유와 공업교육이 구성주의 학습이론의 대표적인 사례가 되는 이유에 대해 토론하시오, 그리고 공업교육이 구성주의 학습이론에 해당하는 사례를 조사하여 발표하시오.
8. 우리 지역의 특성화고/마이스터고 또는 대학의 공업계열 학과 중에서 타 전공과 융합된 학과와 교육과정을 조사하고 융합 과목 사례에 대해 발표하시오.
9. 우리 지역의 특성화고/마이스터고 또는 대학의 공업계열 학과 학습자들의

출발점 행동(학습자의 선수학습 정도, 학습 능력, 학습 성취 수준, 기초학력, 적성 및 흥미, 학습 동기, 정서 상태 등)을 조사하여 발표하시오.

10. 우리 지역의 특성화고/마이스터고 또는 대학의 공업계열 학과에서 운영하는 과목에 대하여 [그림 3-3]의 '교수설계 일반 모형'을 적용하여 교수설계를 하고 그 결과를 발표하시오.
11. 우리 지역의 특성화고/마이스터고 또는 대학의 공업계열 학과의 수업을 참관하고 교수 · 학습 실행 과정을 분석하여 그 결과를 발표하시오.
12. 특성화고/마이스터고 공업계열의 과목을 1개 선정하고, 해당 과목의 학습 내용의 파지와 전이를 높일 수 있는 전략을 구상하고 학습과제를 개발하시오.
13. 특성화고/마이스터고 또는 대학의 공업계열의 과목 중에서 토의법에 적합한 과목과 학습영역을 제시하고 수업지도안을 작성하시오.
14. 특성화고/마이스터고 또는 대학의 공업계열 실습과목 중에서 직소 II 모형을 적용한 수업지도안을 작성하고 수업의 유의사항에 대해 토론하시오.
15. 특성화고/마이스터고 또는 대학의 공업계열 과목의 문제중심학습(PBL)에 적합한 문제를 개발하시오. 이때 관련 과목의 교육과정을 분석하고 팀 티칭이 적용된 문제중심학습의 수업지도안을 작성하시오.
16. 우리 지역의 특성화고/마이스터고 또는 대학의 공업계열 학과의 프로젝트 수업을 참관하고 수업의 효과와 문제점에 대해 발표하시오.
17. 우리 지역의 특성화고/마이스터고 또는 대학의 공업계열 학과의 실습실 유형과 현황을 조사하고 교육과정을 운영하는 데 실습실이 충분히 구축되어 있는지, 어떤 점이 보완되어야 하는지, 정해진 예산 내에서 효율적으로 운영하는 방안에 대해 발표하시오.

IV

공업 교육평가

01

공업 교육평가의 개념과 특징

가 교육평가의 개념과 종류

1) 교육평가의 개념

일반적으로 교육의 목적은 '인간의 행동을 변화시키는 것'이라고 보는데, 이러한 관점에서 교육평가(educational evaluation)는 '교육이 행동 변화를 가져왔는지 판단하는 행위'라고 정의할 수 있다. 이러한 정의는 교육평가가 교육목표의 달성 여부를 판단하는 행위라고 주장한 타일러(Ralph W. Tyler, 1942)에 의해 시작되었고 지금까지 이어지고 있다[1].

이와 같이 교육평가를 통하여 교육이 제대로 이루어졌는지, 교육이 이루어지는 과정에서 문제는 무엇인지를 알아보고 앞으로의 교육내용과 교육방법 등 교육 전반에 관한 사항을 점검하고 개선할 수 있다. 이에 교육평가의 목적과 교육평가를 위한 기본 가정은 다음과 같다.

---

1 1949년 타일러는 그의 책 「교육과정과 수업의 기본 원리」(Basic principles of curriculum and instruction)에서 목표가 미리 설정되어야 하며 이러한 목표에 비추어 학습경험이 선정·조직되고 평가되어야 한다고 주장하였다. 이러한 주장은 오늘날에도 큰 영향을 끼치고 있다.

표 4-1 교육평가의 목적과 기본 가정

목적	기본 가정
• 학습을 극대화함 • 학업성취 수준을 총평함 • 교육의 질을 높임 • 교육과정, 교수 · 학습, 교육자료 등을 개선함 • 정책 구안, 의사결정을 위한 기초자료를 제공함 • 공공기금의 지출을 점검함	• 인간은 개발할 수 있는 무한한 잠재능력을 지니고 있음 • 교육평가의 대상과 자료는 무한함: 어떠한 행위, 대상, 자료도 교육평가의 대상이 될 수 있음 • 시간의 연속성: 평가는 일회적인 것이 아닌 연속적으로 이루어져야 평가대상의 변화를 점검할 수 있음 • 평가의 종합성: 평가 대상의 모든 자료를 종합적으로 수집하고 평가해야 함. 지필검사, 관찰, 면접, 수행평가 등 다양한 평가 방법 실시

출처: 성태제(2019). 교육평가의 기초(3판). 서울: 학지사. pp. 26-28. 재구성.

2) 교육평가의 종류(참조준거에 의한 평가)

교육평가는 다양한 기준으로 분류할 수 있는데 여기에서는 참조준거를 기준으로 평가의 종류를 제시하고자 한다. 참조준거는 판단의 기준을 무엇으로 삼는가에 따라 달라지는 것으로 교육평가 철학의 가장 기본이 된다.

가) 규준참조평가

규준참조평가(norm-referenced evaluation)는 학습자가 얻은 점수나 측정치를 비교집단의 규준(norm)에 비추어 상대적인 서열에 의하여 판단하는 평가이다. 대표적인 예는 대학수학능력시험 점수에 사용되는 백분위나 T점수 등이 있다. 규준참조평가는 상대비교평가, 상대평가라고도 한다.

규준참조평가의 장점은 개인의 상대적인 위치를 파악하여 우열을 가리기가 쉽고 경쟁을 통한 학습동기를 유발할 수 있다는 것이다. 그러나 단점으로는 무엇을 얼마만큼 아느냐에 중점을 두지 않기 때문에 무엇을 가르치고 배워야 하는가에 대한 기준이 모호하고, 자칫 학습목표 달성 여부를 중요하게 여기지 않아 교육의 책무성이 떨어진다. 그리고 과도한 경쟁심을 유발하고 협동심을 상실할 수 있으며 정의적 행동특성에 부정적 영향을 미칠 수 있다.

나) 준거참조평가

준거참조평가(criterion-referenced evaluation)는 학습자가 무엇을 얼마만큼 알고 있는지를 준거에 비추어 판단하는 평가를 의미한다. 준거참조평가에서 가장 중요한 요소는 과제의 영역과 준거이다. 영역(domain)은 교육내용으로서 측정내용이 되고, 준거(criterion, standard, cut-off)는 교육목표를 설정할 때 도달하여야 하는 최저기준이다. 준거참조평가는 일반적으로 자격증을 부여할 때 사용되는데, 자격증은 앞으로 어떤 일을 성공적으로 수행할 수 있다고 보장하는 증명서이기 때문이다.

준거참조평가의 장점은 학습자가 무엇을 알고 무엇을 모르는지 파악할 수 있고 이를 통해 교육목표와 교육과정을 개선할 수 있다. 그리고 학습효과를 증진시키고 탐구정신과 협동정신을 함양하며 지적인 성취를 유발할 수 있다. 단점으로는 준거 설정에 어려움이 있다.

다) 능력참조평가와 성장참조평가

개인 간의 비교, 개인의 성취와 어떤 준거와의 비교보다는 개인을 위주로 하는 평가로서 능력참조평가와 성장참조평가가 있다.

능력참조평가(ability-referenced evaluation)는 학습자가 지니고 있는 능력에 비추어 얼마나 최선을 다하였느냐(maximum performance)에 초점을 두는 평가이다. 능력참조평가에서는 우수한 능력을 지녔음에도 최선을 다하지 않은 학습자와 능력이 낮더라도 최선을 다한 학습자가 있을 때, 어떻게 평가하는 것이 학습자의 학습태도를 바람직한 방향으로 유도할 수 있는지를 고민해야 한다.

성장참조평가(growth-referenced evaluation)는 교육과정을 통하여 학습자가 얼마나 성장하였는가에 관심을 두는 평가로 최종 성취수준에 대한 관심보다는 초기 능력수준에 비추어 얼마나 능력의 향상을 보였느냐를 강조한다. 성장참조평가에서는 학습자에게 학업증진의 기회 부여와 개인화를 강조한다.

능력참조평가와 성장참조평가는 대학 진학이나 자격증 취득을 위한 행정적 기능이 강조된 검사에서는 공정성 문제가 제기되어 적용하기 어렵다. 그러나 평가의 교수적 기능이나 상담적 기능을 강조한다면 능력참조평가와 성장참조평가가 적합하다.

표 4-2 규준 · 준거 · 능력 · 성장참조평가의 비교

구분	규준참조평가	준거참조평가	능력참조평가	성장참조평가
강조점	상대적인 서열	특정 영역의 성취	최대 능력 발휘	능력의 변화
교육신념	개인차 인정	완전학습	개별학습	개별학습
비교대상	개인과 개인	준거와 수행	수행 정도와 소유 능력	성장, 변화의 정도
개인차	극대화	극대화하지 않음	고려하지 않음	고려하지 않음
이용도	분류, 선별, 배치, 행정적 기능 강조	자격 부여, 교수적 기능 강조	최대 능력 발휘, 교수적 기능 강조	학습 향상, 교수적 기능 강조

출처: 성태제(2019). 교육평가의 기초(3판). 서울: 학지사. p. 98.

나 공업 교육평가의 특징

1) 공업 교육평가의 중요성

공업교육은 공업 분야에서 요구하는 지식, 기술, 태도 등을 갖춘 바람직한 인간상을 목표로 하는 교육으로서 공업 분야의 일의 세계를 탐색하고 개인에게 적합한 일을 선택하여 그 일을 수행하는 데 필요한 직업능력을 개발하는 교육이다. 이러한 공업교육의 정의에 기반하면 일반교육에서 강조하는 지식뿐만 아니라 기술과 태도를 모두 평가해야 하고 직업능력을 개발했는지도 평가해야 한다. 이와 같이 직업교육적 측면에서는 실제 직업 세계에서 요구하는 역량을 길렀는지, 교육의 효과가 높은지, 교육과 직업 세계와의 미스매치가 적은지 등이 중요하므로 공업교육에서 평가는 매우 중요하다.

무엇보다 〈표 4-1〉 교육평가의 목적 중에서 '정책 구안, 의사결정의 기초자료를 제공'하거나 '공공기금의 지출을 점검'하는 측면에서도 공업 교육평가는 중요하다. 왜냐하면 공업교육과 같은 직업교육에서는 일반교육보다 정책의 방향과 내용이 중요하고, 일반교육보다 비용이 많이 들기 때문이다.

2) 공업 교육평가의 특징

가) 평가의 연속성과 종합성 강조

공업 교육평가에서는 〈표 4-1〉 교육평가의 기본 가정 중에서 '시간의 연속성'과 '평가의 종합성'을 특별히 강조해야 한다. 앞서 설명한 바와 같이 공업교육을 통해 직업능력을 향상시킨 교육이 이루어졌는지를 평가하기 위해서는 일회적인 평가가 아닌 연속적이고 지속적인 평가가 필요하기 때문이다. 직업능력이라는 것이 1~2회의 평가로 측정할 수 없는 것이고 직업 세계가 변화하고 있기 때문에 실제적인 직업적 능력과 미래 학습능력 및 성장능력까지도 종합적으로 평가해야 한다.

그리고 직업능력을 측정하고 평가하기 위해서는 지필검사뿐만 아니라 관찰, 면접, 수행평가 등 다양한 평가방법이 필요하고 일반교육과 달리 학교 현장을 벗어난 평가도 필요하다. 이러한 측면에서 공업 교육평가를 심도있게 설계해야 한다.

나) 실천지식 중심의 수행능력 평가

공업교육은 '실제로 할 수 있는가', '직업 세계에서 요구하는 역량을 갖추었는가'를 추구하기 때문에 전통적으로 기능과 수행능력을 강조하였다. 최근 공업 분야에서 요구하는 기술의 수준이 높아졌으며 이론을 갖추어야 실제로 기술 구현이 가능하기 때문에 기능 중심의 수행능력보다는 실천지식 중심의 수행능력을 강조한다. 여기에서 '실천지식 중심의 수행능력'이란, 즉 단순한 이론이 아니라 실제 상황에서 적용할 수 있는 실천적 지식을 갖추고 있으며 이러한 실천지식을 기반으로 직업 세계의 직무를 수행하고 다양한 직무 문제를 해결할 수 있는 능력이다.

다) 평가내용의 다양성

공업교육에서 요구하는 학습의 영역은 인지적 영역, 정의적 영역, 심동적 영역을 모두 포함한다. 일반적인 교육의 평가에서도 이 세 영역을 모두 포함하지만 대체로 인지적 영역을 중심으로 이루어진다.

그러나 공업교육에서는 실제적인 역량을 함양하기 위해 다양한 실습과 체험활동, 기술적인 실기 수업, 직업 탐색 및 진로 활동, 창의적 문제해결 학습 등과 같이 다양한 영역에 대한 평가가 이루어져야 한다. 따라서 인지적 영역(공업 분야 관련 지식 및 이론의 이해와 적용, 문제 상황의 분석 · 종합 · 판단 등), 정의적 영역(공업 분야에 대한 적성, 흥미, 가치관, 직업적 태도 등), 심동적 영역(수행능력과 관련된 신체 기능과 숙달 및 발달 사항 등)을 모두 평가해야 한다.

라) 학습의 결과와 과정을 모두 평가

공업교육의 평가에서는 학습을 마쳤을 때 학습자가 나타내는 행동, 즉 학습결과뿐만 아니라 학습의 과정에 대한 평가도 중요하다. 기술의 습득은 다양한 시행착오를 거치면서 나타나고 학습자의 발달상황에 따라 다양한 단계를 거쳐 이루어진다. 따라서 어떤 과정으로 학업성취도를 달성했는지, 어떤 단계에서 학습이 효과적이었는지, 어떤 과정에서 어떤 학습 요소에 대해 학습이 잘 이루어졌고 이루어지지 않았는지를 면밀히 평가해야 학생 개인에게 맞는 기술 습득과 역량 개발이 가능하다.

마) 평가 장면의 다양성

공업교육은 학교 교실, 실습실뿐만 아니라 기업 현장, 지역사회 전문기관, 다양한 현장 체험 장소에서 이루어진다. 교육장소에 따라 교육방법이 달라지기 때문에 평가방법도 다양해야 한다. 실습실에서는 실습평가와 프로젝트 평가가 이루어질 수 있고, 기업 현장이나 지역사회 전문기관 등에서는 관찰법, 면담법, 포트폴리오, 직무수행 평가 등이 이루어질 수 있다. 이와 같이 평가 장면의 다양성을 확보해야 한다.

02

교수 · 학습 평가

가 교수 · 학습 평가의 종류

교수 · 학습의 평가는 교육이 시작되기 전, 교육이 진행되는 과정, 그리고 교육이 끝난 후에 이루어진다. 이를 각각 진단평가, 형성평가, 총합평가라고 한다.

1) 진단평가

진단평가(diagnostic evaluation)는 교수 · 학습을 투입하기 전에 학습자의 특성을 파악하기 위한 평가를 의미한다. 학습자의 특성은 학습에 영향을 주기 때문에 진단평가를 통하여 적절한 교수법을 투입함으로써 학습을 극대화하고자 하는 것이다. 진단평가에서 평가하는 요소(학습자의 특성)는 〈표 4-3〉과 같다.

진단평가는 전 학년의 성적표나 학생생활기록부를 토대로 학습자의 특성을 파악하거나 수업 전에 간단한 시험이나 질문을 통하여 할 수 있다. 그리고 과목선택의 동기와 목적, 관련 과목이나 선수과목의 수강 여부 등도 조사할 수 있다.

표 4-3 진단평가의 평가 요소

지적 출발행동	정의적 출발행동
• 문장 이해 능력 • 언어 구사 능력, 의사소통능력 • 논리적인 사고구조 • 학습능력, 선수학습 정도 • 학습결손의 유무와 정도	• 내적 요인: 학습동기, 흥미, 성격, 태도 등 • 외적 요인: 가정환경, 친구관계 등

출처: 성태제(2019). 교육평가의 기초(3판). 서울: 학지사. pp. 63-64. 재구성.

2) 형성평가

가) 형성평가의 개념과 특징

형성평가(formative evaluation)는 학습결과보다는 학습목표를 성취해 가는 학습과정에 초점을 둔 평가로써 교수·학습을 개선하고 학습자의 학습을 향상시키는 것을 목적으로 한다. 이는 학습자가 학습목표에 얼마나 도달하였는가, 학습자가 얼마나 배웠는가, 평가 결과로서 몇 점을 받았는가에 초점을 둔 총합평가와 대조된다. 형성평가의 특징은 〈표 4-4〉와 같다.

표 4-4 형성평가의 특징

특징	내용
학습자의 학습을 돕는 평가	• 학습자의 학습 향상을 목적으로 함 • 교사는 학습자의 학습과 관련된 다양한 정보를 수집하고 분석하여 학습에 대한 진단을 내리고 이에 기초하여 교수방법을 개선함 • 학습자의 성취 정도를 관찰하여 적합한 피드백을 제공함
교수법 개선이 따르는 평가	• 학습자의 성취 정도를 관찰하여 교수법을 개선함 • 형성평가에서 성취기준, 교수 · 학습 내용, 평가를 연계하는 방안을 구안하여 교수법을 개선함
학습과정으로서의 평가	• 학습목표의 성취 여부보다는 학습목표를 성취해 가는 학습과정에 더 관심을 가짐

특징	내용
	• 학습과정을 분석함으로써 학습목표와 성취기준을 명확히 이해하고 부진한 영역을 파악할 수 있음 • 형성평가를 통하여 교사는 학습자에게 피드백을 제공, 학습자는 부족한 부분을 파악하여 효과적으로 학습함

출처: 성태제(2019). 교육평가의 기초(3판). 서울: 학지사. pp. 67-69. 재구성.

나) 형성평가를 통한 진단

형성평가를 통한 진단은 관찰 방법과 평가도구 활용 방법으로 분류한다.

관찰 방법은 수업시간에 학습자의 표정, 눈빛, 자세 등을 관찰하여 학습자의 학습에 대한 정보를 얻는 것이다. 이는 학습자가 학습내용을 이해하는지, 학습에 관심과 흥미가 있는지, 학습내용을 어려워하거나 지루해하지 않는지 등 많은 정보를 얻는데 효과적이다.

평가도구 활용 방법은 총합평가에서 사용하는 일반적인 평가도구가 아니라 다양한 평가도구를 활용하여 수업 반응을 분석하는 것이다. 평가도구로는 응답카드 작성하기, 소집단을 구성하여 질문하고 답하기, 짧은 퀴즈나 문항에 응답하기 등 다양하다. 중요한 점은 수업과정에서 효과적이고 신속하게 학습자의 반응을 조사하여 피드백을 제공할 수 있어야 한다는 것이다.

다) 형성평가를 통한 피드백

형성평가를 통해 피드백을 제공할 때에는 4가지 기준으로 제시한다.

첫째, 목표참조 피드백으로, 달성 가능한 목표를 설정하고 이를 기준으로 피드백을 제공하는 것이다. 이러한 피드백은 목표 달성에 효과적이지만, 너무 어렵거나 쉬운 목표이면 오히려 학습자의 흥미와 동기를 떨어뜨릴 수 있다.

둘째, 비계식 피드백으로, 하나의 과제를 여러 부분으로 쪼개어 학습자가 성취하기 쉽게 도와주거나 어려운 난관에 부딪쳤을 때 해결에 도움이 되는 힌트를 제공함으로써 쉽게 넘어갈 수 있도록 도와주는 방식이다. 여기에서 교사는 학습자가 자신만의 학습전략을 발달시킬 수 있도록 도와주는 조력자 역할을 하는 것이 중요하다.

셋째, 자기참조 피드백으로, 공동의 학습목표와 성취기준이 아닌 학습자 개별로 수준과 목표를 반영한 맞춤형 피드백을 제공하는 것이다. 이는 학습수준이 낮은 학습자에게 효과적이다.

넷째, 성취기준 참조 피드백으로, 학습자 개인별이 아닌 해당 학년이 해당 학기에 달성해야 할 성취기준을 기준으로 피드백을 구성하는 것이다. 현재 중 · 고등학교 성취평가제의 성취기준을 활용한 것이다.

그림 4-1 교수 · 학습, 형성평가, 피드백의 순환

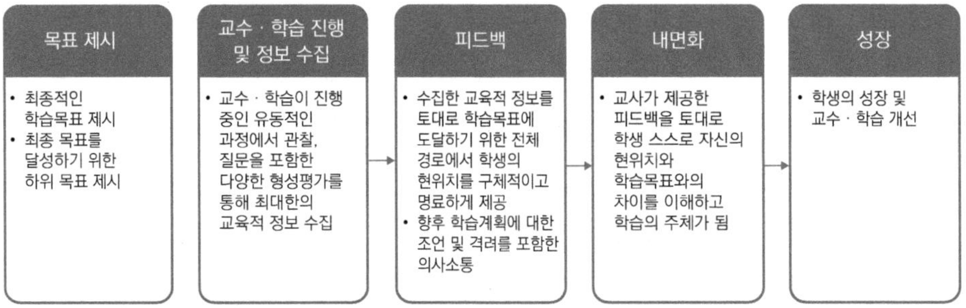

출처: 김성숙 · 김희경 · 서민희 · 성태제(2015). 교수 · 학습과 하나되는 형성평가. 서울: 학지사. p. 122. 재구성

3) 총합평가

총합평가(summative evaluation)는 교수 · 학습의 효과와 관련하여 학습이 끝난 다음에 교육목표의 달성 여부를 종합적으로 판정하는 평가로 총괄평가라고도 한다. 총합평가는 교수 · 학습이 끝난 상태에서 이루어지는 평가이므로 교수 · 학습을 진행한 교사보다는 교과내용 전문가와 교육평가 전문가에 의해 제작된 표준화 검사로 실시될 수도 있다. 그 예로 전국단위 학업성취도검사, 기초학력진단평가 등이 있다. 총합평가의 목적과 특징은 〈표 4-5〉와 같다.

총합평가 도구를 제작하기에 앞서, 상대적 서열을 중요시하는 규준참조평가를 할 것인가, 교육목표 달성 여부만을 판단하는 준거참조평가를 실시할 것인가를 결정해야 한다. 평가도구를 제작하는 절차는 〈표 4-6〉과 같다.

표 4-5 총합평가의 목적과 특징

목적	특징
• 성취수준의 도달 여부 판정 • 성취수준에 따른 서열 부여 • 자격증 부여의 역할을 함 • 집단 간 비교 • 프로그램 시행 여부 결정 • 책무성 부여	• 교수 · 학습이 끝난 뒤에 의사결정을 위한 평가 • 교사보다는 교육평가 전문가에 의해서 제작된 검사도구 사용 • 준거참조검사와 규준참조검사를 혼용

출처: 성태제(2019). 교육평가의 기초(3판). 서울: 학지사. p. 78. 재구성.

표 4-6 총합평가 도구의 제작 절차

절차	규준참조평가	준거참조평가
1	교육목표를 재확인하고 진술한다.	
2	교수 · 학습의 전반적인 내용을 포함한다.	
3	다양한 정신능력을 측정하기 위하여 다양한 문항 형태를 이용한다.	
4	다양한 난이도의 문항을 제작한다.	최저 기준에 부합하는 난이도의 문항을 제작한다.
5	규준을 만들고 서열을 부여한다.	준거에 따라 통과와 미통과를 판정한다.

출처: 성태제(2019). 교육평가의 기초(3판). 서울: 학지사. p. 79.

표 4-7 진단평가, 형성평가, 총합평가의 비교

구분	진단평가	형성평가	총합평가
시기	• 교수 · 학습 시작 전	• 교수 · 학습 진행 도중	• 교수 · 학습 완료 후
목적	• 적절한 교수 투입	• 교수 · 학습 진행의 적절성 • 교수법 개선	• 교육목표 달성 • 교육 프로그램 선택 결정 • 책무성
평가 방법	• 비형식적, 형식적 평가	• 수시평가 • 비형식적, 형식적 평가	• 형식적 평가
평가 기준	• 준거참조평가	• 준거참조평가	• 규준참조평가 • 준거참조평가

출처: 성태제(2019). 교육평가의 기초(3판). 서울: 학지사. p. 80.

그림 4-2 수업단계별 활동과 평가와의 관계

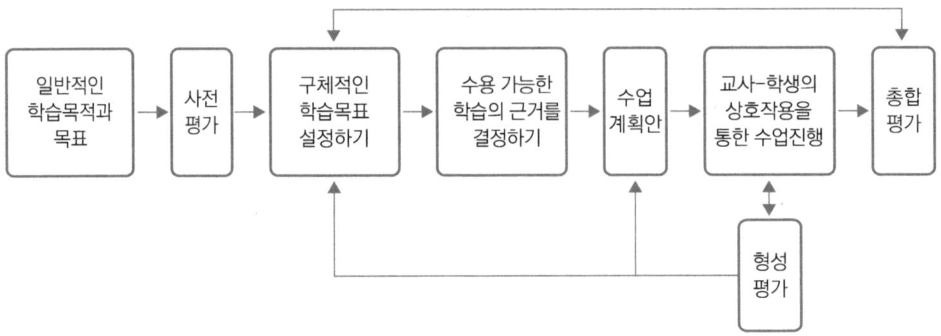

출처: McMillan, J. H. (2015). 교실평가의 원리와 실제: 기준참조수업과의 연계, Classroom assessment: principles and pratice for effective standards-based instruction (6th), 손원숙 · 박정 · 강성우 · 박찬호 · 김경희 역, 원서출판(2014년), 경기: 교육과학사. p. 35. 재구성.

나 문항 제작

제대로 된 평가를 하기 위해서는 학습자의 능력이나 학업성취도를 타당하고 신뢰할 수 있게 측정할 수 있는 문항이 필요하다. 좋은 문항을 제작하기 위해서는 교육과정, 학습자, 학습환경 등 교육 전반에 걸쳐 깊이 이해해야 한다.

1) 문항 제작의 기초

가) 문항 제작자의 자격

좋은 문항을 제작하기 위해 문항 제작자가 갖추어야 할 자격은 다음과 같다.

첫째, 교과에 대한 충분한 이해가 있어야 한다. 이는 구체적으로 교과에 대한 사실이나 원리뿐만 아니라, 교과 내 또는 교과 간의 연관성과 함축성에 대한 지식을 알아야 한다는 것이다. 즉 교육과정, 교과서, 교사용 지도서 등의 내용을 두루

섭렵하고 정확하게 이해해야 한다.

둘째, 피험자 집단의 특성을 잘 알아야 한다. 즉 학습자의 학습 발달과 어휘 수준을 파악해야 한다.

셋째, 문항 제작에 필요한 지식과 기술, 즉 문항 유형과 특성, 좋은 문항의 조건, 문항 제작상의 유의점, 문항 편집 요령 등에 대해 숙지해야 한다.

넷째, 검사 이론에 대한 이해와 문장력이 필요하다.

다섯째, 풍부한 문항 제작과 검토 경험이 필요하다.

나) 좋은 문항의 조건

좋은 문항은 필요 이상의 어려운 단어, 불필요하게 복잡한 문장 구조, 모호한 문장 등을 갖추면 안 된다. 좋은 문항의 조건은 다음과 같다.

첫째, 문항 내용의 적절성을 고려해야 한다. 즉 문항들이 측정하고자 하는 내용을 제대로 담고 있어야 하는데, 이를 '타당도가 높다'고 한다.

둘째, 문항 내용이 복잡성을 지녀야 한다. 즉 질문의 내용이 단순한 사실보다는 분석, 종합, 평가 등의 고등 정신능력을 측정할 수 있어야 한다.

셋째, 문항 내용이 일정한 추상성을 지녀야 한다. 즉 질문 내용이 단순 사실을 열거하기보다 사실들을 요약하고 일반화 및 추상화시킬 수 있어야 한다.

넷째, 문항이 참신해야 한다. 이는 문항의 질문이 학습자에게 진부하지 않고 얼마나 새로운 경험을 주는가를 의미한다. 문항의 내용이 참신할 때 새로운 정신능력을 측정할 수 있다.

다섯째, 문항이 구조화되어야 한다. 이는 문항의 체계성을 의미하는 것으로, 질문이 모호하지 않고 분명하며 구체적이어야 한다.

여섯째, 문항의 난이도가 적절해야 한다.

일곱째, 문항이 학습동기를 유발시켜야 한다. 평가문항에 대한 피험자의 반응 결과(성공 또는 실패)는 학업성적뿐만 아니라 학습 동기, 흥미, 태도 등의 정의적 행동에도 중요한 영향을 미칠 수 있다.

여덟째, 문항 유형에 따른 제작 원리와 유의법, 문항 편집 요령에 충실해야 한다.

2) 문항 유형

문항은 크게 선택형 문항과 서답형 문항으로 구분한다. 선택형 문항(selection-type-item)은 문항 내에 주어진 답지 중에 하나를 고르는 문항 형태이며, 서답형 문항(supply-type-item)은 답이 문항 내에 주어진 것이 아니라 피험자가 직접 정답을 써넣는 형태의 문항이다. 선택형 문항을 객관식 문항, 서답형 문항을 주관식 문항으로 부르기도 하는데 이는 학문적 용어가 아니다.

표 4-8 문항 유형

선택형 문항	서답형 문항
• 진위형(true-false form) • 선다형(multiple-choice form) • 연결형(matching form)	• 단답형(short-answer form) • 완성형(completion form) • 괄호형(close or cloze form) • 논술형(essay)

출처: 김석우(2009). 교육평가의 이해. 서울: 학지사. p. 282.

03

수행평가와 실기평가

사회가 발전하면서 고차원적 사고 기술의 중요성이 부각되는 데 반해 전통적인 평가에서는 단답형의 문제로 평가하여 낮은 수준의 사고를 조장한다고 비판받았다. 이에 대안적 평가가 대두되었다.

전통적인 평가는 학습의 과정보다 결과를 중시하고 서열 매김을 강조하는 데 반해 대안적 평가는 학습의 과정과 결과를 모두 중시하며 평가 결과를 학생의 발달을 위한 피드백 자료로 활용한다. 그리고 실제와 비슷한 상황을 활용한 평가를 통하여 지식과 정보를 실생활에 적용할 수 있다. 이러한 대안적 평가의 대표적인 예로 수행평가가 있다.

대안적 평가는 공업 분야의 역량을 키우는 공업교육에 적합한 평가방법으로 공업교육에서 활발하게 사용되고 있으며 대표적으로 실기평가에 사용되고 있다. 이에 이 절에서는 수행평가와 실기평가를 함께 제시하고자 한다.

그림 4-3 대안적 평가 대두의 배경

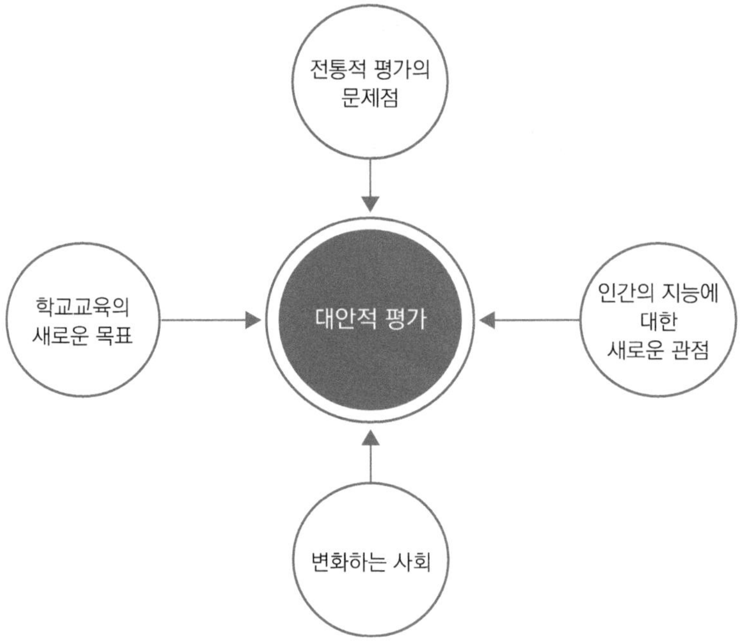

출처: 김영천(2016). 수행평가: 이론과 설계. 경기: 아카데미프레스. p. 13. 재구성.

가 수행평가

1) 수행평가의 개념과 특징

수행평가(performance assessment)는 배운 내용이나 지식, 습득한 기술이나 기능을 얼마나 잘 수행하느냐(doing, performing)를 판단하는 평가방법이다. 일반적으로 관찰에 의존하여 행위를 수행하는 모든 과정과 수행이 끝났을 때의 결과를 종합적으로 판단하는 평가방법이다. 수행평가와 유사한 개념을 가진 용어는 참평가, 포트폴리오, 직접평가, 대안적 평가 등이 있다.

표 4-9 수행평가와 관련된 용어의 정의

용어	정의
수행평가	지식이나 기능 혹은 기술의 수행 정도를 측정하는 평가
참평가	실제 상황에서 수행 정도를 측정하는 평가
포트폴리오	개인의 작업이나 작품을 모아 둔 자료집이나 서류철을 이용한 평가
직접평가	표출되는 행위에 대한 직접 관찰을 통하여 실시하는 평가
대안적 평가	기존의 어떤 평가방법을 대치할 수 있는 평가

출처: 김성숙 · 김희경 · 서민희 · 성태제(2015). 교수 · 학습과 하나되는 형성평가. 서울: 학지사. p. 138.

수행평가는 본래 심동적 행동 특성을 평가하기 위하여 음악이나 체육 등에서 주로 사용하였으나 인지적 · 정의적 행동 특성을 평가하는 데에도 이용되고 있다. 수행평가는 전통적인 평가가 잘 다루지 못했던 복합적인 사고과정, 기술이나 기능 등에 요구되는 고등정신능력을 평가하고, 평가도구의 형식보다는 평가의 내용이 무엇인지에 집중하기 때문에 전통적인 평가 방법의 대안으로 제시되고 있다. [그림 4-4]는 전통적인 평가방법에서 가장 많이 사용하는 선택형 문항에 의한 평가와 수행평가를 비교한 것이다. 이러한 점은 수행평가가 공업 교육평가에 적합한 평가방법이라는 것을 다시 한번 확인시켜 준다.

그림 4-4 선택형 문항의 평가와 수행평가의 비교

선택형 문항에 의한 평가	**수행평가**
[구조화]	[비구조화]

진위형 선다형 배합형 괄호형 단답형 논술형 구술시험 수행평가 포트폴리오 참평가

선택형 문항에 의한 평가	수행평가
인지	인지 /정의 / 심동
앎	앎+행함
학습 결과	학습 진행 / 결과
고정형 평가	개방형 평가
이분적 평가(하나의 정답)	다분적 평가(다양한 정답)
타당도 - 내용타당도	타당도 - 내용타당도
- 구인타당도	- 준거타당도
- 준거타당도	
신뢰도 - 재검사신뢰도	신뢰도 - 채점자 내 신뢰도
- 동형검사신뢰도	- 채점자 간 신뢰도
- 내적일관성신뢰도	
분석적 접근	총체적 접근
인위적 상황	실제적 상황
일회적 평가	지속적 평가
정적 평가	동적 평가
행정적 기능	교수적 기능

출처: 김성숙 · 김희경 · 서민희 · 성태제(2015). 교수 · 학습과 하나되는 형성평가. 서울: 학지사. p. 143.

수행평가의 장점은 다음과 같다.

첫째, 인지적 능력, 정의적 특성, 심동적 특성을 모두 평가할 수 있다.

둘째, 개방형 형태의 평가방법으로 다양한 사고능력을 함양시킨다.

셋째, 과제 수행이 대체로 협동학습으로 이루어져 전인교육에 효과적이다.

넷째, 검사 결과뿐만 아니라 문제해결 과정도 분석할 수 있다.

다섯째, 다양한 답을 수용할 수 있으므로 학습동기와 흥미를 유발시킨다.

여섯째, 행정적 기능이 강조되지 않는다.

그러나 수행평가에 어려움도 적지 않다. 수행평가의 단점은 다음과 같다.

첫째, 학습자의 인지구조뿐만 아니라 학습과제를 실생활에 적용하는 범위까지 고려해야 하므로 수행평가 도구 개발이 어렵다.

둘째, 채점 기준, 즉 점수 부여 기준을 설정하는 것이 어렵다.

셋째, 채점자의 주관이 개입될 소지가 많으므로 채점자 내 신뢰도와 채점자 간 신뢰도 확보에 어려움이 있다.

넷째, 시간과 비용이 많이 든다.

다섯째, 점수 결과 활용에 어려움이 있다.

2) 수행평가의 방법

수행평가의 방법으로는 서술형 및 논술형 검사, 구술시험, 토론, 실기시험, 실험·실습, 면접, 관찰, 자기평가 및 동료평가 보고서, 연구보고서, 프로젝트법, 포트폴리오 등이 있다. 수행평가 과정에서 여러 가지 방법들을 다양한 형태로 적용할 수 있다.

가) 서술형 및 논술형 검사

서술형 검사는 주관식 검사라고도 하는데, 문제의 답을 선택하는 것이 아니라 직접 서술하는 검사다. 질문의 형태가 단편적인 지식을 묻는 것이 아니라 창의성, 문제해결력 등의 고등사고력을 묻는 것이다.

논술형 검사도 일종의 서술형 검사이지만 명확한 정답이 없고 학습자 나름의 생각이나 주장을 창의적이고 논리적이면서 설득력 있게 작성해야 한다는 것이 기존 서술형 검사와 다른 점이다.

나) 구술시험

구술시험은 정해진 주제나 질문에 관해 학습자가 자신의 의견이나 생각을 발표하도록 하여 학습자의 이해력, 표현력, 판단력, 의사소통능력 등을 평가하는 방법이다.

다) 토론

토론은 특정 주제에 대해 학습자들이 토론하는 것을 보고 평가하는 것이다. 대체로 찬반 토론을 많이 하는데 토론 과정을 관찰함으로써 토론 진행 과정에서 지도력을 발휘하여 토론을 이끌어 가는 사람, 당당하게 자기주장을 피력하는 사람, 다른 사람의 의견을 경청하고 그 의견들을 집약하는 사람, 상대방에게 자유롭게 의견을 제시하도록 한 뒤에 결론은 자기 의견대로 끌고 가는 사람 등 여러 유형의 성격을 파악할 수 있다.

라) 실기시험

기존의 실기시험이 통제되거나 강요되는 상황이라면, 수행평가의 실기시험은 자연스러운 상황에서 실제로 하는 것을 여러 번 관찰하여 수행능력을 평가하는 것이다. 수행평가의 실기시험은 교수 · 학습 활동과 평가활동을 분리하지 않고 수업시간에 자연스럽게 평가하는 것이 바람직하다.

마) 실험 · 실습

수행평가의 실험 · 실습에서는 학습자가 어떤 과제에 대해 실험 · 실습을 하고 결과 보고서를 제출하도록 하고 교사는 학습자들의 실험 · 실습 과정을 관찰하고 결과 보고서와 함께 평가한다. 실험 · 실습에 관한 기자재 및 도구 조작 능력뿐만 아니라 지식을 적용하고 문제를 해결하는 과정까지 종합적으로 평가한다.

바) 면접

면접은 교사가 학습자와 직접 대면하여 질문하고 학습자가 대답하는 과정을 통해 지필식 시험이나 서류만으로는 알 수 없는 사항을 평가하는 방법이다. 면접과 유사한 구술시험은 주로 인지적인 영역을 중심으로 학업성취도를 평가하는 반면, 면접은 정의적인 영역이나 신체적인 영역을 평가한다.

사) 관찰

관찰은 학습자를 이해하고 평가하기 위한 가장 보편적인 방법 중의 하나이다. 객관적이고 정확한 관찰을 위해서는 일화 기록, 체크리스트, 비디오분석 등을 활용하기도 한다.

아) 자기평가 및 동료평가 보고서

자기평가 보고서는 학습자 스스로 학습과정이나 학습결과에 대한 자세한 평가

보고서를 작성하여 평가하는 것으로, 학습자로 하여금 자신의 준비도, 학습 동기, 성실성, 만족도, 성취 수준 등에 대해 스스로 생각하고 반성할 수 있는 기회를 제공한다. 동료평가 보고서는 동료 학습자가 학습과정에서 상대방을 서로 평가하도록 하는 것이다.

자) 연구보고서

이 방법은 각 교과별로 여러 가지 연구 주제 중에서 학습자의 능력이나 흥미에 적합한 주제를 선택하고 그 주제에 대해 학습자 스스로 자료를 수집하고 분석 · 종합하여 연구보고서를 작성함으로써 평가하는 것이다.

차) 프로젝트법

프로젝트법은 학습자에게 특정한 과제를 수행하도록 한 다음, 그 과제를 수행하기 위한 계획서 작성 단계에서부터 결과물 완성 단계에 이르기까지의 전 과정과 결과물을 모두 평가하는 것이다. 연구보고서와 달리 결과물도 평가한다는 점에서 차이가 있다.

카) 포트폴리오

포트폴리오는 학습자가 지속적이고 체계적으로 만들어 모아 둔 개인별 작품집, 서류철 등을 이용한 평가 방법이다. 이는 일회적으로 평가하지 않고 학습자의 변화와 발달 과정을 종합적이고 지속적으로 평가한다. 포트폴리오에서는 학습자의 역할이 중요하고, 결과뿐만 아니라 과정도 중요하며, 현재의 상태보다 발전 가능성에 초점을 둔다. 포트폴리오에는 그림, 시, 글짓기, 독서 기록, 과제 기록물, 연구보고서, 실험 · 실습보고서, 프로젝트 결과물 및 보고서 등이 포함되며, 이 외에도 면담 기록, 학습 활동 기록 영상자료, 자기평가 및 동료평가 보고서, 수행일지 등도 포함될 수 있다.

3) 수행평가의 개발 절차

수행평가의 개발 절차는 수행평가 과제 개발 및 내용타당도 검증 → 수행평가 실시 → 수행평가의 채점 기준 개발 → 수행평가 결과 채점을 위한 채점자 훈련 → 채점 실시 → 채점자 내 신뢰도와 채점자 간 신뢰도 검증 → 수행평가 결과에 대한 점수 및 등급 부여 → 결과 통보의 순으로 이루어진다.

가) 수행평가 과제를 개발하고 내용타당도를 검증한다.

수행평가 과제는 학습자에게 특정한 능력이나 지식을 입증할 수 있도록 개발되어야 하고 과제에 대한 학습자의 반응이 과제가 요구하는 지식이나 능력을 드러내고 있는지를 평가하는 채점 기준이 개발되어야 한다. 수행평가 과제는 교육과정과 구체적으로 연계되어야 하고 과제 수행 조건도 구체화되어야 한다. 수행평가 과제를 설명하는 진술문에는 평가할 내용, 학습자의 활동, 필요한 자료, 점수화 규칙 등이 포함되어야 한다.

수행평가 과제가 내용타당도를 확보하기 위해서는 과제들이 교육목표를 포함하고 있으며 과제 수행을 통하여 학습자가 그들의 능력과 기술을 충분히 입증할 수 있어야 한다. 이에 대해 과제 개발자나 교사들이 체크리스트를 만들어서 상호 검토할 수 있어야 한다.

나) 수행평가를 실시한다.

전통적인 평가방법인 지필검사에서는 다수의 문항으로 평가하지만 수행평가는 소수의 과제를 수행하는 것으로 평가한다. 과제 수행은 개인활동일 수도 있고 협동과제가 부여된 집단활동일 수도 있다.

다) 수행평가의 채점 기준을 개발한다.

일반적으로는 수행평가 과제를 개발한 후에 채점 기준이 마련되어야 하지만, 학습자가 수행한 표본을 참조하여 채점 기준을 변경하거나 구체화할 수 있다. 채점 기준을 구체화하기 위해서는 어떤 요소를 채점할 것인가, 각 요소별로 어떤 채점 기준을 설정할 것인가, 각 채점 기준에 관련된 수행 수준은 무엇으로 할 것인가 등을 결정해야 한다. 채점 척도는 예/아니오의 점검표, 점수를 부여하는 점수 척도, 유목화하여 평가하는 질적 채점 척도 등으로 할 수 있다.

라) 수행평가 결과를 채점하기 위하여 채점자를 훈련한다.

채점자는 수행평가 의도와 채점 기준을 명확하게 알고 있어야 하며 채점자들 간의 공통된 준거 확보를 위한 채점자 훈련을 실시해야 한다. 채점자 훈련에서는 채점 기준표 숙지, 채점 연수, 채점자 간 신뢰도 추정, 채점 기준 수정, 점수 기록 등의 훈련을 통해 채점자 간 신뢰도를 유지할 수 있다.

마) 채점을 실시한다.

수행평가에는 다양한 답이 존재하므로 수행평가 결과도 이분적으로(맞았는가, 틀렸는가) 채점하지 않는다. 수행평가 채점 방식에는 총괄적 채점과 분석적 채점이 있다.

총괄적 채점은 수행평가를 영역으로 구분하지 않고 종합적으로 판단하여 점수를 부여하는 방법이다. 이는 채점이 쉽고 채점 시간도 빠르나 전체적인 인상(印象)이나 종합평가로 점수를 줄 수 있어서 채점의 일관성을 잃기 쉽다.

분석적 채점은 수행 결과를 요소요소로 구분하여 점수를 부여하는 방법이다. 이는 채점 기준이 명확할수록 일관성 있고 신뢰할 수 있는 채점이 된다. 그러나 채점자 훈련이 필요하고 채점할 때 시간이 많이 걸린다.

바) 채점자 내 신뢰도와 채점자 간 신뢰도를 검증한다.

채점자 내 신뢰도란 채점자 한 사람이 평가 대상 모두에게 얼마나 일관성 있게 점수를 부여하였느냐의 문제이며, 채점자 간 신뢰도란 채점자 간의 점수 부여가 일관성 있느냐의 문제이다. 수행평가는 관찰과 판단에 의존하는 평가이므로 점수를 부여하는 과정에서 일관성이나 공정성을 잃기 쉬우므로 신뢰도 검증이 매우 중요하다.

사) 수행평가 결과에 대한 점수나 등급을 부여한다.

채점 항목별로 점수를 부여하고 수행평가 결과를 점수나 등급으로 나타낼 수 있다. 등급은 'A, B, C' 혹은 '매우 우수 ~ 매우 부족' 등의 등급으로 산출한다. 수행평가의 변별력을 높이기 위해서는 점수나 등급으로 산출하지만, 그렇지 않은 경우에는 질적 평가(예: 서술에 의한 평가)를 실시할 수도 있다.

아) 학습자에게 결과를 통보한다.

평가 결과는 학습자에게 통보되어야 하고 그들이 이해할 수 있어야 한다. 이를 위하여 객관적이고 공정한 평가를 실시할 수 있도록 다양한 노력을 기울여야 한다.

나 실기평가

1) 실기평가의 개념

실기평가는 실기 수업의 과정과 결과를 평가하는 것으로 학습자가 실기 수업에서 수행한 실기 과정과 실기 수업의 결과물을 실기 수업 목표에 비추어 평가하는 것이다.

실기평가의 특징은 다음과 같다.

첫째, 실기평가는 과거에는 심동적 영역(기능)을 가장 강조하였으나 최근에는 인지적 · 심동적 · 정의적 영역을 모두 평가한다. 그 이유는 산업 기술의 발달로 인해 이론과 실기를 겸비한 융합형 인재가 요구되기 때문이다. 이에 지식과 기술을 활용하여 문제를 해결하는 종합과제형 실기평가를 강조하고 있다. 이러한 실기평가를 위해서는 학습자의 인지적 · 심동적 · 정의적 영역을 모두 관찰하여 평가할 수 있는 교사의 역량이 중요하다.

둘째, 실기는 일반적인 수업 방식에서 강조하는 이론적 지식보다 학습자의 내면화 과정과 성찰이 중요하고 이는 구성주의 교육철학에 입각한 것이다. 따라서 학습자가 학습내용(실기)을 자신의 것으로 재구조화하여 내면화할 수 있도록 수시로 실습 과정을 평가하여 학습자에게 적극적인 피드백을 제공해야 한다. 아울러 실기는 학습 결과물에 대한 평가도 중요하므로 학습목표 달성 여부를 측정할 수 있도록 형식적 평가 방법인 총합평가도 적용한다.

셋째, 실기평가는 실제 직업현장의 직무 기술과 근접한 내용을 평가하기 때문에 교육 장소(학교)에서 실제 지업현장의 기술을 평가할 수 있도록 다양한 평가방식을 적용한다. 예를 들어 프로젝트법을 통해 실제 직무기술의 수행과정을 인지적 · 심동적 · 정의적 영역별로 평가하기 위하여 다양한 평가방식을 적용한다. 따라서 교사의 평가 역량이 매우 중요하다.

2) 실기평가의 영역

실기평가는 다양한 영역에서 평가되어야 한다. 실기를 기능의 습득으로 보더라도 단순히 숙달된 손놀림만으로 습득되는 것이 아니다. 과거 중등단계 공업교육이 활발했던 1970~80년대 산업화 시기에는 수작업 중심의 수동(manual) 기계 및 장치 조작이 대부분의 직무였으므로 공업교육에서도 수작업 중심의 기능 교육을 강조하였다. 그러다 보니 심동적 영역을 가장 강조하였다.

그러나 최근 산업 기술이 고도화되고 디지털화되면서 신산업 · 신기술이 등장하여 이론과 기술을 종합한 실천적 문제해결을 강조하고 있다. 따라서 인지적 · 심동적 · 정의적 영역을 모두 평가해야 한다.

가) 인지적 영역의 평가

실기를 수행하는 과정에서도 학습자의 사고 작용을 거치기 때문에 인지적 영역의 평가는 폭넓게 적용할 수 있다. 그리고 실기를 수행하는 과정에서 학습자가 맞부딪치는 다양한 문제를 해결하기 위해서 인지적 영역이 중요하다.

교사는 실기교육에서의 인지적 영역을 평가하기 위해 성취 목표 설정, 평가 기법 설정, 평가 도구 개발, 문항 개발 및 적용 등의 과정을 거친다. 이러한 과정은 이 장에서 제시한 일반적인 평가 절차와 유사하다.

나) 심동적 영역의 평가

심동적 영역의 평가는 학습자가 행위적 능력을 평가하는 것으로 능력중심 교사 교육(performance based teacher education)의 6단계를 적용할 수 있다. 1단계는 실제 직무상에서의 상황과 문제를 고려한다. 2단계는 학습자가 실천해야 하는 작업 명세서를 작성한다. 3단계는 작업에 필요한 장치, 도구, 재료 등을 열거한다. 4단계는 성취 정도를 판단하는 기준을 작성한다. 5단계는 성취 기준에 적절한 평가 기법을 설정한다. 6단계는 평가도구를 개발한다.

다) 정의적 영역의 평가

정의적 영역의 평가에서는 학습자의 작업 태도, 적극성, 팀워크, 문제해결능력 등을 종합적으로 평가한다. 평가 방법으로는 면접에 의한 구두 평가, 동료 평가, 직무태도 검사 평가(자기보고식 평가), 실습 태도 점검표 평가, 교사 관찰 평가 등이 있다. 정의적 영역은 실기 과정에서 다양한 행위로 표현되므로 교사의 관찰 평가가 가장 중요하다.

3) 실기평가의 절차

가) 평가내용과 목표의 결정

평가내용을 결정할 때에는 어떤 수업목표를 달성할 것인가도 함께 결정해야 한다. 따라서 평가할 단원의 내용을 구조화하고 세부 학습영역별로 목표를 행동 목표로 진술한 뒤, 세부 학습영역별로 인지적 · 심동적 · 정의적 영역의 어떤 행동 특성을 평가할 것인지 분류한다.

표 4-10 실기평가의 내용과 목표(서식의 예)

학습 영역	학습 내용	행동분류								
		인지적 영역			심동적 영역			정의적 영역		
		○○ 이해하기	○○ 설명하기	○○ 발표하기	○○ 수행하기	○○ 조작하기	○○ 측정하기	문제해결	자료수집	팀워크

출처: 이무근 · 김재식 · 김판욱(2005). 실기교육방법론(제3판). 서울: 교육과학사. p. 368. 재구성

나) 평가장면의 선정

평가내용과 목표를 결정하면, 이를 어떤 상황과 조건에서 평가할 것인가에 대한 평가장면을 선정한다. 평가장면의 예시로는 실습, 발표, 조사 등이 있다. 실기

평가 장면을 선정할 때에는 평가를 실시할 장소, 평가에 필요한 장치와 도구 및 재료 등을 고려하여 선정해야 한다.

다) 평가도구의 제작

바람직한 평가도구는 타당성, 신뢰성, 객관성, 실용성 등을 지녀야 한다.

첫째, 타당성은 평가도구가 어떤 내용을 평가하는가(What), 즉 적절한 평가내용을 평가해야 한다는 의미이다. 타당성을 높이기 위해서는 평가내용 및 목표를 정확히 이해하고 무엇을 평가할 것인지 명확하게 설정해야 한다.

둘째, 신뢰성은 어떻게 평가하는가(How), 즉 평가도구가 오류 없이 정확하게 평가해야 한다는 의미이다. 동일한 집단인데 평가할 때마다 결과가 다르다면 평가도구의 신뢰성이 낮은 것이다. 평가 기준을 구체적이고 명확하게 설정하면 신뢰성을 높일 수 있다.

셋째, 객관성은 측정의 결과에 대해 학습자들 간에 어느 정도 일치된 평가를 하는가의 정도이다. 예를 들어 주관식 검사는 객관식 검사에 비해 객관성이 낮을 수 있다. 따라서 평가도구에 주관적 요소를 최대한 배제하고 평가목표에 맞게 객관적 요소를 중심으로 평가도구를 개발해야 한다.

넷째, 실용성은 평가도구가 경제적이고 쉽게 활용할 수 있는 정도이다.

이상의 4가지 요소를 모두 갖추기 위해서는 평가도구를 다양한 형태로 제작하고(예: 실습/발표평가, 객관식/주관식평가, 자기보고/동료평가 등), 교사들 간의 상호 검토를 통해 평가도구가 문제가 없는지, 평가 과정에서 오류가 없는지 등을 점검해야 한다.

라) 평가 실시 및 피드백

이상의 과정을 거쳐 평가도구를 제작하고 평가를 실시한다. 실기평가는 이론평가에 비해 시간이 오래 걸리고 평가에 필요한 장비와 도구 등이 다양하기 때문에 학습자에게 충분히 사전 안내를 하고 교사가 철저히 계획을 수립해야 한다.

그리고 과제 수행 과정을 종합적으로 평가해야 하므로 교사가 학습자의 과제 수행 과정을 충분히 관찰할 수 있도록 적정한 수의 학습자를 평가해야 한다. 또한 과제 수행 과정에서 적절한 피드백을 제공하여 학습자들이 결과물을 완성하고 성취감을 얻을 수 있도록 교사의 현명한 평가 운영 기법이 요구된다.

04

공업 교육평가의 실제[2]

가 성취평가제

성취평가제는 국가 수준의 교육과정에 제시된 성취기준을 근간으로 학생의 성취 정도를 평가하여, 그 결과를 A-B-C-D-E-(F)로 성취도를 부여하는 제도로, 학생들이 무엇을, 얼마나 알고 있는가에 대한 정확한 결과 정보를 제공하고, 과도한 경쟁의식을 지양하는 취지에서 출발하였다. 성취평가제는 성취기준에 기반한 평가이기 때문에 성취기준을 분석하는 데서 출발하며, 성취평가제는 준거참조평가에 해당한다. 성취평가제를 적용하는 과정에서 학생들이 도달해야 하는 준거를 설정하는 것이 중요하며, 준거는 성취기준에서 출발한다.

2 출처: 교육부 · 한국직업능력연구원(2023). 2022 개정 직업계고 교육과정에 따른 전문 교과 평가활동 길라잡이. pp. 31-109. 재구성.

표 4-11 성취평가제 평가활동 절차

	단계	주요 질문
1	과목 성취기준 분석, 평가 목표 설정	• 이 과목 학습을 통해 학생들은 무엇을 달성해야 할까?
2	성취기준 분석을 바탕으로 성취수준 설정	• 성취기준에 잘 도달한 것과 그렇지 못한 것은 어떤 측면에서 뚜렷한 차이가 있을까?(A, B, C, D, E의 5개 수준으로 나눠서 진술해 보기)
3	평가 방법 선정	• 각 성취수준 도달 여부를 확인하기 위한 최적의 방법은 무엇일까?
4	평가도구 개발 방향 설정	• 평가도구를 어떤 형태로 개발하는 것이 좋을까? • 점수 배점과 척도는 무엇으로 해야 좋을까?
5	평가도구 개발(지필/수행)	• 개발 방향이 정해졌으니 도구를 개발하자. • 설정한 성취수준을 변별력 있게 잘 확인할 수 있도록 개발되었을까?
6	준거 점수 설정(고정 분할 점수/단위학교 분할 점수)	• 어떤 점수를 기준으로 A, B, C, D, E 수준을 구분해야 할 • 고정 분할 점수로 진행해도 괜찮을까?
7	평가 시행 및 채점	• 평가 과정에서 유 · 불리는 없었을까? • (수행평가의 경우) 객관적인 채점이 이루어졌는가?
8	결과 산출, 결과 분석, 결과 해석 및 활용	• 성취수준별 학생들의 분포 비율은 어떠한가? • 최소 성취수준에 도달하지 못한 학생들이 있는가?
9	개별 학생의 성취수준 특성 파악, 피드백	• 최소 성취수준에 도달하지 못한 학생들을 어떻게 지도할까?

출처: 박혜영 외(2022). 고교학점제 도입에 따른 성취평가제 개선 방안. 한국교육과정평가원. p. 149.; 교육부 · 한국직업능력연구원(2023). p. 35. 재인용.

1) 성취기준

성취기준은 학생들이 교과 수업을 마친 후에 갖추게 될 지식과 기능을 결합하여 나타낸 수업 활동의 기준이다. 성취기준은 수업을 통해 습득하게 되는 지식과 기능을 제시한 것으로, 교수, 학습, 평가의 실질적인 근거가 되며, 교사가 무엇을 가르치고 평가해야 하는지, 학생이 무엇을 학습하고 성취해야 하는지에 관한 실질적인 지침이다.

성취기준은 국가 교육과정 문서(2022 개정 교육과정)에 제시되어 있고, 학생의 특성, 학교의 여건 등에 따라 교육과정 및 교과서 내용을 분석하여 교과협의회를 통해 학교 수준에서 재구조화할 수 있다.

그림 4-5 2022 개정 교육과정에 제시된 성취기준 예시

나. 성취기준

1) 일과 직업

[성직 01-01] 일과 직업의 의미를 알고, 일과 직업이 자신의 삶에서 어떠한 가치를 가지고 있는지를 설명할 수 있다.
[성직 01-02] 생애 발달의 개념을 알고 생애 발달 과정을 구분할 수 있으며, 생애 발달의 과정 속에서 직업적 성공을 위해 필요한 것을 설명할 수 있다.

2) 성취기준별 성취수준

성취기준별 성취수준은 교육과정에 명시된 하나의 성취기준에 대해 학습자의 도달 정도를 일정한 수준으로 나누어 진술한 것이다. 과목 및 성취기준 특성에 따라 3단계, 4단계 혹은 5단계로 구분하여 진술 가능하나 여기에서는 3단계로 구분하여 작성하는 방법을 제시한다. 성취기준별 성취수준을 3단계로 작성하기 위해 A~E의 등급 기호를 A/B, C, D/E로 구분하였다.

한편, 각각의 성취기준에 마련된 성취수준 'A/B, C, D/E'가 문항 난이도의 '어려움/보통/쉬움'과 동일한 의미는 아니다. 성취기준별 성취수준은 성취기준의 달성 수준을 의미하며, 문항 난이도(item difficulty)는 어떤 문항에 대해 학생들이 올바르게 응답한 비율로 문항의 어렵고, 쉬운 정도를 의미한다. 성취기준별 성취수준을 통해 교사는 학생들이 해당 성취기준에 대해 무엇을 알고, 무엇을 할 수 있는가에 대한 수준을 파악할 수 있다.

- A/B: 성취기준에 제시된 지식, 기능, 태도에 대한 이해와 수행이 **우수한** 수준
- C: 성취기준에 제시된 지식, 기능, 태도에 대한 이해와 수행이 **보통인** 수준
- D/E: 성취기준에 제시된 지식, 기능, 태도에 대한 이해와 수행이 **기초적인** 수준

3) 학습 영역별 성취수준

학습 영역별 성취수준은 학습 영역에 해당하는 교수 · 학습 활동이 모두 끝났을 때, 학생이 도달한 수준을 판단하기 위한 것으로, 학습 영역 내 성취기준들을 종합하여 전반적인 지식, 기능, 태도 등의 도달 정도를 수준별(A, B, C, D, E)로 진술한 것이다. 학습 영역별 성취수준은 학습 영역별 혹은 교과의 단원별, 학기별로 진술하고, 학습 영역별 성취수준을 토대로 교사는 교수 · 학습목표를 설정 · 조정하고 평가 활동을 계획할 수 있다.

학교 현장에서는 평가 결과를 토대로 성취율에 따라 A, B, C, D, E를 부여하기도 하지만, 부여된 A, B, C, D, E의 의미는(예: A가 의미하는 바가 무엇인가? 어떤 수준까지 도달한 것인가?) 성취수준 진술 문장을 통해 보다 명확하게 이해할 수 있다.

4) 최소 성취수준

최소 성취수준은 각 과목의 교육목표에 비추어 학생이 알아야 할 것과 할 수 있는 것의 내용과 범위에 최소한으로 도달한 정도를 말하며, 이수 기준을 의미한다. 최소 성취수준은 학생들의 기초학력을 보장하기 위한 책임교육 실현을 목표로 하는 고교학점제가 도입되면서 성취평가제에 적용되었다.

최소 성취수준은 고교학점제에서 학생들이 학점 이수가 가능한 성취수준을 A, B, C, D, E로 구분할 때 가장 마지막 단계인 'E'에 도달한 정도로, 기준 성취율로는 40% 이상 달성한 상태를 의미한다. 'E'에 해당하는 성취수준을 보이는 학생들의 주요한 특징과 최소 성취수준을 확인할 수 있는 학생들의 수행 활동 근거를 제시하여 학교 현장에서 최소 성취수준 보장 지도를 위한 참고 자료로 활용해야 한다.

5) 평가 영역과 평가 요소

평가 영역은 평가의 내용이 되는 학습 영역을 의미하며, 교육과정의 학습 영역, 핵심 개념, 기능 등을 활용하여 교과 및 학교의 특성에 따라 평가 영역을 결정할 수 있다.

평가 요소는 성취기준에 도달했다는 증거로 학생들이 보여 주기를 기대하는 핵심 내용을 구체적으로 기술한 평가 내용을 의미한다. 평가 요소는 평가의 채점 기준을 만들기 위해 필요하고, 성취기준에서 도출되며, 학생들의 수행 정도를 판단할 수 있도록 지식, 기능, 태도와 같은 구체적인 내용으로 기술된다. 학습 영역의 하위수준을 의미하는 학습 요소와는 다른 개념이다.

그림 4-6 2022 개정 교육과정의 학습 영역, 학습 요소와 평가 영역의 관계

2. 내용 체계 및 성취기준

가. 내용 체계

학습 영역	학습 요소
일과 직업	• 일과 직업의 의미와 가치 • 생애 발달과 직업적 성공
진로 직업 설계와 직업 기초 능력	• 진로 직업 탐색과 설계 • 직업 기초 능력의 종류 • 직업 기초 능력의 개발

평가의 내용이 되는 학습영역을 '평가영역'이라 함

· 학습 영역: 교과 학습 내용 체계의 핵심 뼈대로서 2022 개정 교육과정에서는 하나의 전공 일반 과목마다 6개 내외의 학습 영역을 설정함.

· 학습 요소: 학습 영역의 세부 학습 내용으로, 학습 요소마다 하나의 성취기준이 도출될 수 있도록 범주화함. 2022 개정 교육과정에서는 1개의 학습 요소를 보통 3차시 분량의 학습량이 되도록 설정함.

나 평가 계획과 성취기준별 성취수준 작성

1) 평가 계획 작성하기

STEP 1. 2022 개정 교육과정 문서에서 과목명, 교과 역량, 학습 영역을 찾아서 작성한다. 교과 역량은 과목 교육과정의 '목표'에서 찾으며, 학습 영역은 '내용 체계 및 성취기준'에서 찾는다.

STEP 2. 교육과정 내용을 분석하여 성취기준별 평가 요소를 추출한 후 작성한다. 평가 요소는 교육과정의 학습 요소와 성취기준을 토대로 평가 가능한 구체적 행동 요소 형태로 진술한다.

STEP 3. 평가 요소에 따른 적절한 평가 방법을 제시한다. 지필평가는 선택형, 서답형(단답형, 완성형, 서술형, 논술형)으로, 수행평가는 발표, 토론, 실험 실습 등으로 구분하여 기술한다.

표 4-12 평가 계획 작성 양식

과목명		교과 역량	

학습 영역	성취기준	평가 요소	평가 방법	
			지필평가	수행평가

출처: 교육부 · 한국직업능력연구원(2023). 2022 개정 직업계고 교육과정에 따른 전문 교과 평가활동 길라잡이. p. 43.

표 4-13 평가 계획 작성 예시

과목명	성공적인 직업 생활	교과 역량	문제해결능력/의사소통능력/정보활용능력

학습 영역	성취기준	평가 요소	평가 방법	
			지필평가	수행평가
일과 직업	[성직 01-01] [성직 01-02]	• 일과 직업의 의미 이해하기 • 일과 직업의 의미와 진로 계획 발표하기 • 생애 발달 단계 구분하기 • 직업적 성공 요소 진술하기	선택형 서답형 (완성형)	발표
진로 직업 설계와 직업 기초 능력	[성직 02-01] [성직 02-02] [성직 02-03]	• 직업기초능력 하위 요소 구분하기 • 희망 진로 분야 성공 사례 탐색 • 자신의 진로 로드맵 제작 및 발표하기	선택형	보고서
		(하략)		

출처: 교육부 · 한국직업능력연구원(2023). 2022 개정 직업계고 교육과정에 따른 전문 교과 평가활동 길라잡이. p. 50.

2) 성취기준별 성취수준 작성하기

STEP 1. 작성 양식에 학습 영역, 성취기준을 2022 개정 교육과정 문서에서 찾아 채워 넣는다. 학습 영역, 성취기준은 '내용 체계 및 성취기준'에서 찾는다.

STEP 2. 성취기준에 포함된 행동 동사를 체크해 본다. (밑줄 표시)

STEP 3. 각 성취기준이 Bloom(2001)의 개정 교육목표분류학에 따라 어떠한 인지적 위계 단계에 해당하고 있는가를 확인한 후, 해당하는 단계를 C 작성 칸에 간단히 작성해 둔다.

STEP 4. C 수준 인지적 위계 단계를 고려하여 A/B와 D/E 수준의 인지적 위계 단계를 설정한다. 이때 아래 두 가지 방법을 고려한다.

1) Bloom(2001)의 개정 교육목표분류학에 따른 위계 조절(예: 기억 - 이해 - 적용)

2) Webb(1997)의 지식의 깊이에 따라 동일한 인지적 위계 단계에서 깊이 수준을 조절(예: 낮은 수준의 이해 - 보통 수준의 이해 - 깊은 수준의 이해)

STEP 5. 앞서 설정한 인지적 위계 단계를 고려하여 A/B, C, D/E 수준에서 학생들이 할 수 있는 것을 키워드로 나열해 본다. 이때 성취기준 문장을 행동 동사를 중심으로 끊어 읽으며(// 표시) 성취기준에 내포된 활동 단위들이 AB, C, DE에 모두 포함되도록 하되, 행동 수준의 위계를 설정한다.

STEP 6. 작성한 키워드를 중심으로 성취기준별 성취수준을 진술문 형태로 작성해 본다.

STEP 7. 과목 교육과정에서 성취기준 적용 시 고려 사항, 교수 · 학습, 평가에 진술된 내용을 확인하고, 해당 내용을 충분히 고려하여 성취기준별 성취수준이 작성되었는지 확인한다. 필요하다면 학습 과정에서 습득하게 될 태도 등을 진술문에 적절히 추가한다.

표 4-14 성취기준별 성취수준 작성 양식

성취기준	성취기준별 성취수준	
학습 영역 〉		
	A B	
	C	
	D E	
학습 영역 〉		
	A B	
	C	

<table>
<tr><th>성취기준</th><th colspan="2">성취기준별 성취수준</th></tr>
<tr><td></td><td>D
E</td><td></td></tr>
<tr><td rowspan="3"></td><td>A
B</td><td></td></tr>
<tr><td>C</td><td></td></tr>
<tr><td>D
E</td><td></td></tr>
</table>

출처: 교육부 · 한국직업능력연구원(2023). 2022 개정 직업계고 교육과정에 따른 전문 교과 평가활동 길라잡이. p. 51.

표 4-15 성취기준별 성취수준 작성 예시

<table>
<tr><th>성취기준</th><th colspan="3">성취기준별 성취수준</th></tr>
<tr><th>학습 영역 〉 일과 직업</th><th colspan="2">STEP 4,5</th><th>STEP 6</th></tr>
<tr><td rowspan="3">[성직 01-01] 일과 직업의 의미를 알고, // 일과 직업이 자신의 삶에서 어떠한 가치를 가지고 있는지를 설명할 수 있다. //</td><td>A
B</td><td>깊은 수준의 이해
- 일과 직업 의미 공통점, 차이점 설명
- 일과 직업 가치를 논리적으로 설명</td><td>일과 직업의 의미상 공통점과 차이점을 예를 들어 설명할 수 있고, 자신의 삶에서 일과 직업이 가지는 가치와 중요성을 논리적으로 설명할 수 있다.</td></tr>
<tr><td>C</td><td>이해
- 일과 직업 의미 예를 들어 설명
- 일과 직업의 가치를 설명</td><td>일과 직업의 의미를 예를 들어 설명할 수 있고, 자신의 삶에서 일과 직업이 어떤 가치가 있는지 설명할 수 있다.</td></tr>
<tr><td>D
E</td><td>기억
- 일과 직업 의미 간단한 말로 설명
- 일과 직업 중요성을 간단히 설명</td><td>일과 직업의 의미와 중요성을 간단한 말로 설명할 수 있다.</td></tr>
</table>

<table>
<tr><th>성취기준</th><th colspan="3">성취기준별 성취수준</th></tr>
<tr><td rowspan="3">[성직 01-02] 생애 발달의 개념을 알고 // 생애 발달 과정을 구분할 수 있으며, // 생애 발달의 과정 속에서 직업적 성공을 위해 필요한 것을 설명할 수 있다. //</td><td>A
B</td><td>깊은 수준의 이해</td><td></td></tr>
<tr><td>C</td><td>이해</td><td></td></tr>
<tr><td>D
E</td><td>기억</td><td></td></tr>
<tr><th>학습 영역 〉</th><th colspan="3">(하략)</th></tr>
<tr><td rowspan="3"></td><td>A
B</td><td colspan="2"></td></tr>
<tr><td>C</td><td colspan="2"></td></tr>
<tr><td>D
E</td><td colspan="2"></td></tr>
<tr><td rowspan="3"></td><td>A
B</td><td colspan="2"></td></tr>
<tr><td>C</td><td colspan="2"></td></tr>
<tr><td>D
E</td><td colspan="2"></td></tr>
</table>

출처: 교육부 · 한국직업능력연구원(2023). 2022 개정 직업계고 교육과정에 따른 전문 교과 평가활동 길라잡이. p. 60-61.

Bloom(2001)의 개정 교육목표분류학과 Webb(1997)의 지식의 깊이

- Bloom(2001)의 개정 교육목표분류학은 인지적 영역에 대한 학습 위계를 체계화하여 제시하였음.

〈 Bloom(2001)의 개정 교육목표분류학 〉

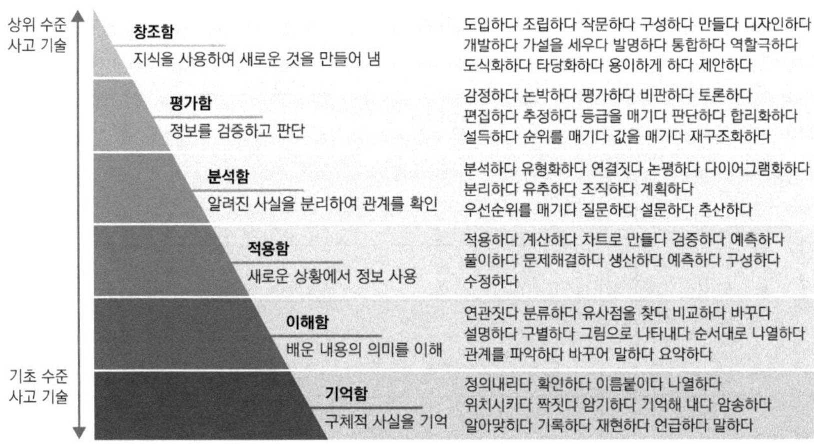

출처: 플로리다 대학교 교육공학 및 훈련센터, https://citt.ufl.edu/resources/the-learning-process/designing-the-learning-experience/blooms-taxonomy. 교육부 · 한국직업능력연구원(2023) p. 55. 재인용.

- Bloom(2001)의 6단계의 경우 '기억-이해-적용-분석-평가-창조'의 순서로 점차 상위 수준의 인지 활동이 일어난다고 보았으며, Webb(1997)은 Level 1의 단순 기억부터 Level 4의 확장된 사고 단계까지 점차 상위 수준의 인지 활동이 일어난다고 보았음.

〈 Webb(1997)의 지식의 깊이 〉

출처: 교육부 · 한국직업능력연구원(2023). 2022 개정 직업계고 교육과정에 따른 전문교과 평가활동 길라잡이. p. 57.

다 학습 영역별 성취수준과 최소 성취수준 작성

1) 학습 영역별 성취수준 작성하기

학습 영역별 성취수준은 학습이 끝났을 때 학습자가 성취하기를 기대하는 지식 · 기능 · 태도의 도달 수준을 진술한 것이다. 학습 영역별 성취수준의 수행 정도의 개념과 작성 지침은 다음과 같다.

표 4-16 학습 영역별 성취수준의 수행 정도의 개념 및 작성 지침

구분	성취수준별 수행 정도	성취율
A	• 모든 개념의 이해력이 매우 우수함. • 기능의 수행 정도가 정교하고 능숙하여 매우 우수함. • 수행 과정에서 배운 개념을 잘 적용하고, 적용 범위가 넓음.	90% 이상
B	• 위계가 중간 수준의 개념을 모두 이해하고, 다소 높은 수준의 개념 일부를 이해함. • 기능의 수행 정도가 능숙하여 우수함. • 수행 과정에서 배운 개념을 적용함.	90% 미만~ 80% 이상
C	• 위계가 중간 수준의 개념을 모두 이해함. • 일부 기능 수행이 미흡하나, 대체로 목표하는 기능을 수행할 수 있음. • 개념의 적용이 가능하나, 적용 범위가 한정적임.	80% 미만~ 70% 이상
D	• 위계가 낮은 수준의 개념을 모두 이해하고, 중간 수준의 개념 일부를 이해함. • 일부 기능만 수행할 수 있음. • 개념의 적용 범위가 좁음.	70% 미만~ 60% 이상
E	• 위계가 낮은 수준의 개념 일부를 이해함. • 기능의 기본적인 부분을 수행할 수 있음.	60% 미만~ 40% 이상
작성 지침	• 성취기준별 성취수준의 단순한 조합은 적절치 않음. 학습 영역별 성취수준은 지식, 기능, 태도의 균형적 학습을 고려하여 진술함. • 'E'는 성취율 40% 이상 ~ 60% 미만이라는 특성을 고려하여 진술함. • 학습 요소 개수 차이로 A, B, C, D, E를 구분하지 않도록 유의해야 함. • 부정적 표현을 지양함(예: 사고력이 부족함, 이해력이 요구됨 등).	

출처: 교육부 · 한국직업능력연구원(2023). 2022 개정 직업계고 교육과정에 따른 전문 교과 평가활동 길라잡이. p. 75. p. 81.

표 4-17 학습 영역별 성취수준 작성 양식

학습 영역	학습 영역별 성취수준	
	A	
	B	
	C	
	D	
	E	
	A	
	B	
	C	
	D	
	E	

출처: 교육부 · 한국직업능력연구원(2023). 2022 개정 직업계고 교육과정에 따른 전문 교과 평가활동 길라잡이. p. 76.

STEP 1. 작성 양식에 학습 영역을 2022 개정 교육과정 문서에서 찾아 채워 넣는다.

STEP 2. 각 학습 영역에 해당하는 성취기준별 성취수준 작성 내용 중 A/B 수준을 모두 모아 학습 영역별 성취수준 A 작성 칸에, C 수준을 모두 모아 학습 영역별 성취수준 C 작성 칸에, D/E 수준을 모두 모아 학습 영역별 성취수준 E 작성 칸에 넣는다.

표 4-18 학습 영역별 성취수준 작성 예시 (STEP 2)

<table>
<tr><th>학습 영역</th><th>학습 요소</th><th>성취기준</th><th colspan="2">성취기준별 성취수준</th></tr>
<tr><td rowspan="6">일과 직업</td><td rowspan="3">일과 직업의 의미와 가치</td><td rowspan="3">[성직 01-01] 일과 직업의 의미를 알고, 일과 직업이 자신의 삶에서 어떠한 가치를 가지고 있는지를 설명할 수 있다.</td><td>A
B</td><td>일과 직업의 의미상 공통점과 차이점을 예를 들어 설명할 수 있고, 자신의 삶에서 일과 직업이 가지는 가치와 중요성을 논리적으로 설명할 수 있다.</td></tr>
<tr><td>C</td><td>일과 직업의 의미를 예를 들어 설명할 수 있고, 자신의 삶에서 일과 직업이 어떤 가치가 있는지 설명할 수 있다.</td></tr>
<tr><td>D
E</td><td>일과 직업의 의미와 중요성을 주어진 직업 생활의 예를 보고 간단한 말로 설명할 수 있다.</td></tr>
<tr><td rowspan="3">생애 발달과 직업적 성공</td><td rowspan="3">[성직 01-02] 생애 발달의 개념을 알고 생애 발달 과정을 구분할 수 있으며, 생애 발달의 과정 속에서 직업적 성공을 위해 필요한 것을 설명할 수 있다.</td><td>A
B</td><td>생애 발달의 개념과 생애 발달 과정의 단계별 특징을 설명할 수 있으며, 생애 발달 과정에서 직업적 성공에 필요한 요소를 그림이나 표를 통해 체계적으로 정리하여 설명할 수 있다.</td></tr>
<tr><td>C</td><td>생애 발달의 의미와 생애 발달 과정별 특성을 구분할 수 있고, 생애 발달 과정에서 직업적 성공을 위해 필요한 요소를 설명할 수 있다.</td></tr>
<tr><td>D
E</td><td>생애 발달의 주요 개념과 생애 발달 과정에서 직업적 성공을 위해 필요한 것을 단순한 형태로 설명할 수 있다.</td></tr>
<tr><td colspan="5">(하략)</td></tr>
</table>

출처: 교육부 · 한국직업능력연구원(2023). 2022 개정 직업계고 교육과정에 따른 전문 교과 평가활동 길라잡이. p. 78.

STEP 3. 'A', 'C', 'E' 수준을 고려하여 'B'와 'D' 수준의 주요 특징을 진술한다. 작성 시 A~E 학습 영역별 성취수준의 주요 특징과 성취율을 고려하여 5개 성취수준 간 위계가 명확하게 구분되도록 진술한다.

표 4-19 학습 영역별 성취수준 작성 예시 (STEP 3)

학습 영역	학습 영역별 성취수준	
일과 직업	A	일과 직업의 의미상 공통점과 차이점을 예를 들어 설명할 수 있고, 자신의 삶에서 일과 직업이 가지는 가치와 중요성을 논리적으로 설명할 수 있다. // 생애 발달의 개념과 생애 발달 과정의 단계별 특징을 설명할 수 있으며, 생애 발달 과정에서 직업적 성공에 필요한 요소를 그림이나 표를 통해 체계적으로 정리하여 설명할 수 있다.
	B	
	C	일과 직업의 의미를 예를 들어 설명할 수 있고, 자신의 삶에서 일과 직업이 어떤 가치가 있는지 설명할 수 있다. // 생애 발달의 의미와 생애 발달 과정별 특성을 구분할 수 있고, 생애 발달 과정에서 직업적 성공을 위해 필요한 요소를 설명할 수 있다.
	D	
	E	일과 직업의 의미와 중요성을 주어진 직업 생활의 예를 보고 간단한 말로 설명할 수 있다. // 생애 발달의 주요 개념과 생애 발달 과정에서 직업적 성공을 위해 필요한 것을 단순한 형태로 설명할 수 있다.
(하략)		

출처: 교육부 · 한국직업능력연구원(2023). 2022 개정 직업계고 교육과정에 따른 전문 교과 평가활동 길라잡이. p. 79.

STEP 4. 과목 교육과정에서 성취기준 적용 시 고려 사항, 교수 · 학습, 평가에 진술된 내용을 확인하고, 해당 내용을 충분히 고려하여 학습 영역별 성취수준을 작성하였는지 확인한다. 필요하다면 학습 과정에서 습득하게 될 태도 등을 진술문에 적절히 추가한다.

STEP 5. 각 학습 영역별 성취수준의 진술문을 매끄럽게 정리한다. 교육과정 성취기준을 근거로 성취수준의 범위와 수준이 지나치거나 모자라지 않게 작성되었는지, 성취수준 간 위계가 분명하게 드러나도록 작성되었는지, 성취수준별 기준(〈표 4-18〉 참조)에 맞게 작성되었는지 등을 확인한다.

표 4-20 학습 영역별 성취수준 작성 예시 (STEP 4, 5)

학습 영역	학습 영역별 성취수준	
일과 직업	A	일과 직업의 의미상 공통점과 차이점을 예를 들어 상세히 설명할 수 있고, 일과 직업이 자신의 삶에서 어떠한 가치가 있는지 설득력 있게 전달할 수 있다. 생애 발달의 개념과 생애 발달 과정의 단계별 특징을 설명할 수 있으며, 생애 발달 과정에서 직업적 성공에 필요한 요소를 그림이나 표를 통해 체계적으로 정리하여 설명할 수 있다.
	B	일과 직업의 의미를 비교하여 설명할 수 있고, 일과 직업이 자신의 삶에서 어떤 가치가 있는지 상세히 설명할 수 있다. 생애 발달의 개념과 생애 발달 과정의 단계별 주요 특징을 말할 수 있고, 생애 발달 과정에서 직업적 성공에 필요한 요소를 정리하여 설명할 수 있다.
	C	일과 직업의 의미를 예를 들어 설명할 수 있고, 자신의 삶에서 일과 직업이 어떤 가치가 있는지 설명할 수 있다. 생애 발달의 의미와 생애 발달 과정별 특성을 구분할 수 있고, 생애 발달 과정에서 직업적 성공을 위해 필요한 요소를 말할 수 있다.
	D	일과 직업의 의미와 중요성을 일상생활에서의 사례를 들어 말할 수 있다. 생애 발달의 개념과 생애 발달 과정에서 직업적 성공을 위해 필요한 것을 교사가 제시한 자료를 참고하여 말할 수 있다.
	E	일과 직업의 의미와 중요성을 주어진 직업 생활의 예를 보고 간단한 말로 설명할 수 있다. 생애 발달 과정에서 직업적 성공을 위해 필요한 것을 교사가 제시한 자료를 참고하여 단순한 형태로 설명할 수 있다.
(하략)		

출처: 교육부 · 한국직업능력연구원(2023). 2022 개정 직업계고 교육과정에 따른 전문 교과 평가활동 길라잡이. p. 80.

2) 최소 성취수준 작성하기

최소 성취수준은 각 과목의 교육 목표에 비추어 학생이 알아야 할 것과 할 수 있는 것의 내용과 범위에 최소한으로 도달한 정도를 의미하며, 학생들이 도달 가능한 성취수준을 A, B, C, D, E로 구분할 때 가장 마지막 단계인 'E'에 도달한 정도로, 기준 성취율로는 '40% 이상 ~ 60% 미만' 달성한 상태를 의미한다.

표 4-21 최소 성취수준 작성 양식

<table>
<tr><th colspan="2">최소 성취수준의 일반적 특성</th><th rowspan="2">최소 성취수준
판단 근거</th></tr>
<tr><th>일반적 특성</th><th>하위 항목</th></tr>
<tr><td colspan="3">학습 영역 〉</td></tr>
<tr><td rowspan="6"></td><td rowspan="2"></td><td></td></tr>
<tr><td></td></tr>
<tr><td rowspan="2"></td><td></td></tr>
<tr><td></td></tr>
<tr><td rowspan="2"></td><td></td></tr>
<tr><td></td></tr>
<tr><td colspan="3">학습 영역 〉</td></tr>
<tr><td rowspan="6"></td><td rowspan="2"></td><td></td></tr>
<tr><td></td></tr>
<tr><td rowspan="2"></td><td></td></tr>
<tr><td></td></tr>
<tr><td rowspan="2"></td><td></td></tr>
<tr><td></td></tr>
</table>

출처: 교육부 · 한국직업능력연구원(2023). 2022 개정 직업계고 교육과정에 따른 전문 교과 평가활동 길라잡이. p. 82.

STEP 1. 학습 영역을 2022 개정 교육과정 문서에서 찾아 채워 넣는다. 일반적 특성 작성 칸에는 학습 영역별 성취수준에서 진술한 'E' 진술문을 가져와 넣는다.

STEP 2. 일반적 특성을 하위 항목으로 구분한다. 하위 항목은 학습 영역에 포함된 핵심적인 성취기준의 내용을 중심으로 구분한다.

STEP 3. 하위 항목에 대한 수행 활동을 작성한다. 수행 활동은 최소 성취수준의 능력을 지닌 학생들이 보여 줄 만한 전형적인 모습을 가능한 한 구체적인 양상으로 진술한다.

표 4-22 최소 성취수준 작성 예시(과목: 성공적인 직업생활)

최소 성취수준의 일반적 특성		최소 성취수준 판단 근거
일반적 특성	하위 항목	
학습 영역 〉 일과 직업		
일과 직업의 의미와 중요성을 주어진 직업 생활의 예를 보고 간단한 말로 설명할 수 있다. 생애 발달 과정에서 직업적 성공을 위해 필요한 것을 교사가 제시한 자료를 참고하여 단순한 형태로 설명할 수 있다.	① 일과 직업의 의미와 중요성을 말할 수 있다.	교재나 자료를 참고하여 일과 직업의 핵심적인 의미를 단순한 문장이나 단어로 말한다.
		직업 생활 사례를 참고하여 일과 직업의 중요성을 단순한 문장이나 단어로 말한다.
	② 생애 발달의 주요 개념과 생애 발달 과정을 기초 수준에서 이해할 수 있다.	생애 발달 개념을 설명하기 위한 주요 단어를 말한다.
		생애 발달 과정 단계 중 일부 단계를 말한다.
	③ 직업적 성공을 위해 필요한 것을 자료를 참고하여 단순한 형태로 설명할 수 있다.	주어진 사례를 읽고 직업적 성공을 위해 필요한 요소 일부를 제시한다.

출처: 교육부 · 한국직업능력연구원(2023). 2022 개정 직업계고 교육과정에 따른 전문 교과 평가활동 길라잡이. p. 85.

라 평가도구 개발

1) 지필평가 도구 개발하기

가) 선택형 양식

과목명	*과목명*	교과 역량	*역량 작성*

[지필평가 도구: 선택형 양식]

<table>
<tr><td>학습 영역</td><td colspan="7">과목 교육과정 문서에서 확인 후 작성</td></tr>
<tr><td>학습 요소</td><td colspan="7">과목 교육과정 문서에서 확인 후 작성</td></tr>
<tr><td>성취기준</td><td colspan="7">과목 교육과정 문서에서 확인 후 작성</td></tr>
<tr><td>평가 요소</td><td colspan="7">· 평가 요소 진술
· 평가 요소 진술</td></tr>
<tr><td rowspan="4">평가 유형</td><td colspan="3">선택형</td><td colspan="4">서답형</td></tr>
<tr><td colspan="2">선다형</td><td rowspan="2">합답형</td><td rowspan="2">단답형</td><td rowspan="2">완성형</td><td rowspan="2">서술형</td><td rowspan="2">논술형</td></tr>
<tr><td>정답형</td><td>최선답형</td></tr>
<tr><td></td><td></td><td></td><td></td><td></td><td></td><td></td></tr>
<tr><td>평가 문항</td><td colspan="7"></td></tr>
<tr><td>정답</td><td colspan="7"></td></tr>
<tr><td>해설</td><td colspan="7"></td></tr>
<tr><td>활용 Tip</td><td colspan="7">· 난이도 조절, 문제 유형 변형 등에 관한 활용 Tip 진술</td></tr>
</table>

출처: 교육부 · 한국직업능력연구원(2023). 2022 개정 직업계고 교육과정에 따른 전문 교과 평가활동 길라잡이. p. 105.

표 4-23 선택형 문항 유형별 제작 원리

<table>
<tr><th colspan="2">문항 유형</th><th>제작 원리</th><th>문두 예시</th></tr>
<tr><td colspan="2">진위형</td><td>• 옳고 그름(O, X)으로 정답을 선택
• 주로 지식의 기억 수준을 평가하는 데 사용</td><td>다음 진술문을 읽고 맞으면 O, 틀리면 X표 하시오.</td></tr>
<tr><td rowspan="3">선다형</td><td rowspan="2">정답형</td><td rowspan="2">• 답지 중 1개만 정답인 경우
• 최선답형과 문두에 차이가 있음.
• 지식과 개념의 기억/이해 수준을 평가하는 데 주로 사용
• 답지 구성에 주의를 기울여 출제</td><td>다음 글에서 밑줄 친 (가)에 대한 설명으로 옳은 것은?</td></tr>
<tr><td>다음 글에서 밑줄 친 (가)에 대한 설명으로 옳지 않은 것은?</td></tr>
<tr><td>최선답형</td><td>• 답지 중 가장 적절한 답을 선택
• 사회 현상 혹은 적용 사례에 대한 답
• 지식과 개념의 기억/이해뿐만 아니라 적용 수준을 평가하는 데 주로 사용</td><td>다음 글에서 알 수 있는 ○○원리가 활용된 사례로 가장 적절한 것은?</td></tr>
<tr><td colspan="2">합답형</td><td>• 여러 개의 답지가 합하여 답이 되는 경우
• 종합적인 이해 혹은 분석 수준을 평가하는 데 활용
• 답지군(set)을 구성할 때 정답 단서를 주지 않도록 유의해야 함.</td><td>다음 글에서 ○○○에 대해 알 수 있는 내용으로 옳은 것을 〈보기〉에서 고른 것은?</td></tr>
<tr><td colspan="2">연결형</td><td>• 전제와 답지 간의 관계를 연결하는 형태
• 사실, 개념, 정보 간의 연관성을 아는지 평가할 때 적용되는 방법이나 기억 수준을 확인하는 데 그치는 경우가 많음.</td><td>다음 (가)에 해당되는 원소 기호를 (나)에서 골라 줄로 연결하시오.</td></tr>
</table>

출처: 교육부 · 한국직업능력연구원(2023). 2022 개정 직업계고 교육과정에 따른 전문 교과 평가활동 길라잡이. p. 95.

나) 서답형 양식

<table>
<tr><th>과목명</th><td colspan="3">과목명</td><th>교과 역량</th><td colspan="3">역량 작성</td></tr>
<tr><td colspan="8">[지필평가 도구: 서답형 양식]</td></tr>
<tr><th>학습 영역</th><td colspan="7">과목 교육과정 문서에서 확인 후 작성</td></tr>
<tr><th>학습 요소</th><td colspan="7">과목 교육과정 문서에서 확인 후 작성</td></tr>
<tr><th>성취기준</th><td colspan="7">과목 교육과정 문서에서 확인 후 작성</td></tr>
<tr><th>평가 요소</th><td colspan="7">· 평가 요소 진술
· 평가 요소 진술</td></tr>
<tr><th rowspan="4">평가 유형</th><th colspan="3">선택형</th><th colspan="4">서답형</th></tr>
<tr><th colspan="2">선다형</th><th rowspan="2">합답형</th><th rowspan="2">단답형</th><th rowspan="2">완성형</th><th rowspan="2">서술형</th><th rowspan="2">논술형</th></tr>
<tr><th>정답형</th><th>최선답형</th></tr>
<tr><td></td><td></td><td></td><td></td><td></td><td></td><td></td></tr>
<tr><th>평가 문항</th><td colspan="7"></td></tr>
<tr><th>정답</th><td colspan="7"></td></tr>
<tr><th>유사 정답
인정 범위</th><td colspan="7"></td></tr>
<tr><th rowspan="4">채점 기준</th><th colspan="2">평가 요소
(논술형만)</th><th>배점</th><th colspan="4">채점 기준</th></tr>
<tr><td colspan="2"></td><td>2</td><td colspan="4"></td></tr>
<tr><td colspan="2"></td><td>1</td><td colspan="4"></td></tr>
<tr><td colspan="2"></td><td>0</td><td colspan="4"></td></tr>
<tr><th>해설</th><td colspan="7"></td></tr>
<tr><th>활용 Tip</th><td colspan="7">· 난이도 조절, 문제 유형 변형 등에 관한 활용 Tip 진술</td></tr>
</table>

출처: 교육부 · 한국직업능력연구원(2023). 2022 개정 직업계고 교육과정에 따른 전문 교과 평가활동 길라잡이. p. 106.

표 4-24 서답형 문항 유형별 제작 원리

<table>
<tr><th>문항 유형</th><th colspan="2">제작 원리</th><th>문두 예시</th></tr>
<tr><td>단답형</td><td colspan="2">• 간단한 단어, 어구, 수, 기호 등 제한된 형태로 학생들이 작성하는 형태
• 용어의 정의나 의미를 이해하고 있는가를 평가하는 데 사용</td><td>다음 ‘제과’ 수업 시간에 교사와 학생이 나눈 대화이다. (　　) 안에 들어갈 현상을 쓰시오.</td></tr>
<tr><td>완성형</td><td colspan="2">• 문장에 여백을 두고 중요한 내용을 채워 넣는 형태
• 중요한 내용을 여백으로 두고 여백의 수를 적절히 제한하되, 채점은 여백 단위로 진행
• 단순 개념, 지식, 이해를 평가하는 데 사용</td><td>다음 문장은 콜레스테롤에 대한 설명으로, 빈칸에 들어갈 내용을 차례대로 작성하시오.

“콜레스테롤은 인지질과 함께 (　)을/를 구성하며, 자외선에 의해 (　)으로/로 전환되며 … .</td></tr>
<tr><td>서술형</td><td rowspan="2">• 분석력, 비판적 사고력, 문제 해결력 평가에 용이</td><td>• 한 문장 이상 수준의 응답
• 정해진 답이 있는 경우로, 답안의 정확성, 질을 판단
• 유사 답안 허용</td><td>에라토스테네스가 지구의 크기를 측정할 때 활용한 두 가지 가정을 설명하시오.</td></tr>
<tr><td>논술형</td><td>• 여러 개의 문단으로 응답
• 현상에 대한 해석, 분석, 적용, 찬반 입장 등 응답의 자유도가 높은 경우로, 글의 완결성, 주장의 완성도를 판단</td><td>지구 평면설의 주장 중 잘못된 내용을 올바른 과학 지식과 비교하여 제시하고, 태양계 단원에서 학습한 내용을 활용하여 지구 평면설의 주장이 옳지 않음을 논술하시오.</td></tr>
</table>

출처: 한국교육과정평가원(2020). 수업과 평가의 연계를 강화한 서 · 논술형 평가, 어떻게 할까요?.; 교육부 · 한국직업능력연구원(2023). 2022 개정 직업계고 교육과정에 따른 전문 교과 평가활동 길라잡이. p. 99. 재인용.

2) 수행평가 도구 개발하기

가) 작성 양식

<table>
<tr><th>과목명</th><td colspan="4">과목명</td><th>교과 역량</th><td colspan="3">역량 작성</td></tr>
<tr><td colspan="9">[수행평가 도구]</td></tr>
<tr><th>학습 영역</th><td colspan="8">과목 교육과정 문서에서 확인 후 작성</td></tr>
<tr><th>학습 요소</th><td colspan="8">과목 교육과정 문서에서 확인 후 작성</td></tr>
<tr><th>성취기준</th><td colspan="8">과목 교육과정 문서에서 확인 후 작성</td></tr>
<tr><th>평가 요소</th><td colspan="8"></td></tr>
<tr><th rowspan="2">평가 유형</th><th>발표</th><th>토론</th><th>역할극</th><th>실험
·
실습</th><th>포트
폴리오</th><th>프로젝트
기반
학습
평가</th><th>관찰/
일지/
소감문</th><th>보고서</th></tr>
<tr><td></td><td></td><td></td><td></td><td></td><td></td><td></td><td></td></tr>
<tr><th rowspan="3">평가 정보</th><th colspan="2">평가 관점</th><th colspan="3">평가 주체</th><th colspan="3">평가 활용 자원</th></tr>
<tr><th>과정 중심</th><th>결과 중심</th><th>교사 평가</th><th>학습자
평가</th><th>동료
평가</th><th colspan="2">물리적 도구/
기자재</th><th>디지털
기기/자원</th></tr>
<tr><td></td><td></td><td></td><td></td><td></td><td colspan="2"></td><td></td></tr>
<tr><th>평가 문항</th><td colspan="8">(수행 과정 평가) 평가로 제시할 과제와 관련 자료 제시
(수행 결과물 기반 평가) 평가로 제시할 과제와 제출 형태, 방법 제시</td></tr>
<tr><th rowspan="4">채점 기준</th><th>평가 요소</th><th>배점</th><th colspan="6">채점 기준</th></tr>
<tr><td></td><td>2</td><td colspan="6"></td></tr>
<tr><td></td><td>1</td><td colspan="6"></td></tr>
<tr><td></td><td>0</td><td colspan="6"></td></tr>
<tr><th>해설</th><td colspan="8"></td></tr>
<tr><th>활용 Tip</th><td colspan="8">· 난이도 조절, 문제 유형 변형 등에 관한 활용 Tip 진술</td></tr>
</table>

출처: 교육부 · 한국직업능력연구원(2023). 2022 개정 직업계고 교육과정에 따른 전문 교과 평가활동 길라잡이. p. 109.

나) 수행평가 접근 방법과 유형

표 4-25 수행평가 접근 방법

평가자 관점 / 피평가자 관점	직접 평가	간접 평가
과정 중심 평가	교사가 학생의 수행 과정을 직접 관찰하여 평가 (예: 기계 작동 과정 평가)	교사가 학생의 수행 과정을 축적된 자료로 평가 (예: 로봇 발명 과정 포트폴리오 평가)
결과 중심 평가	교사가 학생의 수행 결과를 직접 관찰하여 평가 (예: 제작된 시제품 평가)	교사가 학생의 수행 결과를 간접적인 자료로 평가 (예: 소감문)

출처: Siarova, et al.(2017), CEDEFOP(2022): 교육부·한국직업능력연구원(2023). p. 102. 재인용.

표 4-26 전문 교과 수행평가 방법

평가 방법	내용
발표	• 특정 교육 내용이나 주제에 대해서 자신의 의견이나 생각을 발표하며, 발표 과정을 관찰하여 평가함.
토론	• 사회에서 나타나는 현상에 대해 배운 내용을 토대로 자신의 의견을 제시하는 과정에서 내용의 충실성과 사고의 논리성, 다른 의견에 대한 태도, 토론 진행 방법 등을 여러 관점으로 평가함.
역할극	• 일터에서 발생할 수 있는 가상의 문제 상황에 대해 해당 상황에서 수행해야 할 역할을 학생들이 간접적으로 체험해 보는 형태 • 학생들이 배운 지식의 적용 여부와 문제 해결, 의사소통 역량 등을 종합적으로 평가할 수 있음.
실험·실습	• 작업장에서 학생들의 실험·실습 과정을 직접 관찰하여 절차의 적절성을 평가하거나 실험·실습 결과물을 평가함.
포트폴리오 평가	• 학생들의 학습 과정, 진행 상황, 성과를 보여 주는 체계적인 평가 방법 • 포트폴리오 평가는 학생들이 기록한 글, 작업 일지, 작품 모음 등 과정을 축적한 구체적 데이터를 기반으로 이루어짐.

프로젝트 기반 학습 평가	• 학생들의 협력적 역량, 문제 해결 역량 등을 증진하기 위해 널리 적용되고 있음. • 교수자의 평가 기준(rubric), 학습자 자기 성찰, 동료 평가 방법 등을 포함하여 학습 과정과 성과를 평가하는 종합적 평가 방식임.
에세이/관찰/일지/소감문	• 학생들이 주도적으로 기술하거나 작성한 결과물을 토대로 평가하는 형태로, 변화 과정을 있는 그대로 자세히 관찰하여 기술하거나(예: 농작물 생육 상태 관찰), 정기적으로 자신의 수행 과정을 기록하거나(예: ○○ 작업 수행 일지), 현장 탐방, 자료 시청 등을 토대로 소감문을 작성한 것으로 평가함.
보고서	• 특정 주제에 대해 다양한 자료를 수집하고 분석 · 종합하여 보고서를 작성하게 하는 결과물 중심의 평가 방법임. • 관찰/일지/소감문과 달리 자료를 분석하고 수집하게 된 배경, 과정, 결과를 체계적으로 진술하여 분석 역량과 논리성을 함께 평가함.

출처: 교육부 · 한국직업능력연구원(2023). 2022 개정 직업계고 교육과정에 따른 전문 교과 평가활동 길라잡이. p. 103.

탐구과제

1. 우리 지역의 특성화고/마이스터고 전문교과에 적용하는 평가방식(규준 · 준거 · 능력 · 성장참조평가)과 평가절차를 조사하고 해당 평가방식의 특징과 개선 사항을 발표하시오.
2. 우리 지역의 특성화고/마이스터고 또는 대학의 공업 분야 수업 사례를 선택하고 해당 교육사례의 평가방식(규준 · 준거 · 능력 · 성장참조평가)이 무엇인지 조사하고 각각의 장점과 단점을 분석하시오.
3. 우리 지역의 특성화고/마이스터고 또는 대학의 교육과정을 평가하고자 한다. 평가 절차와 방법, 평가 결과를 발표하시오.
4. CIPP 평가모델 (CIPP Evaluation Model)을 적용하여 우리 지역의 고등학교 또는 대학의 교육과정의 평가 계획을 발표하시오.
5. 공업교육은 일반교육보다 교육과정에 대한 평가를 강조하는데, 이러한 기조는 잠재적 교육과정과 같이 학습 범위가 유연하고 의도되지 않은 학습의 유연성을 강조하는 일반교육과는 다른 측면이다. 공업교육에서 교육과정 평가를 지나치게 강조할 경우에 발생할 수 있는 문제점에 대해 토론하시오.
6. 현재 우리 수업에서 다루는 교과내용에 관한 진단평가 평가도구를 개발하여 발표하시오.
7. 현재 우리 수업에서 다루는 교과내용에 관한 형성평가 평가도구를 개발하고 각 평가도구의 특징을 발표하시오.
8. 우리 지역의 특성화고/마이스터고와 대학에서 이루어지는 교과 수업에 관한 진단평가, 형성평가, 총합평가 사례를 수집하고 그 차이를 교과 내용별로 분석하여 발표하시오.
9. 우리 지역의 특성화고/마이스터고에서 이루어지는 교과 수업에 관한 총합

평가 문제가 좋은 문항의 요건을 갖추었는지 분석하여 발표하시오.

10. 〈표 4-8〉에 제시된 선택형 문항과 서답형 문항에 해당하는 문항 유형의 예시를 제시하고 각 문항 유형의 특징을 발표하시오. 그리고 공업교육에 적합한 문항 유형에 대하여 토론하시오.
11. [그림 4-3]을 보고 대안적 평가가 대두된 배경에 대해 토론하시오.
12. 우리 지역의 특성화고/마이스터고에서 이루어지는 수행평가 과제가 수행평가의 요건을 갖추고 있는지 분석하여 발표하시오.
13. 공업교육 교과 내용을 주제로 프로젝트법과 포트폴리오 수행평가 과제를 개발하고 발표하시오.
14. 우리 지역의 특성화고/마이스터고 또는 대학의 평가 계획 자료(성취기준, 평가 도구 등)를 수집하고 인지적 · 심동적 · 정의적 영역 평가가 어떻게 구성되어 있는지 분석하여 발표하시오.
15. 우리 지역의 특성화고/마이스터고의 교사와 인터뷰하여 '〈표 4-11〉 성취평가제에서 평가활동 절차'의 각 단계별로 어떤 활동이 이루어지는지, 유의사항이 무엇인지 조사하여 발표하시오.
16. 특성화고/마이스터고 전문교과 과목 중에 1개의 과목을 선정하고 '4. 공업 교육평가의 실제'에 제시된 평가 계획과 성취기준별 성취수준 작성하기, 학습 영역별 성취수준과 최소 성취수준 작성하기, 평가도구 개발하기의 평가 자료를 개발하고 발표하시오.
17. 특성화고/마이스터고 학생의 최소 성취수준 보장 교육을 위하여 학교, 교육청, 국가 단위의 역할과 정책에 대해 토론하시오.

V

산학협력과 직업 · 진로지도

01

산학협력

가 산학협력의 개념

공업교육과 같은 직업교육에서는 직업생활에 필요한 실제적인 교육을 하기 때문에 현장성을 강조한다. 그러나 학교 현장은 직업 현장과 다르고 학교 현장이 직업 현장의 최신 기술과 시설을 따라가기 어렵다. 따라서 학교와 산업체의 협력이 강조되는데, 이와 같이 학계와 산업계의 협력을 산학협력이라고 한다.

산학협력은 크게 인력양성과 연구개발 측면에서 이루어진다. 인력양성 측면은 산업계에서 요구하는 실무능력을 갖춘 인력을 양성하여 취업시키는 것을 목적으로 하며 대체로 특성화고/마이스터고, 대학, 직업훈련기관 등이 산업체와 협력한다. 연구개발 측면은 산업계에서 요구하는 기술 개발, 공동 연구, 기술 이전 및 자문 등을 목적으로 하며 대체로 대학(대학원), 연구소 등이 산업체와 협력한다.

산학협력은 과거에는 학계(특성화고/마이스터고, 대학, 직업훈련기관, 연구소 등)와 산업계(산업체, 산업 협회 등)의 협력을 강조하였지만, 최근에는 국가 인적자원개발, 지역 소멸 예방, 지역인재 양성과 같이 국가와 지역 차원의 인재양성이 중요해지면서 국가와 지방자치단체의 참여가 늘어나고 있다. 아울러 산업계가 요구하는 인재양성을 위해서는 산업계가 자발적으로 참여해야 한다는 점도 강조되고 있다.

산학협력은 서로 다른 주체들이 다양한 형태의 협력을 하는 것이므로 산학협력의 형태는 매우 다양하다. 산학협력에서는 참여 주체 간의 공동 목표를 설정하고 상호작용으로 문제를 해결해 나가는 창의적인 협력 활동이 중요하다. 이러한 점들을 종합하여 산학협력을 정의하면 다음과 같다.

> '산학협력은 교육기관, 연구소, 산업체, 지방자치단체, 국가 등의 협력 주체가 인력양성과 연구개발 측면의 다양한 공동 목표를 설정하고 목표 달성에 요구되는 역할과 책임, 자원 교환, 성과 평가 등에 대해 합의하고 주체 간의 상호작용으로 문제를 해결해 나가면서 설정된 목표를 달성하는 협력 활동이다.' (안재영, 2015)

표 5-1 산학협력의 원리

원리	주요 내용
협동	기술자 교육, 연구 개발, 기술정보의 관리, 경영자 개발 등 전체적 수준에서 학계와 산업계의 공동 노력에 의해 실현되어야 한다.
호혜성	학계와 산업계 중 어느 한 쪽에 치우치지 않고 인적 · 물적 교류 등 상호 투자와 협동에 의하여 파트너십의 관점에서 공동 이익을 추구해야 한다.
자율성	학계와 산업계가 적극적이고 자발적인 태도로 참여해야 한다.
장기적인 계획 및 실행	장기적 안목에서 공동으로 투자하고 계획하여 실천하기 위하여 학계와 산업계, 그리고 사회와 국가 차원에서 계획되고 조정되어야 한다.
조직적 이행	산학협력의 계획과 실천이 조직적으로 이행될 때 그 효율성이 높아지므로 산학협력을 전담하여 계획 및 실행할 수 있는 조직이 구성되어야 한다.
상호 책임	산학협력의 계획과 실천 및 결과에 대하여 산학이 공동으로 책임을 져야 효율성이 높아진다.

출처: 이무근(2006). 직업교육학 원론(제3판). 서울: 교육과학사. pp. 74-75, 258-259. 재구성.

산학협력은 목적에 따라 참여 주체들의 역할이 다양하다. 그러나 대체로 산업계와 학계는 각자가 가지고 있지 않은 상대방의 자원을 교환하고, 정부나 지자체 및 관련 기관은 산학협력의 체계를 구축하고 다양한 지원을 한다.

표 5-2 산학협력의 참여 주체별 역할

구분	역할
산업계	현장실습과 인턴십 제공 실험실습기자재 활용 및 제공 교육 및 연구활동비 제공 장학금 지급, 물적 교류 현장실무 강의를 위한 인적자원 제공 산업계 관련 학교 교육과정 개발 자문 산업체 주도 동업자 대학 운영 및 대학 위탁 운영
학계	산업계에서 필요로 하는 인력 양성 및 공급 산업계 위탁교육 및 재교육 연구 성과 및 기술정보 제공 교육 및 연구 시설 제공 공동연구를 통한 산업체 문제 해결 산업체 진단 및 컨설팅
정부, 지자체, 관련 기관	산학협력 관련 법적 지원 산업계와 학계의 협력에 대한 재정 지원 산학협력 투자에 대한 다양한 인센티브 지원 산학협력 관련 행정적 지도 및 감독 산학협력 관련 자문위원회 운영 산학협력 체제의 주도적 구축

출처: 김기홍 외(2011). 전문대학 순환형 산학협력 교육체제 구축 방안. 한국직업능력개발원. p. 24.

학교교육과 직업 세계와의 미스매치는 교육계의 오랜 숙제이며 최근 산업의 기술이 고도화되고 빠르게 변화하면서 이러한 요구는 더욱 확대되고 있다. 이에 전 세계적으로 산학협력에 기반한 일기반학습을 강조하고 있다. 산학협력을 강조하는 이유, 즉 산학협력의 효과는 다음과 같다.

첫째, 산학협력을 통해 현장 중심 교육을 할 수 있다. 대표적인 현장 중심 교육인 현장학습(workplace learning)은 직무 현장에서의 학습을 의미하는 것으로 최신 설비를 활용하는 데 필요한 하드 스킬(hard skills)과 실제적인 상황 속에서 사람들과 일하는 과정을 통해 소프트 스킬(soft skills)을 배울 수 있도록 해 준다.

둘째, 현장학습을 통해 학생이 산업체에서 일 경험을 함으로써 산업체는 생산성의 편익(productive benefit)과 채용상의 편익(recruitment benefit)을 얻는다. 이러한 이익은 산업체가 현장학습에 자발적으로 참여할 수 있는 동기를 부여한다.

셋째, 학생에게 다양한 현장경험을 제공하여 학생이 합리적인 진로 결정을 하는 데 도움을 준다.

넷째, 산업체의 고용주와 학생이 서로를 잘 알게 되어 학생이 학교에서 직업세계로 이행하는 것을 도와준다.

다섯째, 학교와 산업체가 교육뿐만 아니라 학생의 취업 및 진로발달을 위해 협력하는 과정을 통해 상대방에 대한 이해도를 높여 파트너십을 강화시킨다.

여섯째, 학교는 교육과정과 교사 역량을 개선하여 교육의 현장성을 높일 수 있고, 산업체는 자신이 원하는 인재를 확보할 수 있는 기회를 갖는다.

나 산학협력 유형

1) 일기반학습 유형[1]

공업교육에서의 산학협력은 인력양성이라는 교육적 관점에 초점을 두고 있다. 이는 '일'에 초점을 둔 학습으로 일기반학습과 유사한 개념이다. 일기반학습(work-based learning)은 일을 중심으로 한 모든 형태의 학습을 총칭하는 개념으로 다음과 같은 3가지 관점이 있다.

① 학습이 일어나는 장소에 초점을 둔 것으로 일터에서의 학습

② 학습 내용에 초점을 둔 것으로 일과 관련된 것을 배우는 학습

③ 학습과 일 역할의 연계에 초점을 둔 것으로 일과 학습이 연계된 모든 형태의 학습

---

1 출처: 최수정 외(2012). 일기반학습 활성화를 위한 산학협력 제도 및 법령 정비 방안 연구(Ⅰ). 한국직업능력개발원. pp. 13-28. 재구성.

일기반학습의 유형은 다음과 같다.

가) 목적에 따른 일기반학습 유형(Gray, 2001)

첫째, 일을 위한 학습(learning for work)이다. 학생들은 일터에서 일을 하면서 자신들이 어떻게 성장하고 있는지를 기록하고 학교와 상의하게 된다. 일을 위한 학습의 대표적인 특징은 학교를 기반으로 두고 있으며, 평가와 학습인정(또는 학점)이 연계되어 있다는 점이다. 다만, 인턴십 등과 같이 완전히 기업 주도로 이루어지는 프로그램의 경우 학교와의 공식적인 연결고리는 약한 편이다. 일을 위한 학습의 대표적인 사례는 도제교육, 고등교육의 샌드위치 시스템, 중등교육의 산업체 채용약정형 현장실습이다.

둘째, 일에서의 학습(learning at work)이다. 일에서의 학습의 가장 전형적인 예는 사업장에서 이루어지는 조직화된 교육훈련(on-site company training)이다. 이러한 프로그램들은 개인의 교육훈련에 대한 고유한 욕구보다는 기업 측면에서 종업원들이 길러야 할 지식, 기술, 태도를 함양하기 위한 것이다. 내부의 기술 전문가나 외부 전문가 등 회사 내 · 외부 자원을 활용한다. 일에서의 학습은 다른 유형의 일기반학습에 비해 평가와 학습인정이 드물다.

셋째, 일을 통한 학습(learning through work)이다. 소수의 사례지만 일에서의 학습이 정규 교육시스템에서 학점으로 인정되는 경우가 존재한다. 가장 대표적인 것은 일 경험이 고등교육기관에서 학점으로 인정되어 추가적인 학위 취득을 용이하게 만드는 것이다.

나) 주요 특성에 따른 일기반학습 유형

일기반학습은 [그림 5-1]과 같이 주요 특성에 따라 유형을 나눌 수 있다.

첫째, 일기반학습은 학습의 주체에 따라 구분이 가능한데, 학생과 근로자의 신분에 따라 유형을 분류할 수 있다. 학생은 수준에 따라 중등교육기관과 고등교육기관으로 나눌 수 있으며, 이 밖에 구직자 등이 주체가 될 수 있다.

둘째, 일기반학습은 학교와 기업이 연계된 형태로 운영되거나 기업이 독자적으로 운영한다는 특징을 갖기 때문에 학습자의 신분에 따라 유형을 구분할 수 있다. 학습자 신분은 학생, 실습생 등과 같이 학교에 적을 두거나, 예비근로자, 재직

근로자와 같이 기업에 적을 둔다.

셋째, 일기반학습은 공식적인 학습 또는 비공식적인 학습의 형태로 이루어진다. 교육과정과의 연계, 즉 공식적인 학습으로 인정받을 수 있는가에 따라 유형이 구분될 수 있다. 교육과정과 강력하게 연계된 일기반학습의 경우 커리큘럼 내 필수과목으로 지정되어 운영되거나 학점으로 인정받는다. 반대로 연계 정도가 낮은 경우, 기업 내에서만 인정받거나 공식적인 인정이 없을 수 있다.

넷째, 일기반학습은 프로그램의 개발주체가 어디인가에 따라 분류가 가능하다. 학교나 산업체 주도로 일기반학습 프로그램을 개발할 수 있으며, 학교와 산업체가 공동으로 개발하는 경우도 다수 존재한다.

다섯째, 일기반학습은 프로그램의 내용이 학습중심인지 일중심인지에 따라 유형을 구분할 수 있다. 프로그램의 목표 및 내용이 학습에 초점을 맞추고 있는 경우에는 구조화된 형태로 일과 학습이 연계된다. 반대로 일에 초점을 맞추고 있는 경우에는 일을 통해 우연적인 학습이 일어난다고 가정하기 때문에 구조화 및 체계화의 정도가 낮다.

여섯째, 일기반학습은 운영기간에 따라서도 구분이 가능하다. 체험 등 단순한 형태의 일기반학습은 1주일 미만의 단기 프로그램으로 구성되는 경우가 많지만, 도제훈련과 같이 구조화의 수준이 높고 복잡한 일기반학습은 대체로 6개월 이상의 장기 프로그램인 경우가 다수를 차지한다.

그림 5-1 일기반학습의 특성별 차이

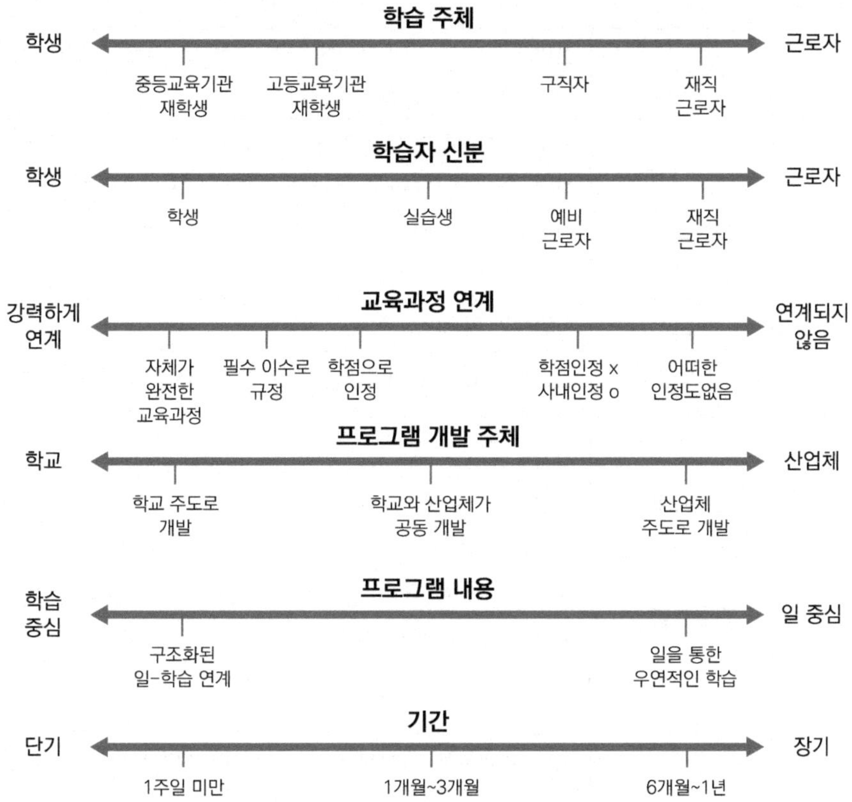

출처: 최수정 외(2012). 일기반학습 활성화를 위한 산학협력 제도 및 법령 정비 방안 연구(Ⅰ). 한국직업능력개발원. p. 27.

2) 특성화고/마이스터고 산학협력 유형

특성화고/마이스터고에서 주로 운영되는 산학협력의 유형을 학교 내, 학교밖으로 구분하면 다음과 같다.

표 5-3 중등직업교육 산학협력 운영 유형

분류	산학협력 유형	개념
학교 내 (In-bound)	1. 주문식교육	산업체와 학교 간의 합의에 의해 교육과정(코스, 과목) 개설 및 운영, 졸업 후 협약업체로 취업
	2. 학교기업	학교 내 특정학과 또는 전공과 연계하여 물품 제조, 가공, 수선, 판매, 용역 등 제공(2004년부터 시작된 교육부 지원사업)
	3. 산학겸임교사/ 산업체강의	산업체 인사나 지역사회 전문가를 초빙하여 학교에서 이루어지는 특강이나 수업에 강사로 참여
	4. 장학금지원	산업체가 학생에게 장학금 지급
	5. (기업참여형) 전공동아리	전공과 관련된 동아리 활동에 기업의 인사가 전공동아리에 참여하는 활동
	6. 명장공방	학교는 교육장, 작업장을 제공하고 명장은 방과 후 활동, 동아리 및 기능반에서 실습지도 또는 '정규수업시간에 산학겸임교사(시간강사)'로 참여하는 활동
학교 밖 (Out-bound)	7. 현장체험	교과 시간을 활용하여 산업체 등에서 특정 직무를 체험 또는 산업체 등을 대상으로 현장견학 진행
	8. 현장실습	학교에서 습득한 이론과 산업체 현장에서 배양할 수 있는 체험을 연계하여 심화학습의 효과를 극대화하기 위한 교육제도 예) 연계교육형, 산업체 체험형, 산업체 채용약정형 현장실습
	9. 국내 인턴십	방학기간에 졸업예정자를 인턴으로 선발하여 일정 기간 진행
	10. 해외 인턴십	해외 교육기관이나 기업과 연계하여 어학연수, 기술연수 및 해외인턴 과정을 진행
	11. 위탁교육(현장직무교육)	학생을 공공기관 또는 민간기업 등의 기관이나 단체 등 각종 교육기관에 위탁하여 전문교육 실시
	12. 전문교과 교원 현장연수	전문교과 교원의 교수역량을 강화하고자 산업현장에서 필요로 하는 기술·기능을 교육받을 수 있도록 하는 현장직무연수 프로그램
	13. 산학일체형 도제학교	기존의 학교 중심의 직업교육뿐만 아니라 산업체 중심의 현장교육을 함께 병행하는 직업교육 모델
	14. 직업교육 혁신지구	지자체, 시·도교육청이 협력하고 지역기업, 직업계고, 지역대학이 참여하여 지역산업 발전을 선도할 고졸인재를 육성하는 교육사업

출처: 유진영 외(2023). 지역 산업인력 양성에 기반한 중등직업교육 산학협력 모델 구안. 한국직업능력연구원. pp. 18-19. 재구성.

다 산학협력 선도모델: 도제교육

학교교육과 직업 세계와의 미스매치는 교육계의 오랜 숙제이며 최근 산업의 기술이 고도화되고 빠르게 변화하면서 이러한 요구는 더욱 확대되고 있다. 이에 전 세계적으로 산학협력에 기반한 일기반학습을 강조하고 있다.

산학협력을 위해서는 학계와 산업계를 비롯한 다양한 유관기관들의 협력이 중요한데, 이는 각 국가와 사회가 가지고 있는 오랜 경제 · 사회 · 문화적 환경과 인식에 따라 차이가 크다. 예를 들어 오래전부터 산업계가 인재를 양성해야 한다는 인식이 강하고 노동자 권익을 강조하는 독일을 비롯한 독어권 국가에서는 도제교육과 같이 산업계가 직접 인재를 양성하는 산업계 주도형 산학협력이 활발한 반면, 미국과 같이 산업계의 직업교육 인식과 참여가 부족하고 고등교육 참여율이 높은 영어권 국가에서는 학교에서 산업계의 요구사항을 교육에 반영하는 학교 주도형 산학협력이 발달해 있다.

이와 같이 산학협력의 유형은 다양한데, 가장 발달한 모델로 도제교육이 꼽힌다. 도제교육 제도는 독일에서 시작되어 전 세계적으로 벤치마킹되었다. 독일의 도제교육은 학습 장소가 기업과 직업학교로 나누어져 있어 이원화 제도(dual system)라고 불린다. 도제 학생은 기업에서 주 3-4일을 직업훈련 규정에 근거하여 훈련을 받으며, 직업학교에서 주 1-2일의 교육을 받는다. 이러한 도제교육의 기간은 직종마다 달리 2년, 3년, 3.5년 등으로 구분되어 있다. 도제교육을 마치고 상공회의소나 수공업협회가 주관하는 최종 자격시험을 합격한 도제 학생은 국가가 공인하는 직업자격을 받는다. 도제교육을 기반으로 운영되는 직업자격은 지속적으로 현장 실정에 맞추어 보완 및 개정되고, 또 필요에 따라 새로운 직업자격이 만들어지기도 한다(IHK Heilbronn-Franken, 2011, 이동임 외, 2016, 재인용).

도제교육에 관여하는 기관은 연방정부 및 주정부, 상공회의소, 수공업협회, 산업체, 노동조합, 학교, 연방직업교육연구소(BIBB) 등이다(홍선이 · 김민규 · 최수정, 2015). 기업이 주가 되어 도제교육을 실시하고, 사회적 파트너십이 체계적으로 구성되어 있으며, 엄격하게 질 관리를 시행하여 노동시장에서 성과를 내고 있다(최수정, 2014).

도제교육은 〈표 5-4〉와 같은 필수 구성요소를 제시하고 있다. 이는 도제교육의 엄격한 질 관리를 위하여 형성된 것이다.

표 5-4 도제교육의 필수 구성요소

구분	내용
교육훈련 대상	• 교육훈련 대상은 별도의 제한 없이 누구나 참여할 수 있는가?
교육훈련 계약	• 교육훈련을 실시하기 전에 교육훈련의 내용 및 수준 등을 명시한 교육훈련 계약을 체결하고, 이에 따라 교육훈련이 이루어지는가?
교육훈련 기간	• 교육훈련은 비교적 장기간(6개월 이상)의 숙련 향상을 필요로 하는 직무를 대상으로 이루어지는가?
교육훈련 내용에 대한 표준	• 국가 혹은 직종별로 규정된 교육훈련 내용에 대한 표준(standard)이 존재하고, 이에 따라 교육훈련이 실시되는가?
교육훈련 방법	• 교육훈련 시 OJT와 함께 Off-JT 형태의 교육훈련이 병행하여 제공되는가?
교육훈련 장소	• 교육훈련은 두 곳의 장소(기업과 교육훈련기관)에서 실시하는가?
교육훈련 운영의 주체	• 교육훈련에 대한 기획, 운영 및 관리는 기업과 산업별협회 등 산업계 주도로 이루어지는가?
기업현장교사	• 역량 및 자격을 갖춘 기업현장교사에 의해 교육훈련이 제공되는가?
평가 및 자격 부여	• 교육훈련 종료 이후에는 반드시 평가를 통해 일정 수준 이상의 학습 성과를 달성한 경우에 자격을 부여하는가?
임금(보수)	• 교육훈련에 참여하는 교육훈련생에게 소정의 임금(보수)이 주어지는가?
법령 및 규정	• 교육훈련의 내용, 절차 및 방법 등과 관련된 법적 근거가 마련되어 있는가?
정규교육시스템과의 연계	• 교육훈련의 운영 및 결과는 정규교육시스템과 통합되거나 연계되어 운영되는가?

출처: 전승환 · 이수경 · 이한별(2015). 일학습병행제 운영 실태 및 개선 방안. 한국직업능력개발원. p. 27.

오랜 역사를 지닌 도제제도는 산업의 고도화와 일하는 방식의 변화 등 노동시장의 새로운 요구에 부응하여 지속적으로 발전하고 혁신하고 있다. 독일, 스위스, 영국, 호주 등 다양한 국가들의 도제제도의 변화를 분석해 보면 다음과 같다(안재영 외, 2021).

① 도제교육의 방법에 디지털 기술이 적용되고 언택트화되면서 온라인 학습공간도 도제교육의 장소가 되고 있다.

② 디지털 산업의 인력양성에 도제교육이 적용되면서 고등교육까지도 도제교육이 확산되고 있으며 도제과정과 학위과정이 통합되고 있다.

③ 해당 직업에 대한 적성과 관심, 그리고 성적(학습역량)을 도제생 선발 필수조건으로 설정하고, 미흡한 학생들이 학습역량을 함양하고 진로준비를 하도록 견습과정(도제준비과정)을 운영한다.

④ 도제생(주로 성인학습자)이 이미 보유한 기술, 학습이력, 경력 등의 사전학습경험을 도제교육에서 인정하여 도제교육의 효율화를 꾀한다.

⑤ 기업의 다양한 요구와 도제생의 사전 학습경험을 고려하여 도제교육의 모듈로 세분화하여 운영성과 다양성을 확보한다.

⑥ 도제교육이 고등교육 학위과정과 연계되고 있다.

⑦ 중소기업과 같은 소규모 기업의 도제교육 참여를 위하여 기업 간에 도제교육을 공유하거나 기업들을 그룹화하여 도제교육을 단체로 공동·위탁 운영한다.

⑧ 18세 미만의 미성년자에게 직업학교의 의무교육이 필수이며, 지자체 협회(지역 직능단체)의 동의도 있어야 한다.

⑨ 도제과정은 기술 향상(upskilling) 및 재숙련(reskilling)을 위한 수단으로, 도제자격을 양성훈련 자격과 향상훈련 자격으로 구분하여 부여한다.

⑩ 직업훈련규정을 준수하는 조건에서 도제훈련 내용을 자율적으로 확정하고 일반적인 기업의 요구사항을 거시적으로 반영할 수 있도록 하여 도제자격의 유연성을 강화하였다.

⑪ 신산업, 신기술 분야의 도제교육이 확대되고 있다.

⑫ 도제학생의 대학에서의 후학습도 확산되고 있다.

⑬ 사회적 파트너십에는 독일과 스위스 모두 연방정부, 주정부, 전문기관, 노동조합, 사업주단체 등이 참여한다.

이상의 내용을 정리하면 〈표 5-5〉와 같다.

표 5-5 도제교육의 최신 트렌드

구분	도제교육의 최신 트렌드
교육훈련 대상	• 해당 직업에 대한 적성과 관심, 그리고 성적(학습역량)을 도제생 선발 필수 조건으로 설정하고, 미흡한 학생들을 위한 견습과정(도제준비과정)을 운영
교육훈련 계약	• 도제훈련생도 일반근로자와 큰 차이 없이 노동법상 보호를 받는 것이 일반적이며, 연령을 고려하여 강화된 보호조항이 적용되는 경우가 많음 • 18세 미만의 미성년자에게 직업학교의 의무교육이 필수이며, 지자체 협회(지역 직능단체)의 동의도 있어야 함
교육훈련 기간	• 학생과 기업이 합의하고 교육훈련의 목적을 달성하면 교육훈련 기간을 단축할 수 있음 • 기업의 다양한 요구와 도제생의 사전학습경험을 고려하여 도제교육을 모듈로 세분화하여 운영성과 다양성을 확보
교육훈련 내용에 대한 표준	• SW와 같이 기술의 변화가 매우 빨라서 자격을 기반으로 한 표준화된 도제교육이 어려운 분야는 학위와 연계하여 운영 • 자격과 연동된 도제훈련은 산업계의 빠른 변화를 반영하기 어려워 개편이 요구됨 • 기업의 다양한 요구와 도제생의 사전 학습경험을 고려하여 도제교육을 모듈로 세분화하여 운영성과 다양성을 확보 • 직업훈련규정을 준수하는 조건에서 도제훈련 내용을 자율적으로 확정하고 일반적인 기업의 요구사항을 거시적으로 반영할 수 있음 • 신산업, 신기술 분야의 도제교육 확대
교육훈련 방법	• 도제교육의 방법에 디지털 기술 적용, 언택트화 확대
교육훈련 장소	• 도제교육 여건을 갖추지 못한 소규모 기업의 도제교육은 공동훈련센터에서 공동 · 위탁 운영 • 소규모 기업의 도제교육 참여를 위하여 기업 간에 도제교육을 공유하거나 기업들을 그룹화하여 도제교육을 단체로 공동 · 위탁 운영 • 참여기업의 이익 보장을 위해 공동훈련센터에 도제훈련을 위탁한 기업도 일정 기간 실습(생산활동)을 직접 운영 • 온라인 학습공간도 도제교육의 장소가 됨
교육훈련 운영의 주체	• 정부보다는 민간에 의해 많이 규제되고 있으며, 훈련의 질은 중앙 · 지역 단위별로 사회적 파트너들이 통제한다. 노사단체들은 도제훈련을 담당하는 별도의 부서와 인력을 갖춤
기업현장교사	• 기업현장교사에게 직업훈련에 필요한 역량과 자격뿐만 아니라 인성적 적합성도 요구

구분	도제교육의 최신 트렌드
평가 및 자격 부여	• 도제과정은 기술 향상(upskilling) 및 재숙련(reskilling)을 위한 수단으로, 도제자격을 양성훈련 자격과 향상훈련 자격으로 구분하여 부여
정규교육시스템과의 연계	• 도제교육 참여 전에 학생의 기초교육과 진로교육을 위한 교육과정 운영 • 졸업 후 후학습에 관한 학제 운영 • 디지털 산업의 인력양성에 도제교육이 적용되면서 도제과정과 고등교육 학위과정이 통합됨 • 도제교육이 고등교육 학위과정과 연계 • 도제생이 이미 보유한 기술, 학습이력, 경력 등의 사전 학습경험을 인정 • 도제생의 대학에서의 후학습 확산

출처: 안재영 외(2021). 미래 산업과 환경의 변화에 대비한 도제교육 모델 연구. 교육부 · 대구광역시교육청 · 한국직업능력연구원. pp. 154-155. 재구성.

02

직업 · 진로지도

가 직업·진로지도의 개념과 활동

1) 직업 · 진로지도의 개념

직업 · 진로지도는 진로지도(career guidance)에서 직업지도(vocational guidance)를 좀 더 강조한 의미이다. 과거에는 직업지도라는 용어를 주로 사용하였다가 1970년대 초에 미국의 중등 직업교육의 문제가 부각되면서 진로교육, 또는 진로지도라는 용어도 함께 사용하였다. 이와 같이 진로지도와 직업지도를 혼동한 이유는 진로지도의 career가 '인생을 살아가는 과정에서 갖게 되는 직업, 직무, 직위의 연속'을 의미하고 극단적으로는 직업(occupation)을 의미하기 때문이다. 그에 반해 우리나라의 중등교육에서는 직업보다는 대학 진학에 초점을 두다 보니 진로지도에서 대학 진학의 개념을 강조하여 진학 · 진로지도라는 용어를 사용하기도 한다.

그러나 일반적으로 진로지도(career guidance)는 자신의 진로를 계획하고 준비하며, 적절한 시기에 합리적으로 직업을 선택하고, 선택한 직업에 잘 적응하고 발전할 수 있도록 도와주는 과정을 의미한다. 이러한 개념은 직업 · 진로지도에 가까운 것이며, 진학지도는 큰 맥락에서 직업 · 진로지도에 포함된다. 최근에 진로지도에서는 생애 진로지도, 평생 경력개발 등을 강조하면서 개인의 인생 전 과정에 걸친 진로지도를 강조하고 있다. 이러한 맥락에서 진로지도는 대학 진학보다는 개인의 인생 전반에 걸쳐 직업을 선택하고 갖기 위한 직업 · 진로지도 측면이 강조되어야 한다.

2) 직업 · 진로지도의 목적과 활동

직업 · 진로지도를 위해서는 가장 먼저 자신을 이해해야 한다. 이를 위해서는 일의 세계를 탐색하고 경험하는 과정이 중요하다. 이러한 과정을 바탕으로 자신에게 적합한 직업을 선택하고 직업에 필요한 준비를 하여 해당 직업에 진출한다. 이러한 과정을 거쳐 자아실현을 하는 것이 최종 목적이다. 이는 이 책의 ‘Ⅰ장. 공업교육의 개념과 역사’에서 밝힌 바와 같이, ‘일’을 생계유지의 수단으로 보는 것이 아닌, 인간의 기본적 요구를 충족시키는 일로서 보는 입장인 직업교육(vocational education)의 개념인 ‘일의 대가와 상관없이 인간의 요구를 충족시키는 일에 관한 능력을 개발하는 교육’을 의미하는 것과 같다.

직업 · 진로지도의 목적은 다음과 같다.

① 자신의 자질과 능력을 분석하고 이해할 수 있다.

② 일의 세계에서의 취업 기회와 요구조건을 배울 수 있다.

③ 직업선택을 하고 선택한 직업에 필요한 준비를 할 수 있다.

④ 선택한 직업을 갖거나 고용되며, 직업생활에 적응하고 발전할 수 있다.

⑤ 자신에게 맞는 직업생활을 영위함으로써 자아실현을 한다.

이러한 직업 · 진로지도의 주요 활동은 다음과 같다.

가) 개인 조사 활동

진로를 올바르게 결정하기 위해서는 자신에 관해 알고 있어야 한다. 자신을 객관적으로 파악하고 이해하기 위해서는 적성과 소질, 흥미, 가치관, 사회 · 경제적 배경, 학업적 특성, 신체적 특성 등에 대한 조사가 필요하다.

이러한 조사에서는 지능 검사, 적성 검사 등과 같은 표준화 검사도 필요하고,

다양한 일 경험과 직업 체험 등의 자기 이해 활동도 필요하다. 이러한 내용들을 종합하여 자기 이해 활동을 한다.

나) 직업 정보 제공 활동

직업 정보 제공 활동은 직업 세계를 탐색하고 관련 정보를 확보하는 활동이다. 직업 · 진로지도에서 필요한 정보는 정량적 정보와 정성적 정보로 구분할 수 있다.

우선 정량적 정보는 해당 직업의 직무 내용과 근무 환경, 복지 및 후생, 급여, 실업의 위험, 해당 직업의 진입 요건, 이후의 경로 등이다. 이러한 정보들은 노동시장 정보에 포함되는데, 노동시장 정보는 매우 복잡하며 확보하기 어렵다는 특징이 있다(OECD, 2012). 그리고 이러한 정량적 정보를 확보하더라도 학생마다 자신에게 중요하고 의미 있는 정보는 각기 다르다. 따라서 일 경험을 통해 정량적 정보 중에서 어떤 정보가 자신에게 중요하고 의미 있는지 파악할 수 있는 기회가 필요하다.

다음으로 정성적 정보는 직장 분위기, 상사 및 동료 관계, 개인의 발전 가능성 등이다. 특히 특성화고/마이스터고 학생들은 연령이 낮기 때문에 직장 적응에 어려움을 겪는 경우가 많으므로 정성적인 정보도 중요하다. 정성적인 정보는 관련 기업에서 체험을 해 봐야 제대로 알 수 있다.

이와 같이 직업 정보 제공 활동에서는 일 경험, 직업 체험 등이 중요한데, 이는 개인 조사 활동에서도 필요한 부분이다. 따라서 직업 정보 제공 활동과 개인 조사 활동이 동시에 이루어지는 경우가 많다.

다) 진로상담 활동

진로상담 활동은 학생이 진로계획을 잘 수립하고 합리적인 의사결정을 할 수 있도록 교사가 도와주는 활동으로, 개인 조사 활동과 직업 정보 제공 활동에서 확보한 자료를 모두 활용한다. 진로상담에서는 학생이 잠정적으로 결정한 직업선택과 진로계획을 확인하고 개인의 진로목표를 명확히 해 주며 진로 의사결정과 직업선택에 능동적인 태도를 길러 준다.

라) 진로결정 및 준비 활동

이 단계는 진로를 결정하고 직업 세계로 진출하기 위해 준비하는 활동이다. 학생이 선택한 진로로 진출하기 위해 필요한 사항을 파악하고 구체적으로 학습하여 필요한 역량을 확보한다. 그리고 진출한 이후의 계획을 수립하고 장기적인 성장경로를 파악한다(예: 선취업 후학습, 경력경로 등). 최근에는 산업의 고도화와 직업 세계의 빠른 변화로 인하여 평생직업교육이 강조되면서 장기적인 성장경로와 계속교육을 준비하는 것이 중요하다.

마) 취업 지원 및 평가 활동

이 단계는 진로를 결정한 학생이 취업할 수 있도록 지원하고 직장생활에 대해 평가하는 활동이다. 우선 학생에게 일자리를 소개하고 기업에 적합한 인재를 추천한다. 이 과정에서는 구체적인 일 경험을 하고 자신에게 맞지 않으면 결정한 진로를 수정하거나 선택한 기업을 변경할 수 있는 기회를 제공해야 한다. 그리고 취업한 학생이 어떻게 직장생활을 하고 있는지, 지원해야 할 사항이나 개선해야 할 사항은 무엇인지, 향후 학생의 직업 · 진로지도를 위해 보완해야 할 사항은 무엇인지, 학생의 직업능력 향상을 위해 학교교육과정에서 개선해야 할 사항은 무엇인지, 학생의 성장경로 설정과 평생직업교육을 위해 학교교육에서 어떤 부분을 개선해야 하는지 등을 점검하고 평가한다.

표 5-6 특성화고/마이스터고 진로목표의 예시

목표	대영역	중영역	세부목표
자신에 대한 종합적인 이해를 하도록 하며, 긍정적인 자아개념과 대인관계 및 의사소통역량을 발전시키며 자신의 꿈과 비전을 자신의 진로와 연결시키는 노력을 한다.	Ⅰ. 자아 이해와 사회적 역량	1. 자아 이해 및 긍정적 자아 개념 형성	• 자아존중감을 갖고 스스로를 돌보는 능력을 향상시킨다. • 자신의 장 · 단점과 능력을 평가하고 향상시키려고 노력한다. • 자신의 꿈과 비전을 진로와 연결시킨다.
		2. 대인관계 능력 및 의사소통역량 개발	• 자신의 대인관계능력을 평가하고 발전시킨다. • 상황에 따라 효과적인 의사소통 능력을 향상시킨다.

<table>
<tr><td rowspan="2">일과 직업 세계의 변화와 다양성에 대한 인식을 강화하고 건강한 직업의식과 태도를 갖춘다.</td><td rowspan="2">II.
일과 직업 세계의 이해</td><td>1.일과 직업의 이해</td><td>• 직업 세계의 변화와 자신의 진로와의 연계성을 파악한다.</td></tr>
<tr><td>2. 건강한 직업의식 형성</td><td>• 희망 직업에 필요한 직업윤리를 파악한다.
• 희망 직업에 필요한 태도를 함양한다.
• 직업에 대한 자신의 고정관념을 성찰하고 개선하기 위해 노력한다.</td></tr>
<tr><td rowspan="2">희망직업에 대한 구체적인 정보 탐색과 아울러 평생교육 및 고등교육 기회 탐색 능력을 배양한다.</td><td rowspan="2">III.
진로탐색</td><td>1. 교육기회의 탐색</td><td>• 자신의 진로에서 학업 성취의 중요성을 알고 노력한다.
• 지속적인 진로개발을 위해 평생학습의 중요성을 이해하고 여러 기회를 탐색한다.</td></tr>
<tr><td>2. 직업정보의 탐색</td><td>• 희망 직업의 구체적인 특성을 파악한다.
• 희망 직업의 직업경로, 학업 및 자격을 구체적으로 파악한다.</td></tr>
<tr><td rowspan="2">고등학교 이후 진로에 대하여 합리적인 의사결정을 내리고, 체계적인 계획을 수립하고 준비한다.</td><td rowspan="2">IV.
진로디자인과 준비</td><td>1. 진로의사결정능력 개발</td><td>• 자신의 진로의사결정 방식을 분석 · 평가한다.
• 진로장벽요인을 포함하여 합리적인 의사결정을 내린다.</td></tr>
<tr><td>2. 진로디자인과 준비</td><td>• 자신의 진로 목표에 따라 구체화된 진로계획을 수립한다.
• 상황변화에 따라 진로계획을 재평가하고 보완한다.
• 고등학교 이후 진로계획을 수립하고 실천한다.</td></tr>
</table>

출처: 교육과학기술부·한국직업능력개발원(2012). 학교 진로교육 목표와 성취지표.

표 5-7 생애단계별 진로교육 목표

구분		초등학생	중학생	고등학생	대학생	성인/장년
진로개발 단계		진로 인식	진로 탐색	진로 계획	진로 준비	진로 유지 및 개선
단계별 진로교육 목표		직업 또는 일과 관련하여 자신의 모습을 인식한다.	자신과 직업 세계에 관한 다양한 정보를 탐색한다.	자신의 특성에 부합하는 진로를 결정하고 자신의 진로목표 및 앞으로의 계획을 수립한다.	자신이 의사결정한 직업 또는 진로의 획득 및 입직을 위한 준비행동을 전개한다.	직업을 획득한 이후의 진로를 유지, 개선하거나 직업적응 및 직업전환을 수행한다.
자신 이해	자기이해 및 긍정적인 자아개념 형성	자신이 소중한 존재임을 인식한다.	자신을 알고자 노력하며 긍정적인 자아개념을 형성한다.	긍정적인 대인관계에서 요구되는 능력을 향상시킨다.	자기이해를 심화하고, 자신을 긍정적으로 수용한다.	지속적으로 자신을 성찰하고 긍정적으로 수용한다.
	다른 사람과의 긍정적인 상호작용	긍정적인 대인관계의 중요성을 인식한다.	긍정적인 대인관계에서 요구되는 능력을 습득한다.	자신을 객관적으로 이해하고 긍정적인 자아개념을 형성한다.	다양한 상황에서 다른 사람과 긍정적으로 상호작용한다.	긍정적인 인간관계를 통하여 사회적 관계망을 확대, 발전시킨다.
직업 세계 이해 및 탐색	일과 직업의 이해	일의 중요성을 인식한다.	일의 중요성을 인식하고 사회, 경제적 환경과 자신과의 관계를 이해한다.	사회, 경제적인 환경 변화가 일과 직업에 끼치는 영향을 이해한다.	사회,경제적인 환경 변화가 개인의 삶과 직업에 끼치는 영향을 이해하고 예측한다.	급격하게 변화하는 사회환경의 변화가 개인의 진로개발에 끼치는 영향을 이해하고 대응한다.
	긍정적인 직업가치와 태도 형성	일과 직업을 긍정적으로 대하는 태도를 형성한다.	직업을 대하는 긍정적이며 적극적인 태도를 가진다.	직업생활에서 요구하는 긍정적이며 적극적인 태도와 습관을 함양한다.	긍정적인 조직문화의 형성과 생산적 사회구성원으로서 요구되는 태도와 습관을 기른다.	직업인으로서의 사회적 책무성을 가지고 직업 생활을 영위한다.
	진로정보의 탐색, 해석, 평가, 활용	자신의 주위에 다양한 직업이 있음을 인식하고 탐색한다.	일과 직업에 대한 다양한 측면을 탐색하여 잠정적인 진로결정에 활용한다.	일과 직업 세계의 다양한 측면을 탐색, 해석, 평가, 활용한다.	자신의 진로준비에 필요한 정보를 탐색, 해석, 평가, 활용한다.	직업생활을 위해 필요한 진로정보를 생성하고 관리한다.
	평생학습의 중요성 인식 및 참여	학습의 중요성을 인식하고 기본적인 학습 습관과 태도를 습득한다.	학습의 중요성을 인식하고 자기주도적인 학습 습관과 태도를 습득한다.	학습의 중요성을 인식하고 학습능력을 향상시킨다.	평생학습의 중요성을 이해하고 다양한 학습의 장에 적극적으로 참여한다.	평생학습에 적극 참여하고, 학습결과를 진로개발에 활용한다.

구분		초등학생	중학생	고등학생	대학생	성인/장년
진로개발 단계		진로 인식	진로 탐색	진로 계획	진로 준비	진로 유지 및 개선
진로 계획 및 관리	진로 의사결정	진로의사결정의 중요함을 인식하고 미래에 대한 꿈을 가진다.	잠정적인 의사결정을 위하여 다양한 진로대안을 모색한다.	합리적인 진로 의사결정을 기초로 하여 구체적인 진로대안을 수립한다.	진로 목표를 구체화하고 이를 달성하기 위한 실천 전략으로 계획한다.	직업선택, 유지, 전환의 목표에 적합한 세부계획과 대응 전략을 수립한다.
	진로계획 및 설계	꿈을 이루기 위해 진로를 계획하고, 이를 위해 노력하는 습관과 태도를 지닌다.	잠정적인 진로계획의 목표를 달성하기 위하여 실천, 평가 한다.	자신이 수립한 진로 계획의 목표를 달성하기 위하여 세부과업을 설정하고 실천한다.	진로계획의 실천과정 및 결과를 지속적으로 모니터링한다.	진로계획의 실천을 지속적으로 모니터링하여 자신의 진로를 활성화시킨다.
	효과적인 구직, 직업유지, 전환	직업인이 되기 위하여 요구되는 자질이 무엇인지 인식한다.	취업에 필요한 지식, 기술, 태도를 습득한다.	취업에 필요한 지식, 기술, 태도를 함양한다.	구직 및 직업유지, 전환을 위해 요청되는 역량을 강화한다.	직업선택, 창업, 유지, 전환에 요구되는 역량을 심화, 발전시킨다.

출처: 최동선(2006). 생애단계별 진로교육의 목표와 내용; 이무근 · 이찬(2020). 한국의 직업교육훈련정책. 서울: 박영스토리. p. 12. 재인용.

나 성장경로[2]

우리나라는 대학 진학률이 높은 나라로 특성화고/마이스터고를 졸업한 고졸자가 노동시장에 진출하고 정착하는 것이 상대적으로 어렵다. 고졸 취업을 강조하면서 대학 진학률을 낮추고자 하는 정책적 요구에 따라 '성장경로'라는 용어가 도입되었다. 고졸자의 성장경로에 대한 논의가 본격적으로 시작된 출발점은 마이스터고의 도입이고, 주요 특성화고/마이스터고 정책에서 성장경로를 강조하였다.

2 출처: 류지은 외(2024). 신산업분야 고졸 인력 성장경로 모델 개발 연구. 한국직업능력연구원. pp. 21-74. 재구성.

그림 5-2 전문직업인 성장경로 모델(예시)

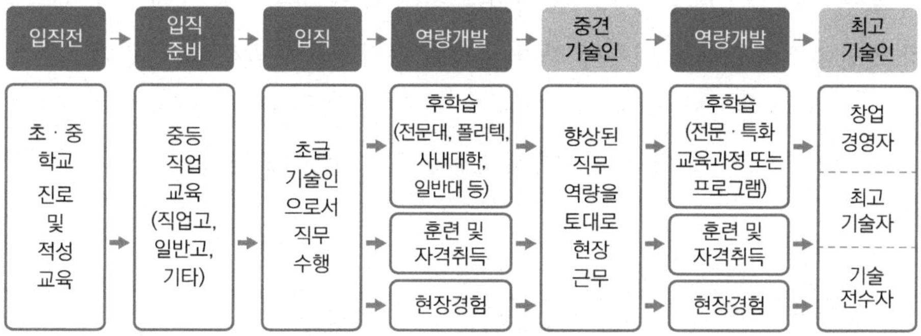

출처: 관계부처 합동(2018. 7. 27.). 나의 일과 미래가 행복한 사회 구현을 위한 평생직업교육훈련 혁신 방안. p. 22.; 류지은 외(2024). 신산업분야 고졸 인력 성장경로 모델 개발 연구. 한국직업능력연구원. p. 22. 재인용.

이와 같이 성장경로는 고졸자가 원활한 노동시장 이행과 경력개발을 통해 성공적인 직업인으로 성장해 나가는 과정을 의미한다. 좀 더 구체적으로 살펴보면, 성장경로는 경력경로와 교육훈련경로를 의미하는 개념이며, 개인의 직업적 이동에서 더 나아가 경력개발을 통한 전문성 향상까지 포함하는 개념이다.

이러한 내용을 종합하여 고졸자 경력경로는 ① 진입 및 탐색 단계, ② 초기경력 형성 단계, ③ 전문성 개발 및 확립 단계의 형태로 구성할 수 있다. ① 진입 및 탐색 단계는 고졸자가 노동시장에 진입하는 시기로, 기초적인 직무 수행을 통해 해당 업종 또는 직종에서의 일을 경험하고 적응해 나가며, 이후의 경력 계획을 탐색한다. ② 초기경력 형성 단계는 학습을 통해 능숙하게 직무를 수행하며, 경력 목표와 계획을 수립하고 교육훈련에 참여하여 초기경력을 형성하는 시기이다. ③ 전문성 개발 및 확립 단계는 고졸자가 지속적인 전문성 개발을 통해 자신의 전문 분야를 확립하고, 경력 목표 달성을 위한 구체적인 계획을 실현한다.

다음으로 고졸자의 대표적인 교육훈련경로는 후학습(학위과정)과 직업능력개발(비학위과정)로 구성되는데, 직업능력개발보다 후학습이 좋은 일자리로의 경력이동에 효과적인 것으로 알려져 있다.

마지막으로 고졸자의 성장경로에서는 개인 요인과 환경 요인의 영향이 중요하다. 개인 요인은 경력 목표 및 태도, 개인이 갖고 있는 전문성과 고용가능성, 임금,

일-생활 균형 등과 같은 개인 역량을 보여 주는 요인이다. 환경 요인은 직무 특성, 조직 특성 등으로, 이는 직무와 조직의 특성에 따라 고졸자의 직장생활 만족도가 변하고 만족스러운 경험 여부에 따라 개인의 경력개발에 발생할 수 있다.

그림 5-3 고졸자 성장경로의 이론적 모형

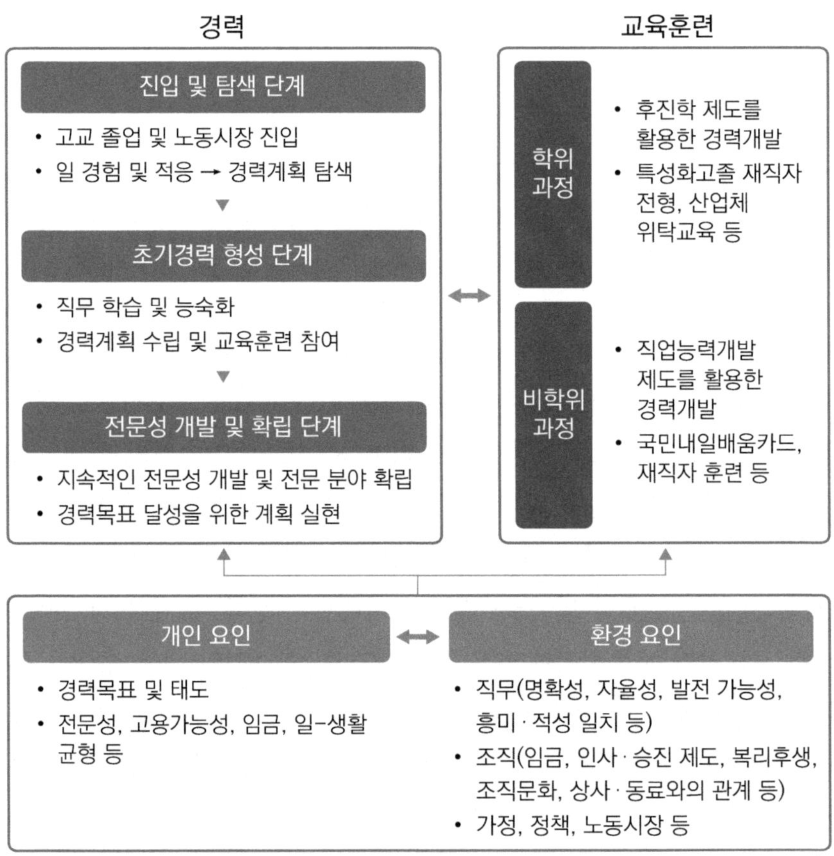

출처: 류지은 외(2024). 신산업분야 고졸 인력 성장경로 모델 개발 연구. 한국직업능력연구원. p. 72.

한편, 고졸자의 성장경로에 관한 주요 제도로는 고등교육 이수를 지원하는 후학습 제도와 지속적인 직무역량 개발을 지원하는 직업능력개발 제도, 그리고 병역특례 제도가 있다. 이러한 제도들은 초기경력 시기의 노동시장 정착과 경력개발에 초점을 두었다.

표 5-8 고졸자 성장경로 관련 주요 제도

<table>
<tr><th>구분</th><th colspan="2">제도</th><th>지원 대상</th><th>주요 내용</th></tr>
<tr><td rowspan="6">후학습 제도</td><td colspan="2">특성화고졸재직자 전형</td><td>• 직업계고 졸업 후 산업체에 3년 이상 재직한 자</td><td>• 일과 학업을 병행할 수 있도록 지원(정원 외 전형)</td></tr>
<tr><td colspan="2">P-TECH</td><td>• 고교 단계 일학습병행 훈련과정 이수자
• 현장실습선도기업에 취업 중인 특성화고 졸업자
• 재직자 단계 일학습병행 비학위 훈련과정 이수자</td><td>• 폴리텍 · 전문대 등과 연계하여 실시하는 중 · 고급 수준의 기술훈련 과정</td></tr>
<tr><td rowspan="2">계약 학과</td><td>조기취업형 계약학과</td><td>• 고등학교 졸업자</td><td>• 입학과 동시에 취업 확정, 2학년부터 직장인으로서 일과 학업 병행</td></tr>
<tr><td>중소기업 계약학과</td><td>• (채용조건형) 중소 · 중견기업 채용예정자
• (재교육형) 중소 · 중견기업 6개월 이상 재직자</td><td>• 대학과 협약을 통해 중소 · 중견기업이 요구하는 학위과정 설치</td></tr>
<tr><td colspan="2">산업체 위탁교육</td><td>• 고등학교 수준의 학력을 갖고 있는 협약 산업체 재직자</td><td>• 산업체가 협약을 맺은 전문대학, 산업대학, 또는 원격대학에 재직자가 진학할 수 있도록 지원(정원 외 전형)</td></tr>
<tr><td colspan="2">고졸 후 학습자 장학금</td><td>• 성적 및 재직 요건을 충족한 고등학교 졸업자</td><td>• 선취업 후학습자에 대한 등록금 지원</td></tr>
<tr><td rowspan="2">직업 능력 개발 제도</td><td colspan="2">국민내일배움카드</td><td>• 모든 국민</td><td>• 1인당 300~500만 원까지 훈련비 지원</td></tr>
<tr><td colspan="2">범부처 신기술 인력 양성 사업</td><td>• 고교/대학/대학원 재학생, 재직자, 구직자 등 사업별 상이</td><td>• 신기술 · 신산업 분야 인력 양성을 위한 부처별 교육훈련 사업</td></tr>
</table>

<table>
<tr><th>구분</th><th>제도</th><th>지원 대상</th><th>주요 내용</th></tr>
<tr><td rowspan="2">병역 특례 제도</td><td>취업맞춤특기병</td><td>• 고졸 이하 병역의무자</td><td>• 입대 전 기술훈련을 받고 관련 분야 기술병으로 군 복무, 전역 후 취업 지원</td></tr>
<tr><td>산업기능요원</td><td>• 병역 지정 업체 제조 · 생산 분야 종사자</td><td>• 병역자원 일부를 병무청장이 선정한 병역 지정 업체에서 제조 · 생산 인력으로 활용 지원</td></tr>
</table>

출처: 류지은 외(2024). 신산업분야 고졸 인력 성장경로 모델 개발 연구. 한국직업능력연구원. p. 43.

03

산학협력과 직업 · 진로지도의 실제[3]

여기에서는 특성화고/마이스터고의 대표적인 산학협력 제도이자 직업 · 진로지도 사례인 현장실습을 알아보고자 한다.

가 현장실습의 개념과 유형

현장실습이란 학교에서 배운 지식과 기술을 실제 현장에 적용하고 이를 경험하여 다양한 직업적 체험과 현장 적응력을 제고하는 교육 프로그램으로, 교육과정의 일환이다. 과거 현장실습은 근로(조기취업) 중심이었으나 2018년부터 학습(취업준비)중심 현장실습으로 전환되었다. 학습중심 현장실습은 조기취업이 아닌 직무체험 등을 통한 취업 준비과정(취업약정 및 취업연계 기업 등에서 운영)으로 현장실습을

3 출처: 관계부처 합동(2021. 12. 23.). 안전 · 권익 확보를 위한 직업계고 현장실습 추가 개선방안('21).; 교육부 · 한국장학재단 · 한국직업능력개발원(2021). 2021학년도 직업계고 현장실습 운영 매뉴얼. pp. 8-77. 재구성

운영한다. 과거에는 산업체 현장실습이 의무 사항이었으나 직업교육훈련촉진법 제7조 1항 및 초·중등 교육과정 총론 제2018-150호에 따라 학생이 산업체 현장실습의 참여 여부를 자율적으로 결정하게 되었다.

현장실습의 유형에는 산업체 채용약정형 현장실습, 우수교육기관 연계교육형 현장실습, 산업체 체험형 현장실습, 교내 현장실습(창업·동아리, 강사 초빙 등)이 있는데, 산업체 채용약정형 현장실습이 대표적이며, 일반적으로 현장실습은 산업체 채용약정형 현장실습을 의미한다.

산업체 채용약정형 현장실습의 특징은 다음과 같다.

① 산업체 채용약정형 현장실습은 기업-학교-학생 간 학습중심 현장실습 참여 후 해당 기업에 채용된다는 것을 상호 간에 약정하는 형태이다.

② 현장실습 운영 기간은 3학년 수업일수 1/3 범위(3개월)에서 연중 운영 가능하다. 그러나 현장실습 운영 기간 적용의 예외 사항도 있다(예외 사례: 산학일체형 도제학교, 중소기업 인력양성사업 취업맞춤반 등 정부 주도형 산학연계 사업, 지자체와 시·도교육청 주도형 산학연계 사업, 공무원 채용 등)

그림 5-4 현장실습 정책의 변화 흐름

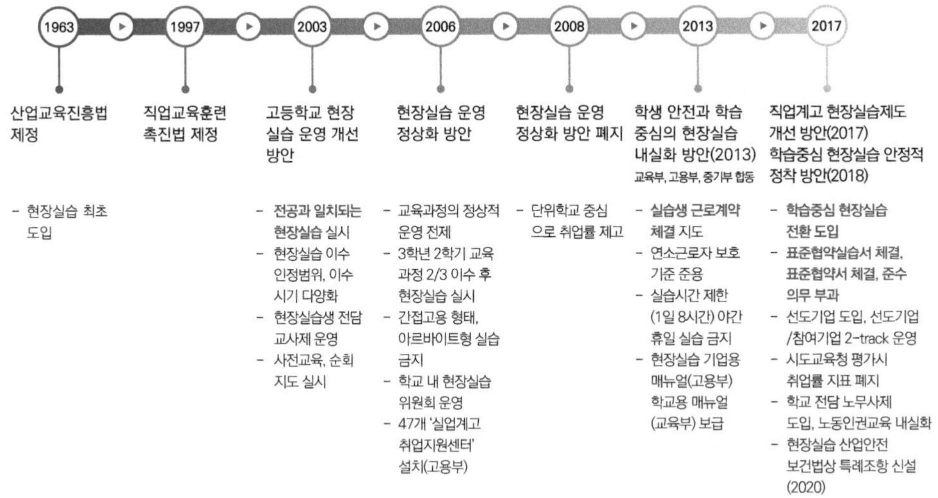

출처: 관계부처 합동(2021). 안전·권익 확보를 위한 직업계고 현장실습 추가 개선방안('21). p. 4.

표 5-9 (기존)근로중심과 (개선)학습중심 현장실습 비교

구분	(기존) 근로중심 현장실습	(개선) 학습중심 현장실습
운영 형태	조기 취업 형태로 운영	취업 준비과정으로 운영
교육과정 연계	자율(근로중심)	실무과목과 연계 * 현장실습 프로그램 개발(학교 · 기업)
근거 법령	직업교육훈련촉진법, 근로기준법	직업교육훈련촉진법, 산업안전보건법
계약 체결	현장실습표준협약서, 근로계약서	현장실습표준협약서
실습생 신분	학생 및 근로자 혼용	학생
실습 기업	선도기업, 참여기업	기업 제한 없음
실습 기간	최대 6개월	최대 3개월(수업일수 1/3 범위 이내)
실습 수당	근로계약 체결 시 최저임금	정부, 기업에서 현장실습 수당 지급 *정부(최저임금 30%), 기업(최저임금 70%)
기업현장 교사	없음	기업현장교사 지정 및 수당 지급

출처: 관계부처 합동(2021). 안전 · 권익 확보를 위한 직업계고 현장실습 추가 개선방안('21). p. 27.

나 산업체 채용약정형 현장실습 절차

1) 현장실습 사전 단계

가) 현장실습 기본계획 수립

- 현장실습 운영 조직 구성
  - 학교 내 현장실습 운영 조직 구성 및 역할 배분 방안 검토
  - 학교 밖 유관기관과의 연계 · 운영 체계 구축 방안 검토
- 현장실습 운영계획 수립

- 학교 경영목표 분석 및 수요자(학생, 학부모, 산업체 등) 의견 수렴 실시
- 현장실습 관련 학사 일정, 교내 평가 계획 등을 반영하여 현장실습 운영계획 수립

나) 현장실습 기업 발굴 및 사전 방문

• 안전한 현장실습 운영이 가능한 산업체 발굴 및 사전 방문
  - 산업체 기본 정보 확인: 회사명, 사업자등록번호, 기업형태, 업종, 주소 및 홈페이지, 주요 생산품, 종업원 현황 등
  - 현장실습 가능 여부 확인: 교육환경 안전성, 교육 프로그램 및 기업현장교사 유무, 취업 연계 가능성, 진로개발 경로 등

• 현장실습운영위원회 개최 및 산업체 적합성 검토

2) 현장실습 진행 단계

가) 현장실습 직무분석 및 프로그램 개발

• 실습기업과 학교는 실습기간 중 학생들이 수행할 직무수행내용(또는 과업)을 구체적으로 진술하고, 현장실습 프로그램을 상호 협의를 토대로 구성
  - (실습기업) 현장실습 실시 직무분야 분석 및 상세화
  - (학교) 산업체에서 수행할 직무내용을 전문교과(기초과목, 실무과목)를 활용하여 실습 프로그램 내용으로 구체화

  ※ 현장실습은 시간은 1일 7시간, 1주 35시간을 기준으로 작성(학교 교육과정의 주당 수업시수와 동일하게 작성 가능)

  - 프로그램 개발 시, 한국산업인력공단에서 개발한 현장교육훈련 표준모델 참고 · 활용 가능

• 기업별 자체 신입사원 오리엔테이션 프로그램을 운영하는 경우, 이를 현장실습 프로그램으로 활용하고 하이파이브 탑재
  - 기업 자체 프로그램의 학교(학과) 전공적합성 등을 현장실습운영위원회의 심의를 통해 판정

나) 현장실습 참여/선도기업 선정

- 산업체 현장실습생의 실무능력 및 현장적응력 향상을 위해 필요한 자격 조건을 갖춘 현장실습 기업 선정
- 학교는 현장실습운영위원회를 통해 선정된 참여기업 중 '선도기업 선정 기준'에 부합하는 우수기업을 시 · 도교육청에 현장실습 선도기업으로 신청
  - 선도기업 조건: 정부 · 지자체 및 공공기관(공기업 포함), 금융권(제1, 2금융권), 대기업, 중견기업, 산학일체형 도제학교 참여기업, 아우스빌둥 참여기업, 시 · 도교육청 선도기업 선정 기준에 부합하는 우수기업
- 선도기업 인정은 시 · 도교육청별 협의체의 심의를 통해 최종 결정

다) 현장실습 희망학생 모집 및 참여기업-학생 매칭

- 현장실습 희망학생 수요조사 실시 및 사전 정보 제공
  - 현장실습 전 참여 희망학생에 대한 수요조사를 실시하여(가정통신문 등) 현장실습 참여 학생 확정
  - 희망학생 대상으로 산업체 탐방, 현장실습 운영절차 및 방법, 현장실습 산업체 및 직무에 대한 정보 등의 현장실습 사전 정보 제공
  - 희망학생은 담임교사나 취업담당 교사, 취업지원관의 도움을 받아 자기소개서 및 이력서 준비(현장실습 산업체와의 정보 공유)
- 실습기업에서 수행할 직무내용과 학생 수요를 비교하여 기업-학생 매칭
  - 권역별 · 지역별 지방자치단체 일자리센터와 연계한 일자리박람회 또는 채용설명회 등을 개최하여 기업-학생 매칭 기회 확보
  - 학생들이 해당 기업을 탐색할 수 있는 기회 제공(산업체 기업현장교사의 특강 및 사전 미팅 등의 직장적응 프로그램 실시)
  - 기업-학생 매칭 후 현장실습 전 사전교육 실시
  - 안전사고 발생 시 조치 절차 및 방법 안내
- 고려사항 및 참고사항
  - 실제 선발 절차와 동일하게 운영하여 학생-기업(산업체) 사이의 투명성 제고
  - (실습기업) 직무내용, 현장실습 기간, 기업현장교사 배치, 수당, 복리후생 등의 채용정보를 구체화

- (학생) 이력서, 자기소개서 등의 현장실습에 필요한 서류 작성
- 현장실습 내용과 방법을 학생-기업-학교가 공유
- 실습기업에 관한 상세정보를 학생 및 학부모에게 수시로 제공할 수 있는 방안 마련(예: 학교 내 취업 관련 홈페이지 등)

라) 사전교육 실시

- 학생 대상 노동관계법(노동인권) 교육, 산업안전보건교육, 직장 내 성희롱 예방교육, 직업윤리(직장 내 괴롭힘 방지교육, 직장 내 장애인인식개선 교육 등) 사전교육 실시
  - LMS를 이용한 현장실습 일지 작성, 수당 지급 절차와 시기, 평가 및 출결, 학사일정 등을 정확하게 공지
  - 노동인권 및 산업안전보건교육 지도능력 강화를 위한 연수 참여
  - 산업체에서 현장실습 기간 중 활용 가능한 교육자료 준비

마) 현장실습 표준협약 체결

- 현장실습 수당 지급 기준
  - 현장실습 수당은 최저임금법 제5조(최저임금)에 따른 월 최저임금 상당액의 70% 이상이 적절하다는 각계의 의견을 반영하고, 1인 가구 최저생계비 이상을 반영해야 한다는 점, 현장실습 프로그램의 70%는 일 경험을 통한 학습이 이루어진다는 점 등을 고려하여 최저임금의 70% 수준으로 결정
- 현장실습 표준협약서 체결
  - 교육부장관이 고시한 현장실습표준협약서 서식 활용
  - 현장실습 실시 전 학교-실습기업-현장실습생의 3자간 표준협약 체결
  - 현장실습 시간(1일 7시간, 1주일 35시간 이내) 준수(당사자 합의에 따라 1일 1시간, 1주일에 5시간 한도로 실습시간 연장 가능, 단, 당사자 서면 확인 필수)
  - 야간(오후 10시부터 오전 6시까지) 및 휴일 실습 제외 여부 확인(1주에 2회 이상의 휴일 실시)
- 산업체 현장실습 동의서 작성
  - 학생과 학생의 보호자에게 실습 기업과 실습내용 및 실습 수당 등 현장실

습의 주요 내용 재안내 후 동의서 작성

- 직업교육훈련촉진법 제26조(벌칙), 제27조(과태료) 안내
  - 제26조(2년 이하의 징역 또는 2천만 원 이하의 벌금) 현장실습 시간을 초과하거나 야간 및 휴일에 현장실습 실시
  - 제27조(500만 원 이하의 과태료 부과)
    ① 현장실습계약 미체결 또는 현장실습계약 체결 시 표준협약서 미사용
    ② 표준협약서 사항(현장실습 기간, 방법, 담당자 배치, 실습수당, 안전 · 보건상의 조치, 현장실습 내용의 변경절차) 미준수
- 현장실습 표준협약서 3부를 작성하여 협약서 원본을 학교, 기업, 학생이 각각 보관
- 현장실습 기간 4대보험 가입 불가(단, 산재보험은 가입 필수)

바) 현장실습 실시

- (실습 기업) 실습생 도착 → 오리엔테이션 및 사전교육 · 안전교육(집합교육) 실시 → 현장부서 배치 → 현장실습 실시 및 피드백
- (학교) 현장실습 순회지도 후 결과보고서 하이파이브 탑재
- (학생) 현장실습 일지 작성 (※ 하이파이브 LMS 작성)
- (현장교사, 학교) 학생 현장실습 일지 검토 및 승인(하이파이브 계정 발급)

사) 현장실습 종료

- 개인별 현장실습 결과보고회 개최(권장)
- 현장실습 결과보고서 작성(학생) 및 학교에 제출
- 현장실습에 대한 기업 만족도 평가, 기업 사후관리 및 개선안 수립에 활용

3) 현장실습 종료 후 단계

가) 현장실습 성적처리 및 생활기록부 기재

- 현장실습 출결 및 성적처리
- 학생생활기록부 현장실습 기록

나) 현장실습 완료 후 채용 전환

- 현장실습 완료 후 하이파이브 현장실습 완료 및 채용 전환 처리
- 학생 및 학부모 채용 동의서 작성(권장)
- 근로계약서 작성, 출근부 작성(출결 관련 증빙서류)

그림 5-5 산업체 채용약정형 현장실습 흐름도

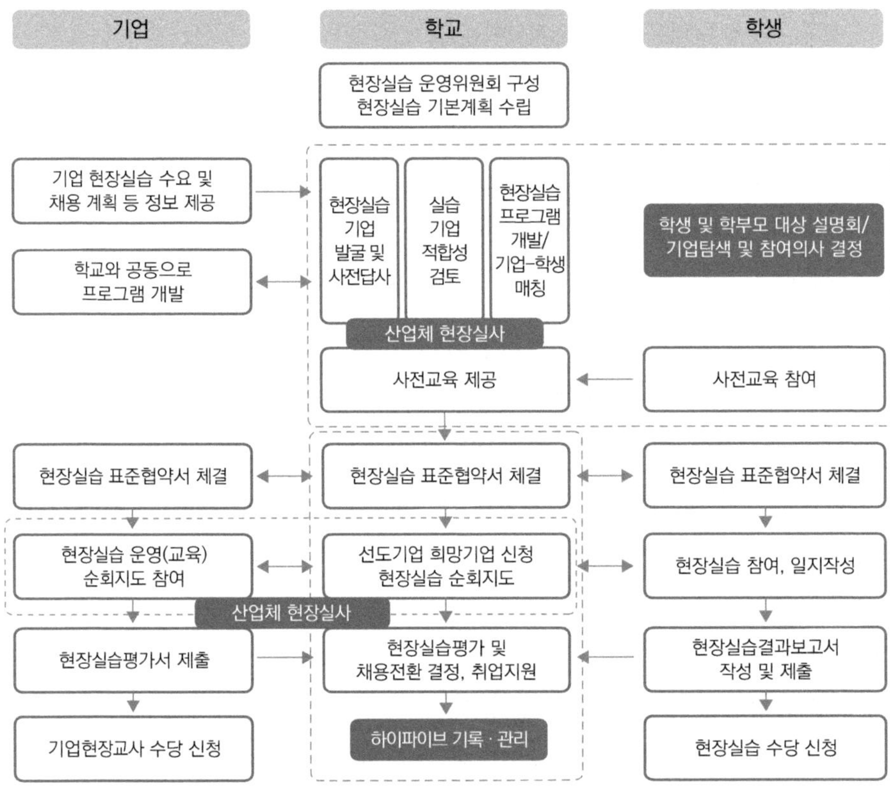

출처: 교육부·한국장학재단·한국직업능력개발원(2021). 2021학년도 직업계고 현장실습 운영 매뉴얼. p. 32.

□ 현장실습 프로그램 구성 및 운영 계획서(1주일 예시)[4]

□ 현장실습 프로그램 개요

<table>
<tr><th>구분</th><th colspan="5">내용</th></tr>
<tr><td>기업명</td><td colspan="5">OO기업</td></tr>
<tr><td>주소</td><td colspan="5">부산시 강서구 신호공단 1234</td></tr>
<tr><td>기업현장교사(직위)</td><td colspan="5">김OO(팀장), 박OO(과장)</td></tr>
<tr><td>현장실습 기간 및 시간</td><td colspan="5">2021. 11. 1. ~ 2021. 11. 5. (5일 35시간)</td></tr>
<tr><td>현장실습 제외일/
기간(사유)</td><td colspan="5">3일/ 2021. 11. 1. ~ 3.(졸업고사)</td></tr>
<tr><td>NCS 직무분야</td><td colspan="5">정보통신(20)</td></tr>
<tr><td>실습과제</td><td colspan="5">무선통신망구축</td></tr>
<tr><td>평가횟수</td><td colspan="2">1회</td><td colspan="1">평가항목</td><td colspan="2">과제수행</td></tr>
<tr><td rowspan="3">현장실습 시간 편성</td><td rowspan="2">총 시간</td><td rowspan="2">입문교육
(안전, 보건, 직업기초능력교육)</td><td colspan="3">현장실무</td></tr>
<tr><td>NCS</td><td>기업특화</td><td>평가</td></tr>
<tr><td>35</td><td>7</td><td>24</td><td>0</td><td>4</td></tr>
<tr><td>기업현장교사
전담 지도(1:1) 여부</td><td colspan="2">O/X</td><td>비전담지도
사유</td><td colspan="2"></td></tr>
</table>

□ 현장실습 프로그램 개발자 구성

구분	소속	연락처	성명
개발책임자	OO공업고등학교	010-000-0000	김OO
기업현장교사1	OO기업	010-000-0000	김OO
기업현장교사2	OO기업	010-000-0000	박OO

4 출처: 교육부 · 한국장학재단 · 한국직업능력개발원(2021). 2021학년도 직업계고 현장실습 운영 매뉴얼. pp. 42-43.

□ 요구분석 및 실습 목표

구분	내용
실습생의 사전준비상황	• 학교는 유선통신, 무선통신, 위성통신 등 세 가지 코스를 운영하고 있으며, 실습생은 이 중 무선통신 코스를 자발적으로 선택한 학생들로 학습동기가 높은 편임. • 무선통신뿐만 아니라 유선통신, 위성통신 관련된 기초 교과목을 학습한 경험을 가지고 있음. • 일부는 전자업체에서 단기간의 아르바이트 경험을 가지고 있음.
주요 실습요구	• 단순 통신망구축 보조 업무뿐만 아니라 망 설치, 유지 · 보수, 장애방지 대책과 관련된 기초 업무에 대한 실습을 희망함. • 최근 각광받고 있는 휴대폰 기지국 관리에 대한 심화교육을 실시함에 따라 이와 관련된 실습교육을 희망하는 경향이 있음.
현장실습 목표	• 무선통신망이 최고의 성능을 유지할 수 있도록 유지 · 보수 계획을 수립하여 세부적인 장애방지대책을 수립하고 유지 · 보수 및 장비를 관리 운영할 수 있다.

□ 실습내용 구조화

1. 입문교육	2. 현장실무: NSC/ 기업특화	
	NSC 세분류	능력단위
• 오리엔테이션 • 산업안전 및 보건교육 • 직장 내 성희롱 예방교육 • 개인정보보호교육 • 작장 내 장애인 인식개선교육	무선통신망 구축 유지 보수	무선통신망 구축 유지 보수 (2002020310_14v2)

□ 현장실습 프로그램 세부 운영 계획

일차 (시간)	구분	프로그램 세부내역					교육 시간	실습 시간
		내용영역(능력단위)	방법	기업현장 교사(직위)	현장 실습생	장소		
1일차 (7)	입문 교육	회사소개 및 업무 개요 현장 실습 안내, 산업안전보건교육, 직장 내성희롱예방교육, 직장 내 장애인 인식개선교육, 개인정보보호교육 등	견학/ 강의	김--	최OO	회의실	7	.
				박-- (과장)	정OO			
2~4일차 (21)	현장 실무 (NCS)	무선통신망 구축 유지 보수 (2002020310_14v2)	실습	김-- (과장)	최OO	생산 라인	.	21
				박-- (과장)	정OO			
5일차(7)	현장 실무 (NCS)	무선통신망 구축 유지 보수 (2002020310_14v2)	실습	김-- (과장)	최OO	생산 라인	.	3
				박-- (과장)	정OO			
	평가	과제수행 평가	실습	김-- (과장)	최OO	회의실	4	.
				박-- (과장)	정OO			
총 현장실습 시간		35	세부 편성 시간(교육 · 실습)				11	24

※ 법정 필수 교육시간으로 정해진 산업안전보건교육, 직장 내 성희롱 예방교육, 직장 내 장애인 인식개선교육, 개인정보보호교육 등은 반드시 입문교육 시간 안에 편성하여 현장실습 시작 전에 교육하여야 하며, 특히 산업안전보건교육은 현장실습생이 실습을 진행하게 되는 작업장 내에서 직무상황에 맞게 이루어져야 함.

※ 현장실습 시간의 30% 이상은 교육으로 편성해야 함.

※ 기업현장교사와 현장실습생은 1:1 지도를 원칙으로 함.

□ 현장실습 기업선정 기준[5]

기업명: 확인 일자: 20 . . . 확인자: (인)

※ 확인자는 현장실습 사전 실사 수행한 학교담당자 성명 및 서명 표기

1. 직무 분야 적합성 및 교육 여건	적절	부적절
(1) 독립적인 직무 수행을 위해 1주일 이상의 현장실습 프로그램 운영을 요구하는 직무인가? (단순 반복 직무 제외)	□ᴼ	□ˣ
• 선도기업: 현장실습 운영기간 1개월 이상(20일 140시간 이상) □ • 참여기업: 현장실습 운영기간 1주일 이상(5일 35시간 이상) □ ※ 현장실습의 운영기간에 대해서는 교육부 및 시 · 도교육청의 대응방안에 따라 달라질 수 있음.		
※ 일용직, 단순 아르바이트(주요소, 편의점, 음식 배달 등) 및 인력파견업체 엄격히 제한		
(2) 학교 교육과정상의 인력양성 목표에 부합하는 현장실습 프로그램이 개발되었는가?	□ᴼ	□ˣ
(3) 일정기준*에 부합하는 기업현장교사를 배정하여 참여 학생에 대한 지도 · 관리 계획이 수립되어 있는가? ▲ 참고자료: 현장실습 프로그램 및 현장실습 참여기업 신청서 * ① 고등교육법에 따른 전문대학 또는 대학을 졸업하거나 이와 동등 이상의 학력을 가진 자로서 해당 분야의 훈련을 담당한 경력이 있는 자, ② 정부출연기관 등의 설립 · 운영 및 육성에 관한 법률 · 과학 기술분야 정부출연연구기관 등의 설립 · 운영 및 육성에 관한 법률에 따른 연구기관 및 기업 부설연구소등에서 해당 분야의 연구를 한 경력이 있는 자, ③ 국가기술자격법 또는 그 밖의 법률에 의한 해당 분야의 자격증 취득자, ④ 해당 분야에서 1년 이상의 실무 경력이 있는 자	□ᴼ	□ˣ
(4) 기업의 실습시설 및 장비를 활용한 교육계획이 구체적으로 수립되어 있는가? ▲ 참고자료: 현장실습 프로그램, 현장방문 점검 및 면담을 통한 시설 확인	□ᴼ	□ˣ

2. 근로기준법 준수 및 안전 · 보건 관리 현황	적절	부적절
(1) 근로기준법 제43조의 2에 의거하여 체불사업주로 공개된 전력이 없는 기업인가? ▲ 참고자료: 체불사업주 DB(www.moel.go.kr)	□ᴼ	□ˣ
(2) 근로기준법 제65조에 의거한 사용금지 기업은 아닌가? ※ 청소년보호에 따른 청소년출입금지 업종, 청소년고용금지 업종, 도덕상 · 보건상 유해 위험한 직종, 고압, 잠수, 위해 화학약품 및 폭발물 취급 업무 등	□ᴼ	□ˣ
(3) 현장실습 실태점검 및 지도 · 감독 결과 직업교육훈련촉진법 위반 사실이 없는가? ▲ 참고자료: 하이파이브 지도 · 점검 결과	□ᴼ	□ˣ

5 출처: 교육부 · 한국장학재단 · 한국직업능력개발원(2021). 2021학년도 직업계고 현장실습 운영 매뉴얼. pp. 55-57.

(4) 산업안전보건법 제10조에 의거하여 산재다발기업으로 공개된 전력이 없는가? 산재다발기업인 경우, 산재 발생 직무가 아닌 안전한 직무에 투입되는가? □o □x

▲ 참고자료: 산업재해 다발 사업장 공고(www.moel.go.kr), 하이파이브

(5) 기업의 안전 및 보건 관리 수준은 적절한가? (관련 직무 또는 교과(군) 특성을 고려해 점검) □o □x

▲ 참고자료: 산업재해 예방계획서, 안전보건공단으로부터 위험성평가 우수기관 인정 확인, 무재해 운동 인증 서류 등(해당하는 경우)

* 산업안전보건법 제36조(위험성평가)에 따른 사업장별 자체 위험성평가 실시 규정, 평가 결과 및 안전성 개선 등 종합 실태 점검

(6) 해당 업체의 산업안전보건 교육, 성희롱예방교육 및 노동관계법 관련 교육 계획이 수립되어 있는 가? □o □x

▲ 참고자료: 현장실습 참여기업 신청서 및 현장실습 프로그램 개발 관련 서류 등 필요시 공인노무사 협조를 통해 교육자료 확인

(7) 주당 35시간(주 5일, 1일 7시간 기준-휴게 시간 미포함)실습, 야간 실습 및 3교대 실습 직종 제외, 주당 2일 이상 휴일 확보가 교육계획에 구체적으로 수립되어 있는가? □o □x

▲ 참고자료: 현장실습 참여기업 신청서 및 현장실습 프로그램 개발 관련 서류

(제한기업 신청 사유)

3. 기업 규모 및 CEO 의지 (선도기업 기준)

	적절	부적절
(1) 기업규모 및 상시근로자 수가 10인 이상인 기업인가? (단, 다음의 관련 직무 또는 교과(군)은 별도의 기준을 적용함) ※ 관련 직무 또는 교과(군) 특성에 따른 기준 인원: 경영 · 금융(5인), 보건 · 복지(5인), 디자인 · 콘텐츠(5인), 미용(5인), 레저 · 관광(5인), 음식 · 조리(5인), 정보통신(5인), 인쇄출판공예(5인), 농림(5인), 농기계(1인) ※ 정부 또는 지자체 지정 우수기업, 교육청의 실사를 통해 인정한 기업은 인원수 제한 없이 지정 가능	□o	□x
(2) 기업의 복리 후생(기숙사, 출퇴근 버스, 중식 제공 등)을 일정 수준 이상 제공하는가?	□o	□x
(3) 기업 CEO의 현장실습 참여 의지(현장실습에 대한 이해, 실습 종료 후 채용의지 등)와 일반적인 근로조건(장기근속, 재직자의 근무 만족도, 임금, 복지혜택 등)은 양호한가?	□o	□x

※ 정부 · 지자체 및 공공기관, 금융 기관(제1, 2금융권), 대기업, 중견기업, 산학일체형 도제학교 사업에 참여 중인 기업, 아우스빌둥 참여기업, 농림축산식품부 지정 WPL 농가, 한국마사회 지정 우수 승마장, 보건복지부 인증평가를 거친 병원급 이상 의료기관, 10월 이후 소집하는 군 부사관은 별도 심사 없이 선도기업으로 인정

□ 현장실습 일지(LMS) 예시[6]

20 년 월 일 ~ 20 년 월 일 현장실습 학생: (인)

근무시간	~	담당업무		부서	
실습내용 (구체적으로 기입할 것)	월	- 회사의 조직 이해			
	화	- 제품생산과정에 대한 이해			
	수				
	목				
	금				
실습소감	실습 2주 차로 회사의 제품에 대한 개괄적인 설명과 함께 제품생산에 대한 과정을 배우고 나니 A회사의 제품의 특성을 새롭게 알 수 있었다. 또한 제품생산에 있어 생산관리가 왜 중요한지를 다시 한번 느낄 수 있는 시간이었다.				
기타 (실습 중 애로사항 포함)	• 생산과정에 대한 공장견학 일정이 다소 미루어져 구두로만 설명하여 안타까웠다. • 제품 생산과정을 직접 볼 수 있었으면 좋겠다는 생각이 들었다.				

※ 현장실습 일지는 LMS 시스템을 사용하여 온라인 또는 모바일로 학생이 작성하며, 학교는 현장실습 프로그램에 따라 학생의 실습일지 내용이 작성되고 있는지 상시적으로 확인해야 함. 현장실습 일지를 LMS로 작성하는 별도의 출력물을 보관하지 않으며, 하이파이브 시스템에 자동으로 저장됨.

6 출처: 교육부 · 한국장학재단 · 한국직업능력개발원(2021). 2021학년도 직업계고 현장실습 운영 매뉴얼. p. 67.

□ **현장실습표준협약서**[7]

현장실습표준협약서

제1조 (목적) 이 현장실습협약서는 기관대표(이하 "현장실습기관"이라 한다)와 학교학생(또는 훈련원생)(이하"현장실습생"이라 한다) 학교장(또는 훈련원장)(이하 "직업교육훈련기관"이라 한다) 상호 간에 현장실습에 필요한 사항을 정하고 이를 성실하게 준수할 것을 약정함을 그 목적으로 한다.

제2조 (용어의 정의) "현장실습"은 교육 또는 훈련을 목적으로 하는 사업 또는 사업장에서 일을 경험하는 것을 말하며, "현장실습생"은 임금을 목적으로 근로를 제공하는 근로자와 달리 교육 또는 훈련을 목적으로 사업 또는 사업장에서 일을 경험하는 자를 말한다.

제3조 (현장실습 기간 및 장소) ① 현장실습 기간은 20 년 월 일부터 ~ 20 년 월 일으로 한다.

② 현장실습은 직무를 수행하는 "현장실습기관"의 산업현장시설을 이용하여 실시한다. 다만, 직무와 관련된 이론 등의 교육훈련의 경우 산업현장시설 내외부의 별도의 시설에서 실시할 수 있다.

제4조 (현장실습방법 및 절차) ① 현장실습은 교육과정(또는, 직업교육훈련과정)에 의거 "현장실습기관"이 "직업교육훈련기관"과 협의하여 작성한 현장실습계획에 따라 실시한다. 이때 현장실습계획에는 정해진 기간 동안 필요한 직무능력을 높일 수 있도록 교육훈련 목적 및 목표, 교육훈련 내용 및 방법, 현장실습담당자, 교육훈련 장소 및 시간, 교육훈련 대상 등이 포함되어야 한다.

② "직업교육훈련기관"은 현장실습의 내실화를 위해 제5조 제4호에 따른 산업체 현장실습 담당자와 직업교육훈련기관의 교사(또는 직업교육훈련교사)가 참여하는 현장실습협의체를 구성하며, 현장실습협의체는 "현장실습기관"과 현장실습에 관한 제반사항을 협의한다. 다만 "현장실습기관"의 산업현장시설에서 현장 실습하는 현장실습생이 적어 현장실습협의체 구성의 필요성이 없는 경우 "직업교육훈련기관"이 "현장

---

7 현장실습표준협약서는 「직업교육훈련촉진법」 제9조 제1항에서 '교육부장관이 고용노동부장관, 산업통상자원부장관 및 중소벤처기업부장관과 협의하여 고시한 표준협약서'임.
출처: 현장실습표준협약서[시행 2018. 9. 28.] [교육부고시 제2018-165호, 2018. 9. 28., 일부개정], 국가법령정보센터 https://www.law.go.kr.

실습기관”과 직접 현장실습에 관한 제반사항을 협의한다.

③ “현장실습기관”은 “현장실습생” 또는 “직업교육훈련기관”이 요청시 매월 1회 이상 “현장실습생”이 소속된 직업교육훈련기관에 출석하여 직업교육훈련 및 평가를 받을 수 있도록 한다.

제5조 (현장실습기관의 의무) “현장실습기관”은 현장실습이 내실 있게 실시되도록 다음 각 호의 사항을 준수한다.

1. “현장실습생”의 전공과 희망을 고려하여 현장실습부서에 배치하고, “현장실습생”이 다양하고 폭넓은 현장경험을 쌓을 수 있도록 순환실습기회를 제공할 것
2. 현장실습에 부합하는 범위 내에서 “현장실습생”의 신체적 부담 능력을 고려하여 현장실습과제를 부여할 것
3. 현장실습에 필요한 시설, 공구, 재료 등을 제공할 것
4. 현장실습을 지도할 능력을 갖춘 현장실습담당자를 배치하여 “현장실습생”의 현장실습을 성실하게 지도할 것
5. “직업교육훈련기관”이 현장실습표준협약의 이행 여부 등을 확인하고자 할 경우 이에 협조하는 한편 그 확인 결과 드러난 개선 및 변경사항을 현장실습에 반영하도록 노력할 것
6. “현장실습생”에게 「근로기준법」, 「산업안전보건법」 등 노동관계법령에 대한 교육을 실시할 것
7. “현장실습생”에게 직장 내 성희롱 예방교육을 실시할 것

제6조 (직업교육훈련기관의 의무) ① “직업교육훈련기관”은 “현장실습생”의 현장실습에 앞서, 현장실습 협약 내용, 계획, 방법, 준수사항, 관련법, 제7조 및 제8조에 따른 현장실습생의 권리와 의무에 관한 사항 등을 포함한 교육을 실시하여야 하며, 이때 교육내용은 “현장실습기관”과 협의해야 한다.

② “직업교육훈련기관”은 “현장실습생”의 현장실습 출결상황을 관리해야 한다.

③ “직업교육훈련기관”은 현장실습에 관한 제반사항을 매월 1회 이상 점검해야 한다.

제7조(현장실습생의 권리) ① “현장실습생”은 현장실습 시 산업현장의 적응력을 배양할 수 있도록 적정한 지도를 받을 수 있는 권리를 가진다.

② “현장실습생”은 현장실습기간 중 산업재해로부터 보호받을 권리와 산업재해 시 적정한 보상을 받을 권리를 가진다.

③ “현장실습생”은 고의 또는 중대한 과실이 있는 경우를 제외하고는 현장실습과 관련하여 손해배상 책임 등의 불이익을 받지 않을 권리를 가진다.

제8조(현장실습생의 의무) “현장실습생”은 다음 각 호의 사항을 준수한다.

1. 현장실습과제를 성실하고 근면하게 수행할 것
2. 현장실습기간 중 실습에 필요한 범위 내에서 해당 사업장 질서에 관한 규정을 준수할 것
3. 현장실습을 위한 기계, 공구, 기타 장비가 파손되거나 분실되지 않도록 주의 깊게 사용할 것
4. 현장실습도중 알게 된 “현장실습기관”의 기밀을 누설하지 않을 것

제9조(현장실습 시간과 휴식) ① 현장실습 시간은 주 시간을 원칙으로 하며, 1일에 시간(현장실습 초기의 적응기간 일은 시간)으로 한다. 다만, 직업교육훈련촉진법 제9조의 2에 따라 1일 7시간 이내, 주당 35시간을 넘지 않도록 하되 “현장실습기관”이 “현장실습생”의 동의를 얻은 경우에는 현장실습 학습목적에 한해 1일에 1시간, 1주일에 5시간 범위 내에서 연장할 수 있다.

■ 1일 1시간 연장에 대한 동의 여부: (동의, 부동의)(해당사항에 ㅇ표)

② 현장실습 중 휴식시간은 분(집체교육훈련 시 1시간당 분)으로 한다. 다만, 「근로기준법」 제54조에 따라 1일 현장실습시간이 4시간 이상일 경우 30분 이상, 8시간인 경우에는 1시간 이상의 휴식시간을 현장실습 시간 중 부여하여야 한다.

③ “현장실습기관”은 “현장실습생”에게 1주 2회 이상의 휴일을 주어야 한다.

④ “현장실습기관”은 직업교육훈련촉진법 제9조의 2에 따라 야간(오후 10시부터 오전 6시까지) 및 휴일에 “현장실습생”에게 현장실습을 시켜서는 아니 된다.

제10조(현장실습생 특별보호) ① “현장실습기관”은 “현장실습생”을 「근로기준법」 제65조 및 같은 법 시행령 제40조 별표4에서 정하고 있는 도덕상 또는 보건상 유해·위험한 사업에 현장실습을 시켜서는 아니된다.

② (“현장실습생”이 18세 미만인 경우) “현장실습기관”은 「근로기준법」 제65조 및 제72조에 따라 “현장실습생”을 보호하여야 한다.

③ (“현장실습생”이 여성인 경우) “현장실습기관”은 “현장실습생”이 청구하면 월 1일의 생리결석을 인정해야 한다.

제11조(안전·보건상의 조치) “현장실습기관”은 “현장실습생”의 산업재해를 예방하기 위

하여 안전·보건교육 실시, 작업에 적합한 보호구 지급, 해당 기계·기구·설비 등에 대한 위험방지 조치 및 원재료·가스·분진 등에 의한 건강장해 방지조치 등 안전·보건상 필요사항을 조치한다.

제12조 (재해보상) "현장실습기관"은 "현장실습생"이 현장실습과 관련하여 재해를 입은 경우에는 「산업재해보상보험법」 제123조(현장실습생에 대한 특례)에 따라 재해보상을 한다. 다만, "현장실습기관"의 사업이 「산업재해보상보험법」이 적용되지 아니하는 경우에는 「산업재해보상보험법」의 보상에 준하는 재해보상을 한다.

제13조 (현장실습 수당 및 용품 등) ① "현장실습기관"은 식비, 교통비, 복지비 등을 포함한 현장실습 수당을 다음과 같이 매월 일에 지급한다. 다만, "현장실습기관"은 "현장실습생"이 현장실습을 중도 포기하거나 무단결근하는 경우에는 그 실습일수에 비례하여 현장실습 수당을 지급한다.

-다 음-

■ 20 년 월 일부터 ~ 20 년 월 일까지 매월(일) 원

② 중식의 제공 여부는 "현장실습기관"의 사규 또는 사업장 관행을 준용한다.

③ "현장실습기관"은 현장실습기간 중 "현장실습생"에게 현장실습교재, 작업복, 실습재료, 개인용 공구, 안정보호구, 기타 현장실습에 필요한 물품을 무상으로 제공한다.

제14조(복리후생) "현장실습기관"은 "현장실습생"에게 식당, 휴게실, 의무실, 기숙사, 통근버스 등의 복리후생시설을 이용할 수 있도록 편의를 제공한다.

제15조(현장실습의 평가) "현장실습기관"은 "직업교육훈련기관"이 정한 기준에 따라 "현장실습생"의 현장실습 결과를 평가하여 그 결과를 "직업교육훈련기관"에게 통보한다.

제16조(포상) "현장실습기관"은 "현장실습생"의 현장실습태도가 우수하여 타의 모범이 되거나 현장실습기간 중 특별한 선행이 있는 경우에는 포상할 수 있다.

제17조(현장실습내용의 변경) 현장실습생의 소질·건강·기능습득의 정도 또는 기타의 사유로 인하여 "현장실습기관"이 현장실습내용을 변경하려면 "현장실습생"과 "직업교육훈련기관"의 동의를 얻어야 한다.

제18조(현장실습계약의 해지) ① "현장실습기관"과 "현장실습생"은 현장실습기간 동안에 계약을 해지해야 할 부득이한 사유가 있을 때에는 계약해지일 일 전에 해지예고를 하고 계약을 해지할 수 있다. 이 경우 "현장실습기관"과 "현장실습생"은 "직업교육훈련기관"과 사전에 협의한다. 다만, "현장실습생"이 「근로기준법」 제65조 및 같은 법

시행령 제40조 별표4에서 정하고 있는 도덕상 또는 보건상 유해·위험한 상황에 있다고 판단되는 경우에는 즉시 계약을 해지할 수 있다.

② 계약의 해지는 서면으로 하며 해지예고 시에는 그 사유를 명기하여야 한다.

제19조(현장실습중단 방지) "현장실습기관"은 "현장실습기관"의 귀책사유로 인하여 "현장실습생"의 현장실습이 중단될 경우에는 "직업교육훈련기관"과 협의하여 "현장실습기관"과 동일하거나 유사한 직종의 다른 현장실습 산업체로 "현장실습생"을 알선하는 등 "현장실습생"의 현장실습이 중단되지 않도록 노력하여야 한다.

제20조(취업) "현장실습기관"은 현장실습 수료자에 대해서는 우선적으로 채용하도록 노력하여야 한다.

제21조(수료증명서) ① "현장실습생"이 제4조 제1항에 따른 현장실습계획에 따라 현장실습을 이수 후 "현장실습생" 또는 "직업교육훈련기관"이 요청시 "현장실습기관"은 "현장실습생"에게 현장실습 수료증명서를 교부한다.

② "현장실습기관"은 계약기간 종료 전에 현장실습계약이 해지되었을 때 "현장실습생" 또는 "직업교육훈련기관"이 요청시 "현장실습생"이 이미 이수한 내용과 기간 등을 기입한 증명서를 "현장실습생"에게 교부한다.

제22조(준용) 이 협약서에 명기되지 아니한 사항에 대해서는 직업교육훈련촉진법을 준용한다.

본 협약서는 3부를 작성하여 "현장실습기관", "현장실습생", "직업교육훈련기관"이 기명날인한 후 각각 1부씩 보관한다.

20 . .

(현장실습기관)기 관 명

대표이사 (인)

(현장실습생)주 소

성 명 (인)

(직업교육훈련기관)직업교육훈련기관명

대 표 (인)

탐구과제

1. 산학협력으로 혁신을 이룬 국내 · 외의 다양한 사례를 조사하고 산학협력 분야, 참여 주체, 공동 목표, 주체별 역할, 자원 교환, 성과 등을 발표하시오.
2. 특성화고/마이스터고와 대학의 산학협력 사례를 조사하고 산학협력 분야, 참여 주체, 공동 목표, 주체별 역할, 자원 교환, 성과 등을 발표하시오.
3. 우리지역 특성화고/마이스터고와 대학의 산학협력을 통한 일기반학습의 사례를 조사하고 [그림 5-1]을 참고하여 일기반학습의 특성을 분석하시오. 그리고 조사한 일기반학습의 효과와 문제점에 대해 발표하시오.
4. 우리 지역 특성화고/마이스터고와 대학에서 〈표 5-3〉 산학협력 유형의 실제 사례를 조사하고 배경 및 목적, 주요 현황, 성과 및 개선점 등에 대해 발표하시오.
5. 우리나라의 도제교육 제도와 〈표 5-5〉의 도제교육 최신 트렌드와 비교하여 발표하시오. 그리고 외국의 도제교육 제도와 비교하시오.
6. 우리 지역 특성화고/마이스터고와 대학의 직업 · 진로지도 프로그램을 조사하고 프로그램 목적, 내용, 절차, 특징 등에 대해 발표하시오.
7. 〈표 5-6〉 특성화고/마이스터고 진로목표의 예시를 보고 잘된 점과 보완해야 할 점에 대해 토론하시오. 그리고 이를 참고하여 우리 지역 특성화고/마이스터고의 진로목표를 작성하여 발표하시오.
8. 〈표 5-7〉 생애단계별 진로교육 목표를 보고 본인의 과거의 진로 상황과 비교하시오. 그리고 졸업 후의 진로개발을 위해 어떤 활동이 필요하지 발표하시오.
9. 우리 지역 특성화고/마이스터고 졸업자를 인터뷰하여 성장경로와 활용한 제도를 조사하고 발표하시오([그림 5-3], 〈표 5-8〉 참고).
10. 우리 지역 특성화고/마이스터고와 대학의 현장실습 참여 학생을 인터뷰하

여 현장실습 참여 이유, 현장실습에서 배운 점, 효과와 개선 사항, 향후 계획 등에 대해 조사하시오, 그리고 현장실습 운영 기업과 학교 담당자와 인터뷰하여 현장실습 운영 이유, 주요 현황, 효과와 개선 사항 등에 대해 조사하시오.

11. 우리 지역의 산업 특성과 인구학적 문제(청년 실업, 정주인력 부족 등)를 해결하기 위한 산학협력 모델을 기획하여 발표하시오.

참고문헌

관계부처 합동(2021. 12. 23.). 안전 · 권익 확보를 위한 직업계고 현장실습 추가 개선 방안('21).

교육과학기술부(2009). 초 · 중등학교 교육과정 총론, 교육과학기술부 고시 2009-41호.

교육과학기술부 · 한국직업능력개발원(2012). 학교 진로교육 목표와 성취지표.

교육부(2015). 2015 개정 교육과정 질의 · 응답 자료.

교육부(2021). 국민과 함께하는 미래형 교육과정 추진 계획(안).

교육부 · 한국장학재단 · 한국직업능력개발원(2021). 2021학년도 직업계고 현장실습 운영 매뉴얼. 세종: 한국직업능력개발원.

교육부 · 한국직업능력연구원(2022). 전문교과 교수 · 학습 자료 개발 매뉴얼.

교육부 · 한국직업능력연구원(2023). 2022 개정 직업계고 교육과정에 따른 전문 교과 교수 · 학습 길라잡이.

교육부 · 한국직업능력연구원(2023). 2022 개정 직업계고 교육과정에 따른 전문 교과 평가활동 길라잡이.

김기홍 외(2011). 전문대학 순환형 산학협력 교육체제 구축 방안. 한국직업능력개발원.

김남희 · 임해경(2024). 2022 개정 전문교과 교육과정 수정 시안 연구. 한국직업능력 연구원.

김석우(2009). 교육평가의 이해. 서울: 학지사.

김성숙 · 김희경 · 서민희 · 성태제(2015). 교수 · 학습과 하나되는 형성평가. 서울: 학지사.

김영민(2017). 초 · 중등 공학교육 프로그램 구성 모형 개발. 충남대학교 대학원 박사 학위논문.

김영천(2009). 교육과정 I : Curriculum Development. 경기: 아카데미프레스.

김영천(2016). 수행평가: 이론과 설계. 경기: 아카데미프레스.

김충기(1996). 진로교육에서의 진로정보활동에 관한 연구. 교육논집, 20(1), 133-

167. 서울: 건국대학교 교육연구소.
김충환 · 문인영 · 박신희 · 김지현(2020). 산업인력양성 체제로서 국내 직업교육의 변천 과정 고찰. 대한공업교육학회지, 45(2), 21-45.
김택환(2012). 넥스트 코리아. 서울: ㈜메디치미디어.
김판욱 · 이규욱 · 김희필 · 손주민 · 임완성(2010). 능력 중심 교육과정의 이해와 개발. 경기: 양서원.
노태천 · 이용순 · 류병로 · 김태훈(2015). 공업교육학신론(개정판). 경기: 문음사.
류창열(1994). 직업기술교육의 이론과 실제. 충남대학교 출판부.
류창열(2004). 공업교육원론(개정판). 경기: 교육과학사.
박도순 외(2007). 교육평가: 이해와 적용. 서울: 교육과학사.
박동열 · 김지영 · 유진영 · 류지은 · 오관택 · 김기용(2020). 고교학점제 도입에 따른 직업계고 교육과정 개정 방향 모색. 한국직업능력개발원.
박동열 · 이무근 · 마상진(2016). 광복 70년의 직업교육 정책 변동과 전망. 세종: 한국직업능력개발원.
박숙희 · 염명숙(2013). 교수-학습과 교육공학(3판). 서울: 학지사.
배선아(2009). 공업계열 전문계 고등학교 전기 전자 통신 분야의 활동중심 STEM 교육프로그램 개발. 한국교원대학교 대학원 박사학위논문.
변영계 · 김영환 · 손미(2000). 교육방법 및 교육공학(개정판). 서울: 학지사.
서울대학교 교육연구소(2011). 교육학 용어사전. 서울: 하우동설.
성태제(2019). 교육평가의 기초(3판). 서울: 학지사.
소경희(2017). 교육과정의 이해. 경기: 교육과학사.
안재영(2012). 현장 실습 요인이 특성화 고교생의 취업 진로 결정에 미치는 영향. 충남대학교 대학원 석사학위논문.
안재영(2015). 산학협력 네트워크 형성 과정의 단계별 성공 요인 연구. 충남대학교 대학원 박사학위논문.
안재영(2019). 독일 도제교육의 최신 동향을 통해 본 한국 도제교육 제도의 시사점. 직업과 자격 연구, 8(3), 89-124.
안재영(2020). 중등 직업교육의 학습과 진로 및 성과에 대한 논의와 과제. 직업교육연구, 39(6), 1-17.
안재영(2022). 미래 교육환경 변화에 따른 직업계고등학교의 방향과 과제. 교육현안 보고서 2022년 10호. 한국교육개발원.
안재영(2023). 산업화에 따른 직업계고등학교의 변천 과정 탐색. 대한공업교육학회지, 48(2), 18-32.
안재영(2024). 해외출장보고서. 일본 기술교육연구회 2024년도 제57회 전국대회 참석. 한국직업능력연구원.
안재영 · 김세훈(2022). 직업계고 졸업 후 진로 동향 및 경기지표와의 관계. KRIVET Issue Brief 2022년 236호. 한국직업능력연구원.
안재영 · 손규태 · 오춘식(2024). 직업교육훈련 기본계획 수립을 위한 기초연구. 한국직업능력연구원.
안재영 · 이찬주(2018). 직업계고 교원의 NCS 기반 교육과정 편성 운영 역량 연구. 직업교육연구, 37(2), 101-127
안재영 외(2021). 미래 산업과 교육 환경의 변화에 대비한 도제교육 모델 연구. 한국직업능력연구원.
안재영 외(2024). 2024년 현장 직무중심 직업계고 교육과정 운영 지원 2. 전문교과 임용후보자 선정경쟁시험의 실기평가 표준안 개발. 교육부 · 광주광역시교육청 · 한국직업능력연구원.
유진영(2022). 독일 직업교육법 개정(2019)의 배경과 함의 고찰. 교육의 이론과 실천. 27(1), 1-23.
유진영 외(2023). 지역 산업인력 양성에 기반한 중등직업교육 산학협력 모델 구안. 한국직업능력연구원
이근호 외(2017). OECD Education 2030 교육과정 조사에 따른 역량 중심 교육과정 비교 연구. 충북: 한국교육과정평가원.
이동임 외(2016). 도제훈련 해외사례 분석 및 국제 컨퍼런스. 한국직업능력개발원.
이명훈(2016). 특성화고 학생들의 진로결정과 관련 변인간의 구조적 관계 분석. 한국기술교육학회지, 16(2), 149-166.
이무근(2006). 직업교육학 원론(제3판). 경기: 교육과학사.

이무근(2016).「직업교육정책의 역사적 변동과 제언」, 교육정책의 역사적 변동과 전망. 국가리더십포럼, 제2세션. 서울대학교 행정대학원 국가리더십연구센터(2016. 6. 18.).

이무근 · 김재식 · 김판욱(2005). 실기교육방법론(제3판). 서울: 교육과학사.

이무근 · 이찬(2018). 꿈꾸는 진로여행. 경기: 교육과학사.

이무근 · 이찬(2020). 한국의 직업교육훈련정책. 서울: 박영스토리.

이병욱 · 안재영 · 이찬주 · 김대들 · 정훈섭 · 이지형(2022). 직업계고 체제 개편 방안 연구. 교육부 · 충남대학교.

이병욱·최창원·손호일·손주민·안재영·이찬주·김대들(2022). 국가직무능력표준(NCS) 기반 교수법과 실제. 서울: 박영스토리

이용환 · 정철영 · 나승일 · 김진모 · 이찬(2009). 산업인력개발론, 경기: 교육과학사.

이현림 · 김봉환 · 김병숙 · 최웅용(2003). 현대진로상담. 서울: 학지사.

이화여자대학교 교육공학과(2004). 교육공학. 서울: 교육과학사.

임언 · 안재영 · 김지영(2018). 현장실습 중심 직업교육에 대한 학생, 훈련교사, 교사의 내러티브 탐구. 한국직업능력개발원.

전승환 · 이수경 · 이한별(2015). 일학습병행제 운영 실태 및 개선 방안. 한국직업능력개발원.

주인중(2016). 직무분석의 이해와 활용. 경기: 범신사.

최상덕 · 최동선 · 허재준 · 박승재 · 박성철 · 박근영 · 서영인 · 문보은 · 도재우 · 장상현 · 이용상 · 박준식 · 신철균 · 백선희 · 박기범 · 정창권(2022). 해방 100년, 혁신적 포용국가 실현을 위한 대한민국 교육체제의 대전환 방안(II). 협동연구총서 22-26-01. 경제 · 인문사회연구회.

최수정(2014). 일 · 학습병행제 해외 동향과 시사점, The HRD Review, 3월호. 22-53. 한국직업능력개발원,

최수정(2015). 국가별 중등직업교육 유형에 따른 직업교육 이수자의 역량 및 노동시장 이행 성과. 직업교육연구, 34(2), 1-30.

최수정 외(2012). 일기반학습 활성화를 위한 산학협력 제도 및 법령 정비 방안 연구(Ⅰ). 한국직업능력개발원.

한혜정 · 조덕주(2012). 교육과정. 서울: 학지사.

황여정 · 김승경(2018). 청소년 '일 경험' 제도 운영 실태 및 정책방안 연구 I . 한국청소년정책연구원.

허영준 · 김종우(2013). 정부부처 · 지자체 · 산업체 연계 특성화고 지원 확대 방안 연구(이슈페이퍼 2013-1). 한국직업능력개발원.

홍선이 · 김민규 · 최수정(2015). 주요국의 도제교육 연구 - 독일, 스위스를 중심으로 -. 한국직업능력개발원.

Cedefop(2020). The importance of being vocational challenges and opportunities for VET in the next decade. Cedefop and ETF discussion paper. Luxembourg: Publications Office of the European Union.

Dale, E. (1969). Audiovisual methods in teaching (3rd). The Dryden Press. pp. 24-26.

Gagne, R. M., & Briggs, L. J. (1979). Principles of instructional design (2nd ed). New York: Holt, Rinehart and Winstone.

Hoppock, R. (1976). Occupational information: where to get it and how to use it in career education, career counseling, and career development (4th ed). New York: McGraw-Hill.

ILO(2020). ILO Toolkit for Quality Apprenticeships: Volume 2: Guide for Practitioners.

McMillan, J. H. (2015). 교실평가의 원리와 실제: 기준참조수업과의 연계, Classroom assessment: principles and pratice for effective standards-based instruction (6th), 손원숙 · 박정 · 강성우 · 박찬호 · 김경희 역, 원서출판(2014년), 경기: 교육과학사.

OECD(2012). 취업을 위한 학습, Learning for Jobs. 한국직업능력개발원 역, 원서출판(2010년).

Oliva, P. F. (2014). 최신 교육과정 개발론, Developing the Curriculum (7th ed). 강현석 · 이원희 · 유제순 · 신영수 · 이윤복 · 전호재 역, 원서출판(2009년), 서울: 학지사.

Robert, R. W. (1965). Vocational and practical arts education (2nd ed). Harper and Row Publishers.

Sahlberg, P. (2016). 핀란드의 끝없는 도전, Finnish Lessons: What can the world learn from educational change in Finland? 이은진 역, 원서출판(2011년), 경기: (주)도서출판 푸른숲.

교육부 교육과정 문서(2차, 3차, 4차, 5차, 6차, 7차, 2007 개정, 2009 개정, 2015 개정, 2022 개정). 국가교육과정정보센터(https://ncic.re.kr).

국가법령정보센터 https://www.law.go.kr.

네이버 국어사전 https://ko.dict.naver.com.

네이버 백과사전 https://terms.naver.com.

찾아보기

ㅇ

ㅈ

ㅊ

ㅌ

ㅍ

ㅎ

기타

저자 소개

안재영은 충남대학교 공업계열 교육학과를 졸업하고 특성화고 교사로 15년을 재직하였다. 교사로 공업교육을 몸소 실천하면서 동 대학의 일반대학원 공업기술교육학과에서 공업교육 전공으로 석 · 박사학위를 취득하였다. 현재 국무총리 산하 정부출연 연구기관인 한국직업능력연구원에서 선임연구위원으로 재직하고 있으며 한국교원대학교 교육정책전문대학원 겸임교수로 직업교육훈련정책론을 가르치고 있다. 대학에서 공학과 교육학을, 대학원에서 공업교육을 배웠고, 학교 현장에서 공업교육을 실천하였으며, 국책연구소에서 직업교육을 연구하는 현장 밀착형 연구자이다. 주요 연구 분야는 공업기술교육, 직업교육(TVET), 국가인적자원개발, 산학협력, 현장학습(도제교육), 직업교육과정, 교원 전문성, 이공계고등교육이다. 9편의 저서와 40여 편의 학술지 논문을 집필하였다.

주요 저서

The Palgrave Handbook of Policy Transfer in Vocational Education and Beyond(공저, Palgrave Macmillan, 2025)
한국과학기술정책: 분석과 혁신(공저, 충남대학교 국가정책연구소 · 임마누엘, 2022)
국가직무능력표준 NCS 기반 교수법과 실제(공저, 박영스토리, 2022)
모든 국민의 안정된 삶을 위한 미래인재전략(공저, 박영사, 2021)
팬데믹 위기에 대응하는 직업교육훈련(공저, 한국직업능력개발원, 2020)
한국 제4차산업혁명 정책: 평가와 혁신(공저, 충남대학교 국가정책연구소 · 임마누엘, 2020)
고등학교 교과서: 공업일반, 공업영어, 자동차기관(공저, 2014)

주요 경력

한국직업능력연구원 도제학교지원센터장(2021), 직업계고교육과정학점제연구센터장(2025~)
대한공업교육학회 편집위원장(2024~), 이사(2015~)
한국기술혁신학회 학술위원장(2025), 이사(2021~)
한국직업교육학회 이사(2019~)
한국직업자격학회 이사(2017~2020)
교육부 교육과정심의회 위원(2016~2023)
고용노동부 NCS 개발 심의위원(2017)
교육부 시도교육청 평가위원회 위원(2022)
교육부 교과서 정책자문단(2022~2024)
국가교육위원회 정책연구심의위원회 위원(2024)
국가교육위원회 국가교육과정 모니터링단(2025~2026)
중소벤처기업부 기술사관 육성사업 / 중소기업 계약학과 운영위원회 위원(2025~)
교원자격증(중등교사, 기계 · 금속, 화공, 수학)
국가기술자격(기계가공기능장, 수치제어선반기능사 등)

공업교육론: 현대 이론과 실천

초판발행 2025년 9월 23일

지은이 안재영
펴낸이 노 현

편 집 김용순
기획/마케팅 허승훈
표지디자인 BEN STORY
제 작 고철민·김원표

펴낸곳 ㈜피와이메이트
서울특별시 금천구 가산디지털2로 53, 210호(가산동, 한라시그마밸리)
등록 2014. 2. 12. 제2018-000080호
전 화 02)733-6771
f a x 02)736-4818
e-mail pys@pybook.co.kr
homepage www.pybook.co.kr
ISBN 979-11-7279-128-5 93370

정 가 22,000원